# 日中和平工作

1937–1941

戸部良一 著
*Tobe Ryoichi*

吉川弘文館

# 目次

［写真提供・出典（掲載順）］
宮崎龍介（毎日新聞社提供）／西園寺公一（『アサヒグラフ』1948 年 3 月 3 日）／船津辰一郎（毎日新聞社提供）／西義顕（西義顕『悲劇の証人』文献社，1962 年）／松本重治（開米潤『松本重治伝』藤原書店，2009 年）／董道寧（毎日新聞社提供）／影佐禎昭（毎日新聞社提供）／高宗武（毎日新聞社提供）／伊藤芳男（『新勢力』153 号，1972 年）／周仏海（『写真週報』110 号，1940 年）／犬養健（『犬養内閣』1932 年）／萱野長知（﨑村義郎著・久保田文次編『萱野長知研究』高知市民図書館，1996 年）／孔祥熙（毎日新聞社提供）／中村豊一（毎日新聞社提供）／神尾茂（『衆議院要覧 昭和 17 年 11 月乙』1942 年）／石射猪太郎（国立国会図書館「近代日本人の肖像」）／梅思平（『写真週報』110 号，1940 年）／和知鷹二（朝日新聞社提供）／今井武夫（朝日新聞社提供）／吉田東祐（吉田東祐『二つの国にかける橋』元就出版社，2001 年）／小野寺信（毎日新聞社提供）／鈴木卓爾（朝日新聞社提供）／田尻愛義（西義顕『悲劇の証人』文献社，1962 年）

# はじめに

## 1　はじめに

支那事変（日中戦争）では軍事作戦と並行してほぼつねに和平工作が試みられたと言われる。[1] 日中両軍の間で激しい戦闘を繰り広げながら、和平の試みが何度も繰り返された。そして、どの和平工作も結局は挫折し失敗に終わった。

こうしたなかで、とくに注目されるのは、和平工作に登場する人物である。外交官だけでなく様々なバックグランドを持った軍人や民間人が日中和平の実現をめざして活動する。日中両国が戦うなかで、彼らはなぜ和平を試みようとしたのか、どうして彼らは中国側と接触することができたのか。彼らが関わった和平工作はどのような内容のものだったのか。そしてなぜ彼らは挫折せざるをえなかったのか。和平工作に関わった人びとの考えや行動を追跡してゆくと、そこには支那事変という軍事紛争の重要な側面が浮かび上がってくる。本書がこれから描こうとするのは、和平工作にたずさわった人びとの動きを通して、支那事変の知られざる重要な側面を明らかにすることである。

本論に入る前に、いくつかの点を前もってことわっておきたい。まず、本書では、実際に和平工作に従事し、中国側との接触を試みた人びとを考察の対象とする。中国との戦争を早くやめるべきだと考え、早期終結を主張したり、政府や軍に働きかけたりした者は相当の数に上るだろう。しかし、本書では、そうした人物が中国側との接触に乗り出そうとしない限り、考察の対象とはしない。

考察の対象期間は大東亜戦争（太平洋戦争）が始まるまでとする。大東亜戦争開戦後は、日中和平工作も戦争全体との関連性が濃厚となり、工作の性質が変わってゆくからである。また、あらゆる和平工作に言及することは避け、事変の推移に何らかの影響を及ぼした工作に絞ることにする。日中以外の外国人による和平の試みについては、日本人が関わらない限り、考察の対象から外すことにしたい。

次に、和平工作のほとんどは秘密裡に行われ、上述したように政府や軍の関係者以外のいわゆる民間人が和平工作に関わることも多かった。このような性格のため、和平工作に関する公的な記録は当然ながら少ない。それゆえ、和平工作の研究はどうしても当事者の回想に頼らざるをえず、個人の偏見や自己弁護あるいは記憶の誤りを反映してしまう場合もありうる。本書では、可能な限り複数の当事者の回想を、発掘された当時の記録と照合し、事実の確定に努めたい。

最後に、しばしば複数の和平工作が同時に追求されていたことにも注意しなければならない。ある時期には、数本もの和平ルートが、同時に、中国側に向けられていたという。和平工作だけではない。それと並行して、いわゆる謀略工作も行われた。たとえば、一九三八年から三九年にかけて、新中央政権樹立工作が実施されたが、この工作には、国民政府に代わる新中央政権を樹立することだけを目的とするのではなく、新中央政権を樹立する素振りを見せて、国民政府を牽制し、和平に誘導するというねらいも付与された。こうして、様々な工作は、互いに交錯し、競合し、足を引っ張り合い、しばしば中国側の不信感を強めたのである。

筆者は三〇年ほど前、事変勃発時から一九三八年末（汪兆銘の重慶離脱）までの和平工作の展開を、日本の事変処理政策と関連づけて考察し、著書として刊行した。[2]その後、それほど多くはないとはいえ、日中和平工作に関連した研究や史料がいくつか発表され、『日本外交文書』では四冊の「日中戦争特集」が刊行された。画期的だったのはアジア歴史資料センターの発足であり、関連公文書へのアクセスが飛躍的に容易になった。こうした史料の利用状況を背景とし、本書では、前書のように日本の事変処理政策の決定過程よりも、和平工作そのものに焦点を絞って考察を進めたい。

一方、中国や台湾では、日本の和平の試みが誘投（投降誘導）工作と見なされていることに変わりはないが、蔣介石日記をはじめ重要な史料の公開が進んだ。これに基づき一部の和平工作の経緯についてはすぐれた実証的な研究が発表されている。本書では、中国・台湾の学術誌や著作に発表された史料や研究を参照し、日本側の記録や回想とクロスチェックすることに努めたい。

なお、以下の本論で一次史料を直接引用する場合は、カタカナを平がなに直し、旧かなづかいを新かなづかいに改め、漢字については原則として常用漢字を用いている。読みにくい場合は、漢字にはルビを振り、句読点を補った。［　］は筆者が補ったものである。

# 第一章　初期の工作

## 1　密使の派遣

### 首脳会談構想

支那事変の発端は一九三七年七月七日夜に起こった盧溝橋事件である。ただし、現地では小規模の戦闘はあったが、九日には事実上の停戦状態となった。日本軍の出先機関と北平（北京）の冀《き》察《さつ》政務委員会および第二九軍当局との間で交渉がなされ、七月十一日には現地停戦協定が成立した。

ところが、日本政府は同日、事件が中国側の計画的な武力抗日であると非難し、この軍事紛争を「北支事変」と命名するとともに、内地および朝鮮・満洲からの増援軍派遣を決定した。しかし、その後、現地での停戦協定成立の報告が入り、内地からの派兵は保留となった。七月二十日、再び現地での衝突が伝えられ、日本政府は再度、内地からの派兵を決定するが、現地から事態沈静化の報告があり、この決定も二日後に保留となる。

だが、七月二十五日から二十六日にかけて現地で武力衝突事件が連続して発生した。二十七日、陸軍は内地から三個師団の派兵をあらためて決定し、二十八日、華北の日本軍は作戦行動を開始する。

このように盧溝橋事件の勃発から本格的な武力発動まで三週間が経過している。その間、日本は中国を心理的に威圧し続けたが、交渉を通じて事変解決を図ろうとする動きもあった。七月十二日、参謀本部第一（作戦）部長の石原莞爾（少将）は内閣書記官長の風見章に電話をかけ、近衛文麿首相が南京に乗り込み蔣介石と直談判を行って事変を解決してほしい、と言ってきた。これを聞いた近衛は、当時病臥中であったが、看護婦を同行させても南京に行ってみようと語った。しかし、風見は、たとえ首脳同士が合意に達しても、中国軍も日本軍も完全に統制がとれているかどうか信頼できないので、その合意が実行できないかもしれず、その場合、事態はますますこじれて収拾がつかなくなるだろう、と反対する。近衛は風見の判断に同意し、代わりに広田弘毅外相を南京に派遣したらどうか、と提案した。風見は広田に打診したが、外相は諾否を明らかにせず、うやむやのうちにこの構想は立ち消えとなった。[1]

## 宮崎龍介

同じころ、近衛首相周辺で密使を派遣しようという試みがなされた。密使の一人は、宮崎龍介である。一九三五年ころ、初代駐日大使の蔣作賓《しょうさくひん》の下で参事官を務めていた丁紹伋《ていしょうきゅう》（近衛の一高時代の同級

宮崎龍介

生）が蔣大使の指示により日中関係改善の具体案を近衛に提示したが、成果は得られなかった。その後、代理大使となった丁は中国に帰るとき、今後、日中間に問題が起こった場合は宮崎か秋山定輔を連絡役に仕立てるべきである、との言葉を残していった。[2] これが、この密使派遣につながることになる。

宮崎龍介（一八九二―一九七一）は、孫文に協力して中国革命を支援した宮崎滔天《とうてん》の長男で、東京帝国大学在学中に吉野作造の門下生として「新人会」で活躍した。のち衆議院議員となり、一九三七年の時点では東方会に属していた。大東亜戦争後は社会党に加わり、日中友好運動に従事した。秋山定輔は明治期に『二六新報』を創刊して衆議院議員となり、孫文の革命運動にも協力した。大正初期には孫文を首相の桂太郎に紹介し会見を実現させた。昭和期に入ると近衛文麿の政治的後見人を自任していた。

盧溝橋事件後、近衛と協議した秋山は、丁紹伋の助言に基づき、宮崎に訪中を要請したという。おそらく近衛と蔣介石との直接会見の可能性を南京で打診することが宮崎の使命であったと考えられるが、前述した近衛の南京乗り込みというアイデアと関係していたかどうかは分からない。宮崎は、懇意の駐日中国大使館付武官に本国との連絡を取ってもらい、南京で蔣介石と会見することについて肯定的な返事を得たが、この連絡電報は軍によって傍受・解読された。七月二十三日、東京駅を避けて新橋駅から汽車に乗った宮崎は、翌日、神戸港で中国行きの船に乗ったところをスパイ容疑で憲兵隊に拘束されてしまう。[3]

のちに、海軍の軍令部戦史編纂室に勤務した島田俊彦（戦後、武蔵大学教授）が宮崎本人から聞き取ったところによれば、秋山の背後には平沼騏一郎の秘書を自任する実川時次郎がいたとされている。密使派遣は実川のアイデアで、秋山は実川の要請によって近衛の了解をとり、宮崎を説いて密使の役を承諾させたのだという。[4]秋山は事変以前から、実川を日中関係調整のために中国に派遣し国民政府の要人と会見させていたとも言われている。[5]

拘束された宮崎は、七月二十五日、東京憲兵隊に連行され、釈放されたのは八月一日であった。その間、宮崎の妻（歌人の柳原白蓮《びゃくれん》）や秋山と実川も憲兵隊で取り調べを受けた。島田がのちに風見章に確認したところでは、近衛が秋山に宮崎の派遣を指示したはずはなく、秋山から宮崎派遣の連絡を受けた程度だろうとされているが、[6]宮崎の訪中費用が近衛内閣から出ていたという説もある。[7]憲兵隊による宮崎の拘束後、風見は秋山から釈放斡旋を要請されたが、そんなことをすると近衛内閣と宮崎との関係を認めることになってしまうとして、受け付けなかった。

近衛自身は元老西園寺公望の秘書、原田熊雄に対して、宮崎派遣の経緯を説明したなかで、平沼が関わっていることを示唆している。また近衛は、宮崎が神戸から乗船する前に、憲兵隊が宮崎を監視していることを知り、彼の乗船を止めようとしたとも語っている。[8]こうしてみると、近衛が宮崎派遣を直接指示したわけではないとしても、この派遣計画に関与していたことは間違いない。なお近衛は、

西園寺公一

それから一年以上も経った一九三八年十月、宮崎に初めて会ったと原田に語っている。[9] それが事実とすれば、近衛が会ったこともない人物が近衛の密使となったことになる。

## 西園寺公一

もう一人の密使は西園寺公一《きんかず》である。これも近衛・蔣介石直談判構想に関わっていた可能性がある。西園寺公一（一九〇六—一九九三）は、元老西園寺公望の養嗣子・八郎の嫡男、つまり元老の孫にあたる。オックスフォード大学を卒業したのち外務省嘱託となり、近衛内閣ではその側近グループ「朝飯会」のメンバーとなった。大東亜戦争後は日中友好運動に関わり、一二年間も北京に住んで「民間大使」として活動した。

西園寺は、近衛と同盟通信（共同通信の前身）社長岩永裕吉から、近衛が訪中して蔣介石と直接談判を行う可能性について、中国側の意向を打診するよう要請された。近衛・蔣介石会見の前提条件は、事件不拡大・現地解決、満洲問題の解決（満洲国承認）であった。

西園寺が「西希與志《きよし》」という偽名（ペンネーム）のパスポートを使い、日本船を避けてフランス船で上海に渡ったのは七月下旬である。西園寺にとって初めての訪中だったが、同盟通信上海支社長の松本重治の協力を得ることが最初から織り込まれ、事前に松本と連絡をとり協力を依頼していた。西園寺と松本は子供のころからの知り合いでもあった。現地で西園寺は松本の紹介により、周作民（金城銀行総経理）、徐新六（浙江実業銀行総経理）などの浙江財閥系の財界人たちや高宗武（国民政府外交部亜洲司長＝アジア局長）とも接触した。最終的に西園寺は松本の助言も得て、蔣介石に通じる人物で上海に滞在している実力者として彼の義兄、宋子文（中国銀行董事長）に会うことをめざした。やがて、松本と懇意のエドモンド・ホール＝パッチ（駐華イギリス大使館財務官）の紹介によって宋子文との会見が実現した。英語で宋子文と話し合った西園寺は、近衛の提案を伝えたが、満洲国の問題には互いに触れないということで妥協し、南京に飛んだ宋子文から、近衛・蔣介石会談について肯定的な回答を得たという。西園寺はすぐフランス船に乗って日本に戻り、神戸から汽車で東京に向かったが、途中、華北での武力発動と内地師団の動員・派兵を知り、使命の失敗に失望せざるをえなかった[10]。

イギリス側の記録によると、西園寺がホール＝パッチの斡旋で宋子文と会ったのは七月二十六日である。宋子文は翌日南京に飛んで蔣介石と協議したが、近衛の提案は中国に屈伏を求めるものだとして問題外とされた。ただ、中国が和平提案を拒絶したとの批判を避けるため、近衛提案にはイエスともノーとも答えないことにしたという[11]。宋子文がホール＝パッチに語ったこの話のほうが、西園寺の回想よりも真相に近いようである。華北での武力発動に関わりなく、近衛・蔣介石直接会談に結び付く可能性は高くはなかった。

## 2　船津工作

### 石射の和平構想

近衛周辺による密使派遣（宮崎と西園寺）は、華北での本格的な武力発動の前であった。その後、華北の戦闘は、七月末までに日本軍が平津（北平と天津）地域を制圧し、小康状態に入った。そうした状況下で船津工作と呼ばれる本格的な和平工作が実行される。その発端は、七月三十日に参内した近衛に対し、天皇が早期和平の意向を示唆し、翌三十一日には、参謀総長閑院宮載仁《かんいんのみやことひと》親王に同道して参内した石原作戦部長が外交交渉による事変解決を奏上したことにある。[12] これを受けて、陸軍省軍務局軍務課長の柴山兼四郎（大佐）から外務省東亜局長の石射猪太郎に外交解決案作成の要請があり、八月一日から、石射を中心として外務省、陸軍省、海軍省の主務者の間で和平条件に関する協議が極秘で進められた。[13]

協議は石射の構想をベースにして進められ、八月七日に最終的に合意が成立した。[14] その合意は停戦条件案と全般的国交調整案から成っている。停戦条件案は、①非武装地帯の拡張（北平・天津も含む）、②塘沽停戦協定・梅津何応欽協定・土肥原秦徳純協定の解消、③冀察政務委員会・冀東《きとう》防共自治政府の解消、④華北における国民政府の任意行政（ただし首脳は日中融和を図る有力者）、④支那駐屯軍の縮小

（事変前の兵力へ）、⑤華北での日中経済合作実施、といった内容であった。全般的国交調整案では、①満洲国を不問とすること、②防共協定の締結、③排日抗日の取り締まり、④特定品の関税引き下げ、などを中国側に要求する代わりに、日本は①上海停戦協定の解消、②華北「自由飛行」（中国側からすれば領空侵犯）の停止、冀東特殊貿易（中国側からすれば密貿易）の廃止、を実行することが謳われた。[15] 非武装地帯の拡張など中国側の抵抗が予想される項目もあったが、戦局がまだ華北に限られていた段階でもあり、全体的に見て穏当な停戦条件であったと言えるだろう。全般的国交調整案は、石射が事変前から日中関係改善のために構想していたものであった。

### 船津辰一郎

この条件案を中国側に伝える役割を託されたのは在華日本紡績同業会総務理事の船津辰一郎《たついちろう》である。船津辰一郎（一八七三—一九四七）は日清戦争前に大鳥圭介駐清公使の書生となり、その後外務省留学生試験に合格、いわゆるノンキャリで、たたき上げの「支那通」外交官の代表的な存在であった。南京領事、上海総領事、奉天総領事などを務めたあと、一九二六年に在華紡同業会の理事に就任した。中国へのメッセンジャーを要請されたとき、帰国中の船津は妻が重病であり、当初は逡巡したようだが、この重大な任務を引き受けた。[16]

石射たちが描いたシナリオは、船津を外交部亜洲司長の高宗武に接触させ、一私人として、日本政府が考えている和平条件を伝える、というものであった。重視されたのは、迅速にことを運び、秘密

船津辰一郎

を厳守し、中国側から停戦を言い出させることであった。七月二十七日に動員・派兵が決定された内地三個師団の現地集結が八月二十日ころに予定されていたので、それまでに交渉のメドをつける必要があると考えられた。秘密厳守は絶対条件で、出先の駐在武官にも極秘とするよう陸軍側から要望が出るほどであった。船津から日本政府の意向を伝えられる高宗武は、それについて蒋介石と直に協議しその指示を受けて日本側に停戦を申し入れるべきものと想定された。[17]

船津は八月四日夜東京を出発して神戸で乗船し上海に向かった。また、同僚の堤孝（在華紡同業会理事）に対して、高宗武に連絡をとり上海まで出向いてもらうよう要請することを依頼した。しかも、電話や電報による要請ではなく、直接南京に行って高宗武に要請することを上海の堤に依頼したのである。それだけ秘密保持を重視したのだろう。堤は船津の依頼に従い、高宗武の承諾を得た。

### 川越大使の介入

八月七日、船津は上海に到着する。ところが、ちょうどこのとき、盧溝橋事件前に華北視察に出かけた駐華大使の川越茂が上海に戻ってきた。川越は外務本省から上海に戻るよう再三指示されていながら、なかなか天津から腰を上げようとしなかったが、ようやく大使館事務所のある上海に帰任したのである。

川越大使は七月七日に上海から海路青島に行き、十四日に空路天津に到着、その後八月三日、天津から飛行機で大連に出、そこから船で上海に帰着した[18]。戦後の川越の回想によると、彼は天津で高宗武が来るのを待っていた。そして実際に高宗武と会って時局収拾の方策について話し合い、大連で松岡洋右満鉄総裁と電話で長時間、協議したうえで上海に戻ったとされている[19]。ただし、川越が天津で高宗武を待っていたことは事実としても、実際に会えたかどうかは分からない。会えなかったという指摘もある[20]。

いずれにしても上海に戻った川越は、船津の使命を聞くと、和平条件は自分が高宗武に伝えると言い出す。九日午前十時、船津は上海に出向いてきた高宗武と会談するが、和平条件には触れず、川越大使との会談を勧めただけであった[21]。その後の川越・高宗武会談で川越が日本側の和平条件を提示したかどうかは明らかでない。石射は、川越は提示しなかったとしているが[22]、広田外相や上海総領事の岡本季正《すえまさ》は提示したと述べている[23]。

船津工作は川越大使の介入により、私人を介して和平条件を非公式に伝え柔軟に交渉を進めようという当初のねらいからズレが生じた。しかし、東京では、この工作を知る者の間で、工作成功への期待が生まれていた。八月五日、近衛首相が「時局収拾」について奏上すると、天皇は、勝っている日本から話を切り出すべきであり、迅速に進めるよう述べた[24]。翌六日には、参内した軍令部総長伏見宮《ふしみのみや》博恭王《ひろやす》に「現在やっている外交工作（Fの件）がうまく行けばよいが」と語った[25]。「Fの件」とは船津工作にほかならない。

## 第二次上海事変

上海では、船津と高宗武が会った八月九日の夕刻、上海陸戦隊の士官と兵士が殺害された事件（大山事件）を発端として緊張が高まった。現地海軍と東京の軍令部では、増援の陸軍部隊派遣の要請が強まった。ただし、米内光政海相は、「目下進行中の機微なる外交措置」（船津工作）に望みをつなぎ、その要請に同意しなかった。伏見宮軍令部総長が説得を試みても、米内は応じなかった[26]。

米内が陸軍増援部隊の派遣に同意したのは八月十二日夜である。そのときまでには、船津工作不調の見極めも付いたのだろう。十三日朝、政府は上海派兵を決定し、同日、現地で日中両軍の間に武力衝突が始まった。その間、船津は衝突回避のため旧知の周作民、徐新六、銭永銘（交通銀行総経理）、杜月笙《とげつしょう》（秘密結社・青幇《ちんぱん》のボス）らとの間を奔走したが、これも実を結ばなかった。

船津工作は失敗に終わった。戦火が上海に飛び火してしまったからである。華北での戦闘終結を前提にした船津工作の和平構想は吹き飛んでしまった。その後、政府（近衛内閣）は八月十七日に不拡大方針放棄を決定し、九月二日には、それまでの「北支事変」に代えて、「支那事変」という呼称に改めた。戦場が華北に限定されなくなったからである。だが実際には、「事変」という呼称とは裏腹に、事態は全面戦争化しつつあった。

# 3　トラウトマン工作

## 馬奈木中佐の上海訪問

八月末華北では北支那方面軍が編成され、七月下旬に動員された三個師団と八月に動員された三個師団の現地到着を待って、九月下旬ないし十月上旬に河北省中部で中国軍と決戦を行うことが計画された。決戦を強要することによって致命的な打撃を与え中国を屈伏させようとしたのである。しかしながら結局、中国軍の後退により決戦はできず、戦闘地域が拡大しただけであった。

上海については、八月中旬に動員された二個師団で上海派遣軍が編成され、九月上旬には三個師団が動員・増派された。華北での決戦に呼応して上海でも中国軍に打撃を与えることが企図されたが、予想以上の中国軍の抵抗により苦戦が続き、その企図は達成されなかった。戦闘は膠着状態に陥り日本軍は中国軍の堅固な陣地を抜くことができなかった。

一方、日中間の国交関係は、両国とも宣戦を布告しなかったので、国際法的には戦争状態ではなかったが、事実上断絶状態となった。そのため秋に入ると、第三国の仲介による和平が模索された。当初はイギリスが仲介を試みようとしたが、蔣介石が応じなかった。[27]その後、実際に仲介役を引き受けたのはドイツである。ドイツは、前年に防共協定を結んだ日本と政治的友好関係にあり、中国とは以前から武器輸出を通じて経済的に密接な関係にあったうえ、軍事顧問団を派遣していた。したがってドイツとしては、日中両国との友好関係を維持するために、また日本による対ソ牽制圧力を弱めないためにも、事変の早期解決が望ましかった。日本でも、日本に批判的な英仏米よりも、友好関係にあるドイツの仲介に期待する動きがあった。

参謀本部第二（情報）部の馬奈木《まなき》敬信《たかのぶ》（中佐）は、駐日ドイツ大使館付武官オイゲン・オット（少将）とともに十月下旬、オスカー・トラウトマン駐華ドイツ大使と上海で会い、日本の和平の意図を伝えたとされている。戦後、馬奈木を直接取材した読売新聞の松崎昭一によれば、事変拡大以来オットは連日のように参謀本部の馬奈木のもとを訪れて早期和平を説いた。馬奈木は、駐独大使館付武官補佐官としてドイツ在勤時代に親交のあったトラウトマンが、しばしば上海戦線を視察しているという情報を入手し、参謀次長の多田駿《はやお》（中将）や作戦部長の石原莞爾との協議のうえで、オットに同行して上海に赴きトラウトマンと接触し和平仲介を依頼せよとの指示を受けたという[28]。

石原は九月末、兵力の逐次投入に陥った作戦指導の責任を問われ、関東軍参謀副長に転出しているので、石原の指示があってから、その実行までにはしばらく時間がかかったのかもしれない。馬奈木の上海行きについては、現地の日本軍とドイツ官憲との間に悶着が生じていたので、その実態を調査するためにオットが上海に行き、馬奈木が日本軍との連絡役を務めるという名目が立てられた[29]。上海のキャセイ・ホテルで馬奈木がトラウトマンに伝えた和平条件は船津工作時のものとほとんど同じ内容だったとされている[30]。トラウトマンは上海滞在中に川越大使とも会談し和平問題を協議した[31]。

## 和平条件提示

この間、東京では、十月一日、全面戦争化した段階での事変対処方針、「支那事変対処要綱」が総理、外務、陸軍、海軍の四大臣間で決定された。そこで決定された和平条件はおおむね船津工作のものを引き継いでいたが、「戦局の拡大につれ、国民の戦果に対する期待も亦《また》増大し、〔中略〕賠償等物質的条件の獲得を熱望すべきを以て、対内的考慮に基き」、権益要求についても交渉をすることが付け加えられた[32]。そして十月二十二日、外務、陸軍、海軍の三省は第三国の和平斡旋に関する方針を決定する。日本を「被告の地位に置く」干渉や調停は排除するが、軍事行動の目的がほぼ達成された段階での「好意的斡旋」は受け容れるとされたのである。とくに友好国の独伊が中国側の依頼によって斡旋してくれるならば「更に妙なるものあるべし」とされた[33]。

十月二十一日、広田外相がヘルベルト・フォン・ディルクセン駐日ドイツ大使に対して和平仲介の依頼を示唆したのは、こうした方針に基づいていた。そして広田は十一月二日、ディルクセンに具体的な和平条件を提示した。ディルクセンによれば、それは①内蒙古自治政権の樹立（国際法上の地位は外蒙古と同じ）、②華北非武装地帯の設定（満洲国国境から平津の南まで）と華北における国民政府の任意行政（ただしその首脳は親日的人物が望ましい）、③上海に現行のものより広い非武装地帯設定、④抗日政策の停止、⑤共産主義に対する共同闘争、⑥関税引き下げ、⑦外国人の権利の尊重、という七項目であった[34]。ここには、満洲国承認という項目がないことが注目される。広田が提示しなかったのか、それともディルクセンが何らかの理由でドロップさせたのか、よく分からない。

ベルリンのドイツ外務省から日本の和平条件を中国側に伝えるよう訓令を受けたトラウトマンは、十一月五日、これを蔣介石に伝えた。しかし蔣介石は、日本が事変前の旧状を回復する用意のない限り、和平提案には応じられないと回答した[35]。当時ブリュッセルで開催中の九ヵ国条約会議が対日制裁に合意することに蔣介石は期待していた。だが、九ヵ国条約会議が対日制裁を打ち出すことはなかった。

広田弘毅

さらに戦局が大きく変化した。本土から派遣された二個師団と華北から転用された一個師団強から構成された第十軍が、十一月五日、杭州湾の奇襲上陸に成功し、側背を脅かされた上海戦線の中国軍は総崩れとなって退却した。陸軍首脳部には南京攻略の構想はなかったが、現地軍は敗走する中国軍を急追し南京をめざした。十一月下旬に設置された大本営は、現地軍の進撃にブレーキをかけることができず、十二月一日ついに南京攻略を命じた。

こうした状況変化を受けて、中国は南京から重慶への遷都を宣言し首都機能の一部を漢口に移した。そして蔣介石は日本との和平に前向きの姿勢を示す。十二月二日、南京でトラウトマンと会見した蔣介石は、日本の和平条件に変更がなければ、それを基礎としてドイツが日中間の仲介をすることを望む、と述べた。[36] ところが、十二月七日、ディルクセンが中国側の前向きな態度を伝えると、広田は、最近の戦局の変化のため、以前に提示した和平条件で交渉することが可能かどうかは疑問である、と主張したのである。[37]

## 一一項目と四項目

十二月十日、広田が閣議で、ドイツ仲介に関するこれまでの経緯を説明したところ、閣僚の一部（拓相の大谷尊由《そんゆ》と文相の木戸幸一）から、和平交渉は無用であり蔣介石政権を否認すべきであるとの強硬論が唱えられた。[38] 十二月十三日、首都南京が陥落し、十四日には北京に国民政府に対抗する中華民国臨時政府が成立した。

戦局が有利に急展開するなかで、日本はあらためて和平条件を協議する。協議の場となったのは、大本営設置（十一月二十日）とともに設けられた大本営政府連絡会議（以下、連絡会議と略す）である。主要閣僚と統帥部（陸軍の参謀本部と海軍の軍令部）の代表から成る連絡会議では、十二月十三日から十六日まで連日、和平の可否と和平条件をめぐって協議が続けられ、以下の一一項目に条件がまとめられた。[39] ①満洲国の正式承認、②排日・反満政策の放棄、③華北五省（河北・山東・河南・山西・察哈爾）・内蒙古に非武装地帯設定、④華北に中国主権の下に日満華三国の共存共栄を図る機構を設定して広汎な権限を与え日満華経済合作を行うこと、⑤内蒙古における防共自治政府の設立（国際的地位は外蒙古と同じ）、⑥防共政策を確立し日満と協力すること、⑦上海に現行のものより広い非武装地帯を設定し大上海市において日中協力して治安の維持と経済発展にあたること、⑧資源開発・関税・交易・航空・交通等に関する日満華三国の所要の協定締結、とくに華北五省・内蒙古での交通・通信・経済・各種開発に関する日本との密接な協力、⑨所要の賠償支払い、⑩華北五省・内蒙古・華中の一部における必要な期間の日本軍の保障駐兵、⑪和平条件に関する協定が成立するまで休戦協定を結ばないこと。

和平条件は明らかに厳しくなっていた。戦局の有利な進展が日本の態度を硬化させていた。首都を陥落させたからには、降伏を要求しても構わない、と言わんばかりの強硬論も出てきた。一方、上海戦線での苦戦によって大きな犠牲を出していたことが、それに見合う権益を要求すべきだとの主張を強めた。連絡会議では、就任したばかりの内相の末次信正が、「かかる条件で、国民がなっとくするかネ」と言い放ち[40]、「海軍はこんな寛大な条件でよいのか」と米内海相に対して詰問した[41]。一一項目にまとめられた条件案は、広田が以前ドイツ側に伝えたものを大幅に上回っていた。

ところが、この一一項目案でも、中国側に対して譲歩的すぎると、閣議で批判されたのである。批判したのは木戸文相であり[42]、連絡会議に参加しない閣僚のほとんどが条件案は「軟弱」だと反対した[43]。閣議では、「勝者がかかる詳細なる条項を示して曰《い》うのは如何」、「蔣が和睦をして来たのにあらざるに当方が何か示すはおかし」といった意見が出された[44]。閣議は十七日、十八日、二十一日と和平条件を審議し、最終的に次の包括的な四項目にまとめた。①容共抗日満政策の放棄と日満の防共政策への協力、②所要地域での非武装地帯の設定と特殊機構の設置、③日満華三国による経済協定締結、④賠償支払い。連絡会議で決まった一一項目は、ドイツ大使に極秘の参考として伝えられるだけとなった。[45]中国側が受け容れる余地はさらに狭くなった。なお、閣議は二十四日に、和平不成立の場合の方針として「事変対処要綱（甲）」を決定している。[46]ここには、権益要求がストレートに反映されていた。

十二月二十二日、広田は四項目をディルクセンに伝えた。連絡会議決定の一一項目は大使限りの情報として口頭で説明された。ドイツ大使は、和平条件は以前通告されたものをはるかに上回っており、中国側が受諾する可能性はきわめて小さいだろうと述べた。[47]日本側の条件は、二十六日夜、トラウトマンから孔祥熙《こうしょうき》（国民政府財政部長兼行政院副院長）と宋美齢（蔣介石の妻）に伝えられた（蔣介石は病臥中）。トラウトマンによれば、孔祥熙は驚愕と当惑に包まれた。[48]報告を受けた蔣介石は、「もし日本側が柔軟な条件を提示したら、これを受け入れるかどうか、中国の内部で対立が起こるかもしれないと懸念してきたが、いまこのような絶対に受け入れらない条件を見て安心した」という趣旨を日記に記した。[49]

広田は、中国の回答期限を年内としたが、その後、ディルクセンの要請により、翌年一月四、五日ころまで延期し、休戦についても態度緩和を示唆した。[50]さらに広田は、ディルクセン限りの情報とされた一一項目を、日本政府の指導的人物から得た印象として中国側に伝えることに同意し、[51]回答期限を一月十日まで延ばした。[52]しかし、中国側は遷延策をとり、なかなか回答を寄せなかった。蔣介石は、日本側の四項目それぞれについて具体的内容を問い合わせようとする外交部作成の案を斥けた。[53]

## 工作打ち切り

上述したように、和平問題をめぐっては政府を中心として強硬論が大勢を占めつつあった。これに対して、参謀本部の多田次長を中心とする和平グループは、事変長期化を避けるため国策の和平転換を図ろうとし、御前会議の開催を画策する。御前会議に向けて和平問題の再審議を目論んだのである。和平グループは、「［ドイツに通告した］媾和条件は甚だしく侵略的にして日支国交の将来を誤らしむるべきもの」であり、「動《やや》もすれば侵略的に傾かんとする国内趨勢に対し予《あらかじ》め予防方策を講じ置く必要あり」と論じた[54]。こうして十二月下旬から外務、陸軍、海軍の三省事務当局で協議が進められ、そこで作成された案は、一九三八年一月九日の連絡会議と、同日および翌十日の閣議の審議を経て決定となった。しかし、決定された「支那事変処理根本方針」は、和平成立の場合と不成立の場合の方針を並列させただけで、和平条件も実質的に変わらなかった。和平成立の場合の可能性をまだ残したところに意味があったとも言えようが、「支那現中央政府が和を求め来らざる場合に於ては、帝国は爾後之を相手とする事変解決に期待を掛けず、新興支那政権の成立を助長し、これと両国国交の調整を協定し、更生新支那の建設に協力す[55]」と、のちの「対手とせず」声明とほぼ同じ文言が、すでにここで用いられていた。

一月十日、天皇は近衛に対し、翌日に予定された御前会議での自分の発言の可否を尋ねた。近衛は、「閣議の決定として、何も陛下からお言葉のないほうが宜しい。結局ただ黙って御親臨の程度で願いたい」と進言したという。[56] 十一日、日露戦争後はじめての御前会議が開催された。結局、天皇の発言はなく、会議は事前のシナリオどおりに進行し、きわめて形式的な審議に終始して閣議決定を追認するだけに終わった。

一月十四日午後、閣議開催中にようやく中国側の「回答」が届く。それは、日本側の和平条件の範囲が広すぎるとし、より詳細な説明を求める口上書であった。広田は、これは逃げ口上であると非難し、中国側は諾否の回答に必要な一切の情報を得ているはずだと主張した。ディルクセンは、自分が日本政府筋から得た印象として伝えてきた一一項目を日本政府の公式の説明としたらどうか、と指摘したが、広田は取り合わなかった。[57] 閣議は、広田の報告を聞いたのち、中国の回答は遷延策にすぎず、まったく誠意が認められないとし、和平不成立の場合の方針で進むことと、それに伴って発表する政府声明を決めた。[58]

多田　駿

翌十五日午前九時半から始まった連絡会議では、工作打ち切りか継続かをめぐって激論が続いた。多田参謀次長は継続を訴えたが、内閣側はそろって、打ち切るべきだと主張した。会議は午前まとまらず、午後まとまらず、夜に再開されることになった。再開前に、陸軍省から多田に対し、内閣総辞職の危険性を示唆する説得がなされ、この説得によって、ついに多田も譲歩する。[59] 夜再開された会議で、多田は工作打ち切りに賛成しなかったが、反対も言わなかった。同夜、連絡会議に続いて閣議が開かれ、工作打ち切りが正式に決定された。そして十六日、「爾後国民政府を対手とせず」との政府声明（第一次近衛声明）が発表されるのである。[60]同日、広田はディルクセンに対し和平斡旋についての謝意と工作打ち切りを伝えた。その後、日中両国は大使の召還を命じ、一月二十日、駐日大使の許世英は日本を離れた。

トラウトマン工作には成功の可能性があったかもしれない。蔣介石が危惧したように、日本が当初の和平条件を加重しなければ、中国には日本の提案に応じようとする動きがあった。[61]しかし日本は、首都南京陥落に伴う戦勝気分の高まりと、権益要求の肥大化により、寛大な和平を拒否してしまったのである。

# 第二章　高宗武と日本

## 1　董道寧の来日

### 軍事的手詰まり

支那事変以前、日本陸軍の常備兵力は一七個師団であったが、事変勃発後の七月以降、七個師団が新設された。合計二四個師団の配置は華北（内蒙古を含む）に七個、華中に九個、満洲に五個、朝鮮に一個、日本本土に二個である。常設師団の平時編制から戦時編制への転換と新設師団の動員のために、一時、武器・弾薬等の供給が追い付かなくなった。[1]

一九三八年二月、陸軍はあらためて戦面不拡大方針を確認する。それは、七月まで新しい作戦を行わず、十分に準備をしたうえで翌年に本格的な持久作戦を実施する、という構想に基づいていた。ところが、結局、またしても現地軍の要請によって、戦面不拡大方針は放棄される。北支那方面軍が当面する敵軍を追っているうちに、徐州付近に中国軍の大集団が集結していることに気づき、ここに一大決戦の可能性が生まれたからである。四月、大本営は徐州作戦を認可し、華北から五個師団、華中から三個師団をもって敵を包囲殲滅しようとした。同年五月、こうして戦われた徐州会戦で、日本軍は要衝の徐州を獲得し、天津と上海を結ぶ鉄道（津浦線）の連絡に成功するが、敵戦力の殲滅には成功しなかった。中国軍は包囲網をすり抜けて退却したからである。徐州作戦後、日本軍は漢口攻略をめざして準備を進めてゆく。

こうした状況下で、あらためて和平の試みが動き出すのである。

## 西義顕と董道寧

一九三八年一月中旬、国民政府外交部亜洲司第一科長（＝日本課長）であった董道寧《とうどうねい》が、上海のパレス・ホテルに逗留していた満鉄南京事務所長の西義顕《よしあき》のところに現れた。董道寧はトラウトマン工作との関連で上司の亜洲司長であった高宗武の指示により、日本の和平条件を緩和するよう川越茂駐華大使を説得するため、漢口から飛行機で香港に飛び、香港から船で上海に来たのである。川越大使の説得に成功しなかった董道寧は、和平の可能性についての情報を得ようと西を訪ねたのであった[2]。

西は事変以前から呉震修《ごしんしゅう》（中国銀行南京支店長）の思想的影響を受け、日中衝突回避の「触媒工作」に従事しようとしていた。盧溝橋事件が発生し華北で日本軍による武力発動がなされたころ（一九三七年七月三十一日）、呉震修、その「直弟子」の高宗武、そして西の三人は、これ以上の事態拡大を防ぐべく、近衛首相に事変解決を説得するため松岡洋右満鉄総裁に助力を求めることになった。西は船で大連に向かい、八月十日松岡と会ったところ、松岡は西を実務から解放し、和平のための行動について一切の費用と行動の自由を保障した。松岡から風見章書記官長宛ての紹介状をもらった西は、八月十三日大連から東京に飛び、風見や近衛に会って事変解決を訴えたが、折から上海情勢が険悪化し、目的を達成することはできなかった。[3] ちなみに、外務省東亜局長の石射猪太郎の八月の日記には、「西という男」が、「蔣〔介石〕と汪〔兆銘〕の意を受けた呉震修の依頼により日本の和平への腹をさぐりに」来る、という上海からの電報があったとの記述がある。[4]

目的を果たすことができなかった西は、その後、チャンスの到来を待った。そして一九三八年一月あらためて上海に滞在していたとき、董道寧が現れたのである。西は董道寧の来訪を和平の「触手をつかむ」機会ととらえ、董道寧に対し日本に行って和平の可能性を自分で確かめるよう説いた。[5]

西　義　顕

### 西、松本、影佐

西の回想録には記述がないのだが、同盟通信の松本重治（一月より中南支総局長）によれば、このとき西は松本に連絡し、董道寧渡日の説得への協力を求めた。それは一月十七日（すなわち「対手とせず」声明の翌日）のことだ

松本重治

ったという。松本は、董道寧の渡日についての高宗武に対する事情説明は自分が引き受けると述べ、日本での接触相手として、大本営陸軍部第八課（通称謀略課）長の影佐《かげさ》禎昭《さだあき》（大佐）を提案し、西もこれに同意したとされている。[6]

上述したように、松本は前年七月に西園寺公一が近衛の密使として上海を訪れ宋子文と会ったとき、その斡旋の労をとった。また、船津工作時に高宗武は、船津に会う直前、松本を訪問している。[7] さらに、近衛内閣の和平条件として彼が知り得た情報を、松本は蔣介石に伝わることを期待して、徐新六に提供していた。[8] 事変勃発当初から松本は和平の動きに関わっていたと言えよう。

注目されるのは、松本が董道寧の接触相手として影佐を薦めていることである。松本は、「この際、外務省はあまり役に立たぬだろうから」と述べたという。[9] 松本は影佐が大使館付武官補佐官として上海に駐在していたころから親交があり、影佐の妻の母が、松本の妻の乳母だったという縁もあった。上海駐在時代の影佐は対中強硬論者であったが、「いつも人の意見を聴こうとする姿勢」を持つ、「陸軍でもわけの解る軍人の一人だ」と松本は考えるようになった。[10] 西も上海勤務時代から影佐を知っており、強硬派ではあっても「成長し得る人物」であると見ていた。前年八月下旬、近衛首相に事変解決を訴えた後、上海に戻る途中で西は影佐と同船した。影佐は新任の参謀本部支那課長として出張の途中であった。西は影佐との話から、影佐が「中国民族主義の完成を支援することこそ日本国防の第一義であるとの見解に到達していたこと」を知った。西の回想では、影佐を接触相手としたのは、松本の提案ではなくて、自分の判断だったように描かれている。[11]

もうひとつ注目されるのは、日本側の当事者の回想では、董道寧が西や松本に説得され高宗武の了解を得ずに渡日したように見なされていることである。だが、董道寧は張群（行政院副院長、四川省長）に宛てた報告書（同年四月十二日付）で、自分は高宗武の指示を受けて行動し渡日の費用も高宗武が運営する日本問題研究所から支弁されたと述べている。[12] 日本問題研究所とは、対日情報収集の必要性を説いた高宗武の提案に基づき、蔣介石の承認と支持を得て二月初めに設けられたものである。外部に対しては「宗記洋行」と名乗った。断定はできないが、董道寧が日本側からの説得だけで渡日したとは思われないので、おそらく高宗武の了解のもとに、あえてそれを西や松本には伏せて行動したのだろう。

## 董道寧の渡日

一月十九日、董道寧の渡日の準備工作をするため、西は長崎行きの船に乗り、東京に着くと影佐の自宅を訪れ、董道寧の渡日について了解を得た。西は、彼の事務所によく出入りしていた友人の伊藤芳男が「たまたま」熱海にいることを思い出し、伊藤に董道寧を日本に連れてくるよう依頼した。[13] 伊

董　道　寧

藤は中外興信所の所長を名乗っていたが、実際には満洲国外交部の南京駐在員（言い換えればエージェントあるいは「地下工作員」）であった。このとき葦津《あしづ》珍彦《うずひこ》は、福島高等商業時代の同級生の伊藤から、董道寧と影佐を結ぶ和平工作のことを聞かされたという。[14]

西によれば、彼の要請により伊藤は上海に戻り、松本と協力して董道寧の渡日計画を練った。西から準備完了の連絡が入り、上海から船に乗った伊藤と董道寧が極秘裡に長崎に着いたのは二月十五日とされている。二月十七日、横浜で西に迎えられた董道寧は、ホテル・ニューグランドで影佐と会見した。[15] 董道寧によれば、西の回想と十日ほどの時間のズレがある。彼が伊藤とともに上海を出港したのは二月二十五日、翌日長崎に着き、二十八日に横浜に到着した。[16] 日付に関しては西の回想よりも董道寧の報告書のほうが正確だと考えられよう。

董道寧は東京築地の旅館小松に移り、三月五日に参謀本部を訪れ、影佐の紹介によって参謀次長の多田駿、参謀本部情報部長の本間雅晴（少将）と会談した。それと前後して、十日ほどの間に影佐とは六回会ったとされている。参謀本部を訪れたとき、身に寸鉄も帯びずに来たことを悔やみ、敵の本拠に爆弾を投げつけたかった、と董道寧は述べているが、[17] このあたりは政府上層部への報告書という性格を考慮すべきだろう。董道寧の渡日は、たとえ高宗武の了解は得ていたとしても、通敵行為と誤解されかねなかったからである。

影佐は、「単身敵地に乗り込んだ董氏の熱情と勇気とに対し感に打たれた」という。また、董道寧の説く和平論が「よく自分の琴線に触るるものあるのみならず其熱情と至誠とは実に自分をして感動せしめ」た、と回想している[18]。董道寧によれば、影佐は、日本と交渉ができる大物政治家の出馬を期待していると述べたという。また、多田や本間との協議は和平の必要性に関する原則論に終始したが、影佐はやや具体的な和平条件にも言及した。たとえば、抗日政策の放棄、満洲国の承認、華北での駐兵等を挙げたとされている[19]。

影佐は、董道寧の渡日を知る者は近衛文麿首相、広田弘毅外相、杉山元《はじめ》陸相、多田参謀次長、本間情報部長、松岡満鉄総裁、影佐本人と参謀本部の秩父宮雍仁《やすひと》親王（中佐）だけであると語った。天皇に上奏はしていないと影佐は述べたが、董道寧は天皇もきっと承知しているはずだと推測した。影佐は近衛、広田、杉山も董道寧との会談を望んでいると伝えたが、董道寧はこれを断った。敵国人とこれ以上無駄話をすることは良心が許さなかったからだという[20]。これも報告書という性格を考慮しなければならないが、もし近衛や広田や杉山が董道寧の渡日を知っていたとすれば、その後の展開に重要な意味を持つことになるかもしれない。なお、参謀本部支那班長の今井武夫（中佐）も董道寧の滞在中、彼と連絡をとったとされている[21]。

三月十日、董道寧は、西および伊藤とともに日本を離れ、松岡満鉄総裁の要請により大連に向かった。松岡も影佐と同じく中国の大物政治家の出馬を希望し、汪兆銘の名を挙げたという。董道寧が大連から上海に戻ったのは三月十五日である。対日情報収集を任務とした董道寧は、その報告書のなかで日本の「誠意」について一抹の疑問を呈しながら、一月十六日の「対手とせず」声明に修正の可能性があることを指摘した[22]。

## 影佐書簡

董道寧の日本滞在中、影佐は張群と何応欽（軍政部長）に宛てた二通の手紙を書き董道寧に託していた。二人は日本の陸軍士官学校卒で影佐の先輩であった。この書簡の内容については、影佐の回想と西の手記との間に異同があるが、手紙を書いた本人の影佐は次のように回想している。「日支事変の解決は条件の取引と言うような方法で根本的解決がつくべきものではない、日本も支那も互いに裸で抱合わねばならん。今迄のことは水に流し誠意を披歴して裸になって日本と抱き合うと云う気持になって貰えれば、武士道国日本は本当に裸になって手を握る位の意気は持合わして居ると確信する」[23]。具体的な和平条件よりも、両国の相互信頼を原則論的に強調した内容であったと言えようか。

西の手記では、影佐書簡の文意が次のように記されている。「日中両民族の不幸な戦いがきわまるところ、一月十六日の帝国政府の声明となった。東洋の運命はまさに窮せるものといわなければならぬ。窮通打開の道は、まず貴国にひとりの偉大なる王倫出《い》でて、我国朝野の誤解をとくことである。いま董道寧君来《きた》って、貴国の誠意を身をもって伝え、我方当路に大なる感動あり、窮通の第一歩となる。願わくばいまひとりの彼に続くあって、一層の啓蒙を試みられ、貴国の真意と我国の感動との交流を期さむ」。西によれば、王倫なる人物は、影佐がある東洋史学者から聞いて挿入したのだが、中国側では誰も王倫のことを知らなかったとされている。[24]

一方、大本営陸軍部第八課で影佐の部下であった岩畔豪雄《いわくろひでお》（中佐）は、近衛首相が儒学者の安岡正篤《まさひろ》に手紙を書かせ、そのなかに王倫という名前が出ていたと回想している。[25] この岩畔の回想は日時等が曖昧であり、手紙をこのときの影佐書簡と特定しているわけでもない（岩畔は高宗武に宛てた手紙のように述べている）。もし岩畔の言う書簡がこのときの影佐書簡であったなら、近衛がかなり早い時期からこの和平工作に関与していたことになる。[26] 董道寧報告書のなかで彼の渡日を知る人物の一人として近衛の名が挙がっていたことは上述したとおりである。

影佐禎昭

だが、このあたりは当事者の記憶がズレており、事実を確定することが難しいと言わなければならない。岩畔の発言が、西の回想録が出た後であることも考慮しなければならないだろう。ちなみに、松本重治の回想録をはじめ関係者の回想録の多くには、それ以前に刊行・発表された他者の回想録を読んだ形跡があり、戦後の「学習」と戦前の記憶とが融合してしまっている部分があることにも注意が必要である。

一郎、二郎、三郎、四郎、五郎、六郎

## 2　和平の「同志」

董道寧がまだ日本に滞在していたころの三月五日、上海の松本に高宗武から連絡が入り、二人はフランス租界で和平問題について話し合った。松本は、「一日も早く和平をもたらすためには、国民政府を改組するか、あるいは形式的にでもこれらの傀儡政権〔華北の臨時政府や華中の維新政府〕を吸収合併し得るような第三政府のようなものをでも考えざるを得ないと思う」と述べたが、高宗武は「第三政府」に反対しつつ、「徹底抗戦から和平に切り換えれば、事実上、改組になるということになる」と論じた。また高宗武は、和平のために行動する彼の協力者として周仏海（蔣介石侍従室第二処副主任、国民党宣伝部副部長）の名を挙げた。松本は、董道寧の渡日を打ち明けた[27]。ただし、上述したように、高宗武は董道寧の渡日を知っていたと思われる。

董道寧と伊藤が上海に帰ってきた翌日、三月十六日キャセイ・ホテルで高宗武と松本を加えた四人の会合が持たれた。何応欽と張群に宛てた影佐書簡の扱いについて、董道寧と高宗武との間に意見の対立が生まれたが、この問題は月末に西が香港に来るとき、五人で再検討することになった。なお、西と董道寧と伊藤が大連に向かった際、あらためて和平運動の盟友であることを誓って「一郎」「二郎」「三郎」と呼び合う約束をしたことが話題となり（言うまでもないが、董道寧報告書にはそんなことは一切記述されていない）、高宗武と松本も「四郎」「五郎」と呼ぶことになった。影佐は「欠席裁判」で「六郎」とされた。[28] ここで六人の簡単なプロフィールを紹介しておこう。

「一郎」こと西義顕（一八九七―一九六七）は、早稲田大学政治学科を卒業後、一時母校の中学教員を務めたが、一九三〇年に満鉄に入社し、三五年にその南京事務所長となった。和平工作との関わりはすでに述べたとおりである。兄・義一は教育総監を務めた陸軍大将で、支那事変当時は予備役となっていたが、この兄の存在は陸軍での弟の信用を得ることに役立ったと考えられる。なお後述するように、西は一九四〇年、また別の和平工作にも登場することになる。

「二郎」董道寧（一九〇二―?）は、浙江省寧波に生まれ、横浜で育った。中学は東京、高校は名古屋で、京都帝国大学を卒業。国民政府では考試院から外交部に転じ、亜洲司第一科長となった。のち汪兆銘政権の外交部参事官となり、大東亜戦争中、病死したと言われる。

「三郎」の伊藤芳男（一九〇六―一九五〇）は、東京外国語学校を中退し福島高等商業を卒業、ロンドンに渡り、通訳とガイドのアルバイトをしてヨーロッパを巡り、アフリカで日本商品を売り歩いたという。満洲事変後には

高　宗　武

伊　藤　芳　男

ジュネーヴの日本国際連盟事務局で働いた。その後帰国し、さらに満洲に渡って満洲国外交部に地下政治工作の必要性を説き、その資金で上海に中外興信所を構えた。一九三七年、南京に移り、西と知り合うようになった。三九年、汪兆銘政権成立後、満洲国駐華大使館参事官となる。

「四郎」の高宗武（一九〇六―一九九四）は浙江省の生まれ。日本に留学して九州帝国大学を卒業。帰国後、南京の中央政治学校教授に就任。その能力を買われ、若くして外交部亜洲司長に抜擢される。いわゆる汪兆銘工作の推進者となったが、一九三九年末に汪の陣営から離脱。香港を経てアメリカに亡命した。

「五郎」松本重治（一八九九―一九八九）は、関西実業界の重鎮・松本枩蔵《まつぞう》の子。母方の祖父は元老・松方正義で、妻の祖父も松方正義。東京帝国大学を卒業し、イェール大学など欧米各国の大学に留学、帰国後、東大助手、太平洋問題調査会のスタッフを務めた。一九三二年、通信社の新聞聯合の上海支局長となる（のち聯合と電通が合併して同盟通信となり、その上海支社長）。三八年末、病気療養のため帰国し、その後、同盟通信編輯局長に就任した。敗戦後は公職追放になるが、五二年、国際文化会館を設立し専務理事（のち理事長）として国際交流に貢献する。

「六郎」とされた影佐禎昭（一八九三―一九四八）は、大阪の中学校を経て陸軍士官学校（第二十六期）、陸軍大学校を卒業。三年間、東京帝国大学に聴講生として派遣された。「支那通」の道を歩み、参謀本部支那班長、駐華大使館付武官補佐官、参謀本部支那課長を歴任し、大本営が設置されると、宣伝・謀略を担当する第八課長となった。その後、陸軍省軍務課長、梅機関長、汪兆銘政権最高軍事顧問を務め、大東亜戦争では師団長としてラバウルに出征した。元衆議院議員・谷垣禎一は影佐の孫にあたる。

以上六人のうち、軍人の影佐を除くと、一九三八年の時点でほとんどが三十歳代であったことが注目される。最年長の西でさえ、四十歳代に入ったばかりである。高宗武や伊藤は三十歳代の前半であった。この和平工作の大胆さは、こうした年齢の「若さ」にも理由があったのだろう。また中国側の高宗武と董道寧が日本留学の経験を持っていることにも注目する必要がある。おそらく彼ら六人は日本語で会話し、日本語で和平問題を協議したのだろう。なお、西も松本も同志的関係を強調しているが、高宗武は、信頼していたのは松本だけであり、それ以外の者と同志的関係にあったわけではないと回想している[29]。

### 蔣介石の返答?

長崎から船に乗った西が香港に到着したのは三月二十六日。翌二十七日、香港島のリパルスベイ・ホテルで五人の会合が開かれた。この会合では、日中双方の和平の動きに関する情報交換がなされ、影佐書簡を使って和平運動を促進することが合意された。書簡の取扱いについては高宗武が担当することになった。会合後、伊藤は高宗武がもたらした情報等を伝えるため、台湾を経て東京に飛び、松本は上海に戻った。西は香港に残ることになった[30]。高宗武と董道寧は四月二日漢口に飛んだ[31]。

松本によれば、漢口に帰った高宗武は、影佐書簡の取扱いについて周仏海に相談し、まず書簡を汪兆銘（汪精衛）に見せると、汪兆銘は陳布雷《ちんふらい》（侍従室第二処主任）を通じて蔣介石に見せるよう指示したという[32]。高宗武は四月五日、蔣介石と会見した[33]。蔣介石は敵の将領に和平を呼びかけた影佐の勇気に感動した、と西は高宗武から聞かされた[34]。ただし、高宗武の回想によれば、影佐書簡は自分が直接、蔣介石に手渡し、会見の際に蔣介石は何も言わなかったとされている[35]。

四月十六日、董道寧と高宗武が相次いで香港の西のもとを訪れた。高宗武は、影佐に対する蔣介石の返答として次のような内容を口頭で伝えたという。日本の対中軍事行動の意図は「対ソ関係における安全の保障」と「対中国経済発展および依存の確保」にあると理解されるが、この二項の趣旨は原則として承認する。前者は①東北四省、②内蒙、③河北・察哈爾に区分され、①と②は他日の協議に譲るが、③は絶対に中国に返却すべきである。西はこの提案が、実際に蔣介石が語ったものなのか、高宗武が作文して蔣介石の承認を得たものなのか、あるいは「高宗武独特の自信と胆力で蔣介石幕僚として蔣介石のためをはかった独断の作文」なのか分からないが、そんなことは問題ではないと考えた。「民族主義中国の最小限の要求」をストレートに提示していることを「直感」したからであるという[36]。高宗武が主張するように蔣介石が影佐の書簡に何も言わなかったとすれば、高宗武は蔣介石のためをはかって「独断の作文」をしたという可能性が高くなるだろう。

船で香港を出発した西は四月二十六日に神戸に到着、大阪から東京に飛び、二十七日、影佐、伊藤の同席のもと、参謀次長室で多田次長、本間情報部長、陸軍省軍務課長の柴山兼四郎に蔣介石の返答を伝え、これに基づいて和平を進めるべきであると「熱弁」をふるったが、軍人たちは何の反応も示さなかった。折から徐州作戦が進捗し、それに陸軍全体が没頭していたためであったと西は述べている[37]。しかし、影佐は回想録に、自分の書簡に対する蔣介石や汪兆銘の反応についての高宗武の話を西から聞き、「要するに予の試射は不発に終れり」と記している[38]。西が伝えた蔣介石の返答なるものは、徐州作戦の進捗如何に関係なく、影佐の期待には応えていなかったと考えるべきだろう[39]。その返答は影佐が否定した「条件の取引」に終始し、しかもその条件は中国側の原則的立場を繰り返しているにすぎないと見られたのだろう。こうして、この和平の試みは一時、動かなくなる。

## 五相会議

そのころ近衛首相は「対手とせず」声明の失敗を認めつつあった。近衛は事変処理方針の軌道修正を図るために内閣の大改造に着手する。五月二十六日、外相に宇垣一成、蔵相に池田成彬《しげあき》が就任した。改造の眼目は陸相である。板垣征四郎（中将）を起用しようとした近衛は、岩永祐吉（同盟通信社長）の助言により、板垣と懇意の古野伊之助（同盟通信常務理事）を中国戦場の前線にいる板垣のもとに派遣し、就任の了承をとった。古野は任務達成後、上海に立ち寄り、松本に近衛内閣の方針に関する情

近衛文麿

報を伝えた。[40]板垣が陸相に就任するのは六月三日である。

六月十日、近衛内閣は首相、外相、蔵相、陸相、海相から成る五相会議を設置する。五相会議は、統帥事項を除いた最高国策の決定機関とされ、二月以来休眠状態となっていた大本営政府連絡会議に取って代わることになる。近衛は、自ら新たに起用した外相、蔵相、陸相を構成員とする五相会議によって事変処理政策の軌道修正を図ろうとしてゆく。

七月八日、五相会議は国民政府が「屈伏」してきた場合の対策として、同政府を「友好一政権」と認め、新興中央政権の傘下に合流させるか、または既存の親日諸政権と協力して新たに中央政権を樹立させるとの方針を決めた。[41]一月の御前会議では、国民政府が和を求めてこない場合、同政府に対しては「之が潰滅を図り又は新興中央政権の傘下に収容せらるる如く施策す」という方針が決められたが、[42]その方針からの一部軌道修正が図られたと言えよう。「屈伏」したならば、和平の「対手」とする可能性が示されたからである。ただし、「屈伏」の認定条件とされたのは、①新中央政権樹立への参加もしくは合流、②国民政府の改称と改組、③抗日容共政策の放棄と親日満防共政策の採用、④蔣介石の下野の四項目であり、蔣介石が下野しなければ国民政府は「屈伏」したとは見なされないことになったのである。[43]

なお、五相会議は七月十五日、「新中央政府」の樹立要領を次のように定めている。まず華北の臨時政府と華中の維新政府（三月に擁立）が協力して「聯合委員会」を組織し、次いでこれに蒙疆《もうきょう》聯合委員会を連合させ、諸勢力を吸収して新中央政府に「聚《しゅう》大成」させる。ただし、漢口が陥落して蔣政権が地方政権に転落するか、蔣介石が下野するか、または国民政府の改組という事態が生じるまでは新中央政府を樹立しない。国民政府が分裂あるいは改組し親日政権が出現した場合は、これを「中央政府組織の一分子」として中央政府樹立に進む。しかし、漢口陥落後も国民政府に分裂や改組が見られない場合は、「聯合委員会」を組織する既成政権だけで新中央政府を樹立する。[44]

従来は、既成政権（臨時政府と維新政府）を中心として新中央政府を樹立し、その傘下に国民政府を「収容」するとしていただけであったが、この五相会議決定では、漢口陥落までは既成政権だけによる新中央政府樹立を避け、分裂・改組した国民政府の新中央政府樹立への参加に期待をかけた。[45]その分だけ「対手とせず」の修正がなされたとも言えよう。また、既成政権の弱体ぶりに対する失望も大きかったのである。

問題は、国民政府の地方政権への転落、改組・分裂、蔣下野、という新中央政府樹立参加への条件であった。地方政権転落はともかく、国民政府の改組も分裂も蔣下野に連動していたからである。つまり蔣介石が下野すれば、国民政府は改組したと見なされるだろうし、蔣下野を求める国民政府内の反蔣勢力が離反すれば、国民政府の分裂という事態が生まれる。こうして、日中間の和平の試みは、蔣下野問題に関わらざるをえなくなってゆく。

## 3　高宗武の来日

### 「第三勢力」構想

高宗武が伝えた蔣介石の返答によって陸軍の積極的対応を引き出せなかった西義顕は香港に戻り、国民政府外交部情報司日ソ科長であった周隆庠《しゅうりゅうしょう》を介して高宗武と連絡をとり、人目を避けて会合を重ねた。伊藤芳男を交えた、そうした会合で西は高宗武に渡日を勧告する。西によれば、近衛内閣が五月下旬に大改造を行い、政府に影響を及ぼす影佐の立場が確立されたので、和平を進めるチャンスだとされたのである。[46] 高宗武は、三月の会合の際、松本からも渡日を示唆されていた。[47]

五月三十日、高宗武は漢口に飛び、周仏海、陳布雷と協議した。[48] 周仏海は高宗武の渡日を支持したが、蔣介石は何も言わなかったという。[49] その後、香港に戻った高宗武が西に語ったところによれば、蔣介石は対日情報収集のため高宗武が香港で日本人と接触することは許したが、それ以上の活動すなわち渡日を厳禁した。しかし高宗武は、和平実現のためには一時的に蔣介石の命に背いても、渡日することが必要だとの考えを強めた。それを促したのは周仏海であり、「汪兆銘をはじめ内部を動かし、これをまとめる計画」は周仏海が担当し、「日本に対する働きかけ」は高宗武が担当することになったとされている。[50]

香港に戻った高宗武は伊藤と接触し、六月十四日、広東ホテルで西と協議した。このとき高宗武は西に対し、「汪兆銘を戴いて、相戦う日華の外にある「第三勢力」を構成し、この勢力を権威あるものたらしめるまでに成長させることによって、必ず、蔣介石と日本との間に、和平を媒介成功させてみせるという構想」を語ったという。この構想は、日本と蔣介石との間で直接、和平が実現できない最悪のケースに備えた計画であるとされた[51]。西は、高宗武の渡日の決意を固めさせるために松本との協議が必要と考え、上海の松本に来香を要請するとともに、自らは影佐に連絡し高宗武渡日の準備をするために六月十九日、香港から東京に向かった[52]。

六月十七日来香した松本は、伊藤の案内で高宗武と会い、連日四回にわたって協議を重ねた。そのなかで松本は、日本の撤兵と蔣介石の下野（汪兆銘による継承）という和平構想を提示したが、高宗武は依然として蔣介石下野に反対した。蔣介石が下野した場合、あとを収拾する者がおらず、汪兆銘では無理だ、という判断であった。松本によれば、その後、高宗武は次のような和平構想を語ったという。日本が撤兵を声明し、それに応じて汪兆銘が下野して全国に和平を通電する。これに各地の軍閥が呼応する。蔣介石は長期抗戦が不可能になり下野を余儀なくされる。そのとき汪兆銘が政府に復帰し、適当な期間をおいて蔣介石を復活させ、

周　仏　海

二人で時局を収拾する。この筋書きに松本もおおむね同意し、高宗武は渡日の決意を固めた。[53]

このころ中国に出張した参謀本部支那班長の今井武夫は西や伊藤、松本と会い、高宗武との接触状況について情報を収集していた。松本は上海に戻り、伊藤の案内で上海に来た高宗武を迎え、日本軍の検問をかいくぐって高宗武を日本行きの船に乗せ、それを見届けてから自らも福岡に飛び、東京に向かった。[54]

## 東京での高宗武

伊藤に同行して極秘裡に来日した高宗武の滞日期間については関係者の回想にズレがある。横浜に入港した高宗武を出迎えた西は（おそらく西の回想録に影響された松本も）高宗武が来日したのは七月五日、離日したのは同月二十一日と述べている。[55] 影佐の回想では高宗武は六月三十日に来日したという。[56] しかし、高宗武が蔣介石に提出した報告書では、七月二日に東京に到着し（来日は前日）、同月九日に東京を離れたことになっている。[57] 宿舎についても異同がある。今井によれば、東京九段の偕行社（陸軍将校の親睦クラブ）での宿泊を予定していたが、ソ連から亡命したNKVD中将リュシコフと鉢合わせしたので、陸軍がよく使う築地の料亭花蝶に宿泊させたという。[58] 高宗武自身は、偕行社に一泊したが、ここに出入りする日本軍人のなかには彼を見知っている者がいるかもしれないと移動を求め、住友銀行所有の家屋に宿泊したと報告している。[59] 以下では高宗武の報告書に従うことにしよう。なお、極秘の高宗武工作を進めるために、内閣書記官長の風見章は影佐に対し、内閣の機密費から費用を出したことがあったという。[60]

滞日中、高宗武が会談したのは、松岡洋右（西、伊藤同席）、影佐大佐（六月十八日付で陸軍省軍務課長）、多田参謀次長、今井中佐、岩永祐吉（松本、古野伊之助同席）、板垣陸相、近衛首相であり、近衛側近グループ（松本、犬養健《たける》、西園寺公一）とも会った。注目されるのは、影佐、岩永、板垣が蔣介石下野の必要性を主張したことである。影佐は、蔣介石下野後に汪兆銘が時局を担当する構想にも言及した。これに対して高宗武は、蔣介石下野が不可能であり得策でもないことを強調し、日本側に対して「対手とせず」声明の取消し、寛大かつ具体的な和平条件の提示、不平等条約・地方協定の廃棄、第三国による調停、を要求したと報告している。[61] 蔣介石下野否定の強調や四項目の要求は、報告書（しかも蔣介石の承認を得ずに渡日したことの弁明）という性格上、割り引いて考えるべきかもしれない。

日本側関係者の回想は高宗武の報告書と大きく異なっている。西によれば、高宗武は「日本が帝国主義的政策を放棄して、中国を日本と対等の国家として取扱うことが、中日和平実現の絶対的条件であり前提であることを強調したのであって」、「日本がこの条件を実践する誠意のあることを事実をもって示すならば、少なくともまず汪兆銘を主班とする中国内部の和平勢力は直ちに戦いをやめ、両国の和平を調停し、全面的和平回復の活動を開始するであろうことを付言し」たとされる。[62] 松本は、高宗武が岩永との会談で、日本側に和平の意思があることに確信を得たとし、自分は蔣介石領導とするか汪兆銘領導とするかまだ迷っているが、日本側は汪兆銘を相手としたいようだ、と語ったと回想している。[63]

影佐は高宗武が次のように語ったと述べている。「蔣政権を否認した日本の現状としては日支間の和平を招来する為には蔣氏以外の人を求めなければなるまい。それにはどうしても汪精衛氏を措《お》いては他には之を求め難い。〔中略〕国民政府部内に於ては到底彼の主張〔汪の和平論〕は容れられないので寧《むし》ろ政府の外部から国民運動を起し以て蔣氏をして和平論を傾聴せしむるの契機を造成するというのが適当である。〔中略〕然《しか》し氏の方法に依りても尚且《なおかつ》蔣氏を転向せしむること不可能なるに於ては汪氏自ら時局を収拾する外はない[64]」。

このような高宗武と日本側関係者の言い分の違いをどのように考えればよいのか。まず、蔣介石下野と汪兆銘による和平運動展開という構想は、蔣介石との直接交渉が不可能な場合の次善の策、いわばBプランとされていた、との西の回想が想起されよう。それは、高宗武が松本、西や伊藤の主張を受け容れたものであったかもしれない。しかし、高宗武はあくまでAプランすなわち蔣介石との直接交渉による和平実現を優先していたのだろう。日本を訪れて関係者にそれを説けば、日本をその方向に動かすことができるという可能性に賭けようとしたのかもしれない。だが、高宗武の期待は挫折せざるをえなかった。板垣や多田との会談に同席したという今井の「印象」では、高宗武は「既に蔣介石を中心とした事変収拾策は之れを断念したらしく、改めてこの問題を主張することなく、専《もっぱ》ら日本側の発言を熱心に聴取するだけだった」とされている[65]。

高宗武は報告書の最後に、日本側が蔣下野を求めていることで一致しており、蔣が下野すれば和平条件を緩和できると主張していることを指摘した。また、松本から得た情報として、五相会議が「国民政府を対手とせず」を蔣政権潰滅という意味に解釈し蔣下野を決定したことを報告している。[66]松本が与えた情報は正確であった。実際、上述したように日本では「対手とせず」の見直しが五相会議でなされつつあった。国民政府が改組すれば、それを新中央政府の構成分子と認める、というところまで事変処理方針の軌道修正がなされた。ただし、その場合、蔣介石下野は国民政府の改組を認定する絶対的な条件であった。日本人の間では、かつて蔣介石が下野したことがある経緯を知り、それがそれほど難しいことであるとは認識されなかった。下野は一時的なものでよい、とする見解もあった。しかし、中国側では蔣介石下野がきわめて深刻な問題と考えられていたのである。

### 工作中断

こうしたなかで日本の一部では、高宗武は蔣介石を下野に追い込む可能性を伝えに来たと受け取られた。たとえば海軍省臨時調査課長の高木惣吉（大佐）は、七月中旬、「高宗武は『日本の政府が汪兆銘を立ててこれを援《たす》けて行くということを保障してくれるならば、蔣介石は下野するだろう』」と語ったという情報を原田熊雄に提供している。[67]八月中旬、朝日新聞主筆の緒方竹虎は、和平の糸口を探るため香港に派遣した神尾茂に対して書簡を送り、高宗武が前月来日したことを告げ、「政府では板垣陸相、多田参謀次長等之と会見し蔣介石の下野を力説し、その実現の場合に於ける、日本の態度のアウトラインをも示した模様にて、高は蔣の下野に可能性あるかを仄《ほの》め《め》かしたらしく候」と述べていた。[68]

高宗武の日本滞在に関して、指摘しておかなければならないのは、彼が宇垣外相とは会わなかったことである。西はこれを影佐と自分の「失態」であったとしている。[69]しかし、前述したように、当初から西や松本は、あえて外務省を和平の窓口とはしなかった。高宗武の報告書によれば、松本は近衛、板垣、宇垣との会談をアレンジしたが、高宗武は消極的であったとされている。その後、板垣と近衛については、それぞれ影佐と松本から取りなしがあり、会談が実現したが、宇垣については、あえて会談の必要性を主張する者がいなかったのだろう。高宗武の報告書には、宇垣が蔣政権潰滅を強硬に主張している、との情報が付け加えられている。[70]なお、のちに高宗武は、自分は宇垣との会談を望んだが、影佐に阻止されたと述べている。[71]

外務省では高宗武の来日をキャッチしていたようである。石射東亜局長の日記には、「陸軍は高宗武を香港から連れて来た相《そう》だ」という記述がある。[72]石射は「またしても陸軍式謀略だ」と見たという。[73]後述するように、当時、外務省は別のルートを通じた和平工作に関わっており、高宗武との会見にあまり関心を持たなかったのだろう。ちなみに高宗武の来日は、極秘にされていたにもかかわらず、来日直前には漏れていたようである。六月末日には近衛が秘書官の岸道三から、影佐が高宗武を連れて来たということを聞いた、と原田熊雄に語っている。そのとき近衛は、「一体陸軍の若い者がそんなことをやったところで、なかなかそううまく行くもんではない」と語っていた。[74]

高宗武の滞日中、犬養健が松本や西のグループに加わったことも付け加えておくべきだろう。犬養自身は、高宗武から加わることを求められたという。[75]犬養を高宗武や影佐に紹介したのは松本である。通信記者としての自分の仕事が多忙な場合、犬養が彼に代わって和平のために働いてくれることを期

犬　養　健

待したのだという[76]。実際に、犬養はその後、松本の代わりを務めざるをえなくなる。松本の存在は、高宗武との信頼関係の点で重要であったばかりではなく、近衛側近グループとの密接な関係という点でも重要であった。犬養は、後者の役割に関して松本の代わりを務めることになるのである。

犬養健（一八九六―一九六〇）は、東京帝国大学を中退し白樺派の小説家の道を歩んだが、のち政界に転じて父・犬養毅が首相に就任するとその秘書官となった。一九三〇年、衆議院議員に当選、近衛内閣では逓信参与官となり、近衛側近グループの一員として風見書記官長の指示により、中国問題を研究していたという。父が孫文の中国同盟会結成を支援し中国の革命運動を援助していたことは、息子についても中国側の信頼を得ることに役立っただろう。戦後、公職追放となるも、吉田内閣で法相を務めた。

さて、高宗武は七月九日に伊藤とともに日本を離れ帰国したが、その後しばらく（約一ヵ月）彼から日本側には何の音沙汰もなかった。影佐は、「高氏の計画の蹉跌を信じていた[77]」。そして、この間、別の和平工作が浮上しつつあった。

# 第三章　交　　錯

## 1　宇垣・孔祥熙工作

### 萱野工作の発端

西義顕や松本重治が高宗武と和平工作を進めていたころ、上海・香港ではまた別の和平の試みが進行しつつあった。それは、萱野《かやの》長知《ながとも》と松本蔵次によって開かれたルートである。萱野長知（一八七三―一九四七）は、若いころから中国に渡り、中国同盟会のメンバーとして中国の革命運動に関わり、孫文を援助した。中国語が堪能であり、中国国民党要人の間に高い信用を得ていたと言われる。満洲事変時には、犬養毅首相の要請により中国に赴き、行政院長の孫科や立法院副院長の居正との間で事変解決を協議したが、成功しなかった。[1] 松本蔵次（一八八三―一九六二）も若いころから中国革命に関心を持ち、宮崎滔天に師事し滔天とともに日中間を往復した。その間、萱野とも知り合い、満洲事変時の萱野による和平工作にも同行していた。

戦後、松本蔵次が語ったところによれば、一九三八年三月末、孔祥熙につながる賈《こ》存徳《ぞんとく》という人物が上海の松本に接触してきて、和平実現の道を探ろうと持ちかけた。そのころ萱野は上海派遣軍司令官松井石根（大将）の要請で華中政権（維新政府）の樹立に関わり、上海に居を構えて和平の糸口を探ろうとしていた。松本は萱野の行動に協力し、いわば秘書役を務めていたのである。

松本は賈存徳の申し出を萱野に伝え、四月二十日ころ松本と賈存徳の二回目の協議がキャセイ・ホテルでなされた。松本は、満蒙問題の解決（満洲国の承認と内蒙における日本の立場の承認）という萱野の和平条件を伝え、賈存徳は日本軍の全面的撤兵を主張した。その後、賈存徳の要望により萱野が孔祥熙（一九三八年一月より行政院長）宛ての手紙を書くことになり、賈存徳は和平の必要性を説いた長文の萱野の書簡をたずさえ、上海から香港に行き、香港から漢口に飛んだ。

萱野長知

五月初め、賈存徳は孔祥熙の返書を持って上海に戻ってきた。その書簡は和平条件として、即時停戦、日本による中国の主権尊重と撤兵声明、満蒙問題解決の原則的承認（ただし具体的には両国の協議にゆだねる）を掲げていた。

萱野は日本政府および軍部と協議するため、五月六日、孔祥熙書簡をたずさえて上海を出発、九日に東京に着い

孔　祥　熙

た。東京では、小川平吉の協力を得て近衛文麿首相、板垣征四郎陸相と協議し、孔祥熙の提案に基づいて和平実現に向けた交渉を進めることについて両相の承認を受けた。[2]以上の松本の回想には月日など、いくぶん記憶違いが含まれているようである。

### 賈存徳の回想

賈存徳は次のように回想している。賈存徳は孔祥熙と同郷（山西省）の出身で子弟関係にあった。やがて賈存徳は孔祥熙の部下となり、事変前から友人の朝鮮人、韋《い》竹軒《ちくけん》の協力により日本の軍事情報を収集し、孔祥熙の長男、孔令侃《こうれいかん》を介して情報を国民政府参謀部に送っていた（この点からすれば、賈存徳は孔祥熙のエージェントと言うべきかもしれない）。一九三八年春、韋竹軒は萱野が上海で特別任務に就いており、まず彼の友人、松本蔵次に紹介するので、松本から萱野を紹介してもらったらよい、と賈存徳に助言した。賈存徳は韋竹軒の助言に従い、対日情報収集のため、松本の紹介により萱野と会った。賈存徳と松本・萱野との会談は中国語で行われたと思われる。

賈存徳は、五月初めに漢口に行くと告げたとき、萱野から孔祥熙宛ての手紙を託された。中国同盟会以来の親交を回顧し和平を訴える内容であった。五月十七日漢口に到着した賈存徳は、早速、萱野の手紙を孔祥熙に渡した。孔祥熙は賈存徳に対し、萱野との接触は慎重に進め秘密を保つよう注意し、秘密が露見したら、自分は関わりを一切否定しなければならないと述べた。孔祥熙はまた、萱野宛ての返書を賈存徳に託した。その手紙のなかで孔祥熙は、萱野が和平実現のために努力していることに感動するが、戦争を始めた日本がまず問題解決にあたるべきであり、萱野が日本当局に非を悟らせ和平の方向に動かすならば、自分もそれに協力しよう、と述べた。賈存徳は五月二十日、漢口を出発して香港に到着、六月一日に上海に赴いて孔祥熙書簡を萱野に手渡した。[3] 孔祥熙は、上海に戻った賈存徳から報告を受けたのち、それまでの経緯を蔣介石に説明した。蔣介石は、この試みにあまり賛成ではなかったようであり、特別の慎重さを求めたという。[4]

小川平吉

萱野が東京に着いたのは、実際には六月九日である。萱野は孔祥熙を通じた和平が有望であることを小川平吉に報告し、小川は翌日、その報告を近衛首相と宇垣一成外相に伝えた（萱野自身も六月十一日、宇垣外相に直接会っている）。萱野の報告として小川が伝えた内容は次のようなものであった。「孔等は愈々《いよいよ》媾和の決心を定めたり、蔣介石は之を下野せしめ第三国を介せずして直接談判を開かんと欲す、媾和の上は国民政府は勿論之を解散し北京南京新政府と合して新政府を建設する見込みなりとの彼の決意なり」「媾和派漸次勢力を得て団結せるものの如し、又彼等は蔣の下野を希望するなり」[5]。萱野の報告は、蔣介石下野の可能性を明言するなど、賈存徳との接触や孔祥熙の書簡の内容とかなり異なるものであった。

小川平吉（一八七〇―一九四二）は、東京帝国大学を卒業して弁護士を開業し、立憲政友会に入党、衆議院議員となる。近衛篤麿（文麿の父）の東亜同文会に参加し、日中関係に関わるようになった。国勢院総裁、法相、鉄相を歴任したが、私鉄疑獄事件に連座して失脚した。一九三七年に仮出所した後、近衛文麿の政治的後見人を自任していた。戦後、日中国交回復後の初代中国大使、小川平四郎は彼の息子。戦後の首相、宮沢喜一は彼の孫（娘の子）にあたる。

## 宇垣外相

五月二十六日に外相に就任した宇垣は、就任前に近衛首相に四つの入閣条件を示し、その承諾を得た。四項目のなかには、「蔣政権を相手にせず云々《うんぬん》に深く拘泥せず」という項目も含まれていた。近衛は、声明は「余計なことを言った」のだから取り消しても構わないが、「うまく取消すように」と語ったという[6]。外相就任以前から宇垣は、事変解決のためには「対手とせず」声明の修正あるいは撤回が必要であると考えていた。

戦後の宇垣の回想によると、外相就任直後、旧知の張群から宇垣の外相就任を祝い彼の経綸に期待するとの電報が、東京の中国大使館を介して届けられた。届けたのは参事官の楊雲竹で六月六日のことである[7]。宇垣が、東洋の平和克服のために努力したいとの趣旨を答えると、張群は、和平交渉に入るならば自分か汪兆銘が交渉相手になろうと言ってきた。これに答えて宇垣は、張群や汪兆銘のような親日派の巨頭が交渉を担当すると、親日派であるために国民政府内の立場が微妙になり交渉もうまくいかなくなるのではないかと懸念し、日本とあまり関係の深くない人物を選ぶよう申し入れた。張群は宇垣の懸念をもっともだとし、日本側としては誰を交渉相手に望むか、と問い合わせてきたので、宇垣は孔祥熙の名前を出したのだという。[8]

張群から宇垣外相就任の「祝電」が届いたのは事実である。ただし、その後のやり取りがどのようなかたちで行われたのかは分からない。やはり中国大使館が介在していたのだろうか。中国大使館では、「対手とせず」声明直後に大使一行が引き揚げた後、残留していた参事官と少数の館員も六月十一日に大使館を完全閉鎖して帰国する。宇垣が交渉相手として孔祥熙の名前を挙げたのは萱野の報告に影響されたからだという解釈もあるが、[9]時間の関係からすると、その解釈はやや無理かもしれない。

より重要なのは、六月十七日、宇垣が外国人記者団との会見で、中国側に重大な変化が生じれば、日本側も「対手とせず」を再検討する必要があるだろう、と述べたことである。[10]この外相の発言は日本国内には報道されなかったが、対外的に大きな反響を引き起こした。中国でも、周仏海は宇垣が「含みのある談話を発表したので、

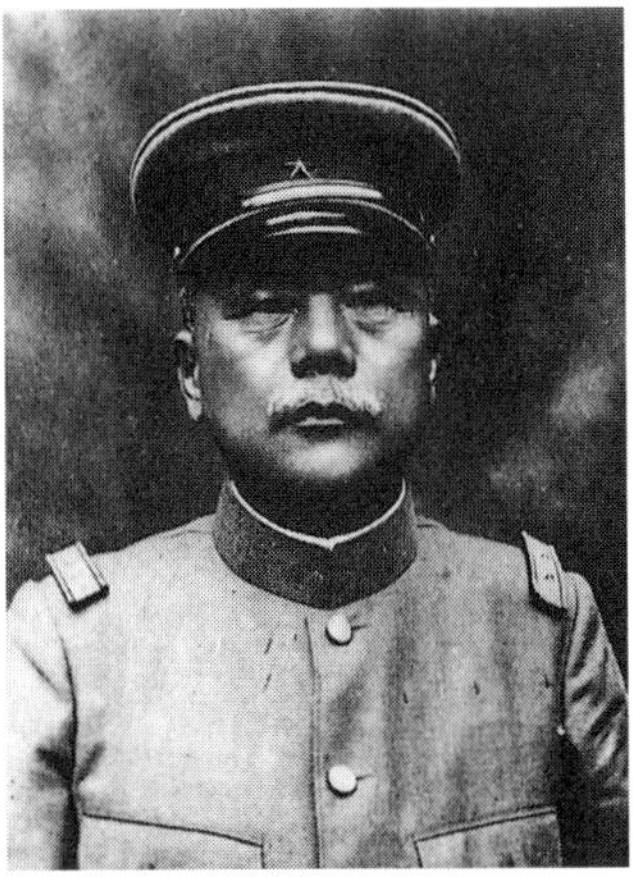

宇垣一成

和平にまた微《かす》かな光が射してきたようである」とし、帰国した楊雲竹、陶希聖（北京大学教授）、梅思平（元江西省江寧実験県県長、国民党中央委員）などと日本情勢について協議を重ねている。[11]約二ヵ月後のことではあるが、元北平（北京）市長の袁良《えんりよう》は、宇垣発言によって「張群の如きは曽《かつ》て見られざる程昂奮《こうふん》し真に日本が和平を希望するに於ては自分（張群）が全権大使として媾和の衝《しよう》に当るも差支なしと迄切言」したと語った。[12]

## 中村豊一と喬輔三

そして六月二十三日夜、香港に滞在していた喬輔三《きようほさん》（孔祥熙の秘書）が総領事・中村豊一《とよいち》のもとを訪れた。喬輔三は、宇垣が外国人記者会見で述べた「支那側に根本的変化あるに於ては和平を考うることあらんとの趣旨」を受けて、その「根本的変化」とは何を意味するのか確認せよとの孔祥熙の密命によって中村を訪問したのだという。[13]喬輔三はアメリカに八年留学したとされており、[14]中村との会談ではおそらく英語が使われたと思われる。この日、喬輔三は次のように述べた。孔祥熙は以前から「平和主義者」であり、蔣介石も内心は和平を望んでおり、立場上それを口外できないけれども、現在は一部の急進分子の反対を抑えうる情勢になってきた。日本側はあくまで蔣介石の下野を必要とするのか。日本側の和平条件の「最低限範囲」を本国政府に問い合わせてほしい。

中村の報告と今後の折衝方針についての請訓を受けて外務省は、日本側の和平条件はトラウトマン工作のときに通告済みであり、中国が和平を真に望むなら中国側から条件を提示すべきだと応酬せよと指示した。このとき宇垣外相は自ら訓令案を起草し、そのなかに蒋下野要求の一項を入れた。これに石射猪太郎東亜局長が反対すると、宇垣は、「最後的には蒋氏の下野を条件としない腹であるが、国内の反蒋感情からして、最初からそう言い切りたくない」との意見を述べたという[15]。両者の妥協の結果、蒋介石下野については、これを交渉の絶対的前提条件にせよとの主張が政府内外で依然として強く、今後政府の方針が変化するかどうかは今のところ断言できない、との東亜局長見解が中村に説明された。

六月二十八日、二回目の会談で喬輔三は、早く日本政府の意向を知りたいと強調し、自分の行動は蔣介石の承認も得ていると述べた。七月一日の三回目の会談では、喬輔三はあらためて日本政府の回答を促し、中国側は戦闘行為の即時停止を望んでいると語った。七月四日、宇垣外相は、和平に関する孔祥熙の動きを天皇に上奏している[16]。

その後、中村・喬輔三会談は一時中断するが、七月十三日に再開される。この間、前述したように高宗武が来日し、五相会議が蒋下野を国民政府「屈伏」の認定条件と規定した。四回目の会談で喬輔三は、近く漢口に行って孔祥熙と直接面談する予定であることを伝えた。

### 中村総領事の意見具申

漢口から戻った喬輔三は七月十八日の五回目の会談で、孔祥熙から直接指示された中国側の意向として、①漢口陥落前に合意を見るべきこと、②休戦協定を早く成立させること、③蒋下野は困難なので、代わりに孔祥熙が全責任を負って辞職すること、を伝えた。さらに喬輔三は、孔祥熙が蔣介石と協議して作成した和平条件として以下の七項目を提示した。①反日行為の停止、②日満華三国条約締結による満洲国の間接承認（ただし満洲国は自発的に満洲自由国となることが望ましい）、③内蒙自治の容認、④華北の特殊地域化は困難だが、中国全体での平等互恵の経済開発は認める、⑤非武装地帯は日本の具体的提案を待って解決する（非武装地帯には日本側も駐兵しないことを望む）、⑥共産党との関係清算（ただし防共協定に加入するか特別協定を締結するかどうかは未定）、⑦賠償支払いの能力なし。

中村豊一

これに対して中村総領事は、次のように反論した。蔣下野は和平の先決条件である。満洲国の国名変更などはいまさら考えられない。華北はすでに特殊地位を形成しており、日本はこれに純粋な経済提携で臨んだのに、些細なことにまで国民政府が容喙したことこそが事変の原因にほかならない。中国全体での平等互恵は、日本の地位が列国と同等と見なされるので、受け容れられない。賠償は、支払期日や条件は別として、中国は原則的に承認しなければならない。

翌七月十九日の六回目の会談で中村は、蔣介石下野問題以外すべての条件について合意が成立しても、同問題で交渉が決裂しそうだという場合はどうするかと尋ねた。喬輔三は、そうした場合は「蔣としても居辛《いづら》くなり下野するに至るべし」と答えた。また、臨時政府・維新政府と国民政府とを合流させ新中央政府を組織する問題について、喬輔三は、「案外容易に成立するものと考える」との私見を表明した。以上の両者の協議の経緯を、宇垣外相は七月二十三日、五相会議で報告したという。[17]

中村総領事は、これまでの交渉経緯を報告し直接指示を仰ぐため、七月二十二日香港から本国に向かった。彼の交渉態度はやや強硬のように見えたが、帰国途中に執筆した意見書では、次のように述べている。「蔣政権を軍事的に崩壊せしむるには相当長期間を必要とし又崩壊後に於ても支那民衆の信望を獲得することは現状にては甚だ困難なり」。臨時・維新両政府もきわめて弱体であり、「結局親日政権の樹立は我軍に依る支那統治に外ならず」。一方、和平によって事変を解決するのであれば、相手は「其の何人たるかを問わず取極《とりきめ》を実行し得べき能力を有することを前提条件とす」。とすれば交渉相手は「国民政府又は此れを含みたる新政府」以外には考えられない。それゆえにまた、蔣下野を交渉開始の前提条件とすることは得策ではない。日本が蔣介石の辞職を絶対必要とすれば、ますます彼の地位を高めて英雄化し、中国国民に彼の失政を忘れてさせしまうことになる。しばらく蔣介石の辞職問題は避けて、まず講和条件を討議し、その条件を受諾すれば蔣介石は必然的に辞職せざるをえない状況に追い込むことが得策である。蔣介石を相手にしないと標榜することは、戦争遂行上民心を統一するためには必要かもしれないが、日本が実質的に有利な講和条件を獲得したならば、蔣介石個人の辞職問題にかかずらわって、戦局を長引かすことは絶対に避けなければならない。[18]

このように現実を客観的に見据えていた中村豊一（一八九五―一九七一）は、東京帝国大学卒業後、外務省に入省し、サンフランシスコ領事、福州総領事、広東総領事等を務めた後、一九三七年十二月から、香港総領事となっていた。その後、中国（汪兆銘政権）大使館参事官に就任し、敗戦後退官する。国連難民高等弁務官を務めた緒方貞子の父でもある。

## 2　香港での接触

### 萱野長知と賈存徳・馬伯援

この間、萱野長知の工作はどうなっていたのか。賈存徳によれば、まだ萱野長知が東京に滞在しているころ、萱野が孔祥熙に宛てた電報が松本蔵次から送られてきた。それは、蔣下野と共同防共を和平交渉の先決条件とするという内容であった。これを賈存徳が孔祥熙に送ると、孔祥熙は蔣下野の条件を撤回しなければ和平交渉はできない、と回答してきた。上海に戻った萱野は、孔祥熙の主張に応じて蔣下野を撤回し、和平先決条件を共同防共と日中経済合作に修正したことを通告してきたという。[19]以上の賈存徳の回想と日本側との記録には微妙な差異がある。

日本側の記録によると、小川平吉を介して政府首脳の了解を得た萱野が、現地で工作の推進を図るべく東京を離れたのは六月十七日である。小川によれば、萱野が当初、孔祥熙に伝えた和平先決条件は、共産党の分離、蔣下野、国民政府解消の三項目であった。孔祥熙は蔣下野問題について、自分が全責任を持って辞職すると回答してきたという。[20]

七月六日、萱野は松本と賈存徳と一緒に上海から香港に着いた。賈存徳は漢口滞在時に孔祥熙から馬伯援を紹介され、今後は馬伯援を中心として萱野との交渉を進めるよう指示されていた。七月十五日、馬伯援は香港に到着し、七月二十日、賈存徳とともに萱野・松本と協議を行う。萱野も松本も、かつて孔祥熙の後任として中華留日東京青年会総幹事を務めたことがある馬伯援とは旧知であった。萱野と馬伯援との協議の焦点は、やはり蔣下野問題にあった。萱野が、蔣介石の一時的下野によって停戦を行えば和平は実現する、その後に蔣介石が復活すればよいのではないかと主張すると、馬伯援は、現在蔣介石は中国の唯一の指導者であり、彼が下野すれば、誰も責任を負う者がいなくなる、と反論した。さらに馬伯援は、萱野たちが日本政府を説得して「対手とせず」声明を取消し、蔣下野を要求しないようにすれば、自分は個人の資格をもって孔祥熙や国民党内の旧友に事情を報告し、蔣介石に和平実現を促すよう働きかけさせる、と述べた。[21]

この後、萱野は七月二十二日、中村総領事と同じ船で香港を出発し日本に向かう。乗船後、萱野は次のような電報を打った。「支那国内の情勢は蔣の下野を許さず。蔣本人は一刻も早く止めたいのだが、周囲の状況がどうしても許さない。混乱を恐れて後を引受けるものがない。此点《この》さえ緩和し得れば他の条件は問題なしとの確信ついたし、且《しか》つ漢口との連絡も確と出来たから、此上は上京して頭山［満］翁の力によって日本側の再考を促すのみだ。これさえ出来れば時局は急転直下解決に向うものと信ず」[22]。萱野はやや楽観的であった。小川は、この電報を宇垣外相に見せている。[23]

七月二十七日、東京に到着した萱野は、小川に対し次のように報告した。「馬伯援、賈秘書官の外《ほか》最後に居正の妻、蔣孔等を代表来香す。孔、居正、何応欽、李宗仁を漢口より出し日本よりも代表者を出して打合せを為《な》すことを提議す」[24]。

神　尾　茂

## 神尾茂と胡霖

香港で中村や萱野が孔祥熙の密使と協議を重ねていたころ、もう一人の人物が中国側と接触し和平を模索しようとしていた。和平の糸口を探るため朝日新聞主筆の緒方竹虎によって派遣された神尾茂である。神尾茂（一八八三―一九四六）は、東亜同文書院を卒業し辛亥革命時に『朝日新聞』の南京通信員として働いた。その後、『朝日』の上海特派員、北京特派員、本社の支那部長を務め、事変時には編輯局顧問のポストにあった。のち汪兆銘政権の樹立に関わり、一九四二年、郷里の福島から立候補して衆議院議員に当選している。

神尾が香港に到着したのは七月一日である。神尾は長年にわたる中国駐在の経験を生かして、中国要人との接触を試みようとしてゆく。また、中村や萱野と情報を交換するとともに、本国の緒方、石射（外務省東亜局長）、多田駿（参謀次長）にも状況を報告した。石射への報告は、当然宇垣にも伝えられた。緒方への報告も、緒方から関係者に伝えられている。萱野の本国宛ての手紙はしばしば『朝日』の飛行機便が利用され（郵便は途中で開封される危険があると考えられたようである）、萱野が帰国時に打った上述の電報にも『朝日』の暗号が用いられた。

神尾が最初に接触したのは喬輔三である。そのとき（七月十三日）喬輔三は蔣下野問題について、「寧ろ蔣介石を相手にして全責任を彼に取らせるがよからずや、さすれば彼は評判を悪くして下野せざるを得なくなるだろう」と語った。[25] 同じ趣旨を喬輔三は七月十九日に中村に述べることになる。

神尾が最も有望な接触相手として最初からターゲットとしていたのは、同じジャーナリストで旧知の張季鸞《ちょうきらん》（張熾章《ちょうししょう》）である。張季鸞は国民政府系の新聞『大公報』の主筆であり、蔣介石の側近とも見られていた。神尾は漢口の張季鸞に英文の手紙を書き、香港に駐在している『大公報』の胡霖と連絡をとった。胡霖が張季鸞の指示により神尾のもとを訪れたのは七月二十日である。胡霖は、「蔣介石を相手にせずから改めなければ和議の余地はない」と述べ、日本は中国の領土・主権を侵害せず賠償も求めず、中国に対して戦敗国に対するかのような態度を棄てることができるだろうか、「支那に対して寛大すぎるという批難を押切るだけの力が日本にあるだろうか」と疑問を投げかけた。また、「蔣さえ決心すれば時局の転換は今でも出来ると信ずる」が、漢口陥落後では和平はかえって困難になるだろう、と論じた。[26]

## 石射の意見書

以上のように、喬輔三、馬伯援、胡霖との接触を通して伝えられた中国側の意向で共通していたの

石射猪太郎

は、蔣下野がきわめて困難であることと、漢口陥落以後では和平が難しくなること、であった。日本側でも、蔣下野を、少なくとも和平交渉の前提先決条件とすべきではない、との主張が宇垣外相に対して訴えられるようになった。中村総領事がその趣旨の意見書を執筆したことは上述したとおりである。

外務省内では七月初め、宇垣の手腕に期待する石射東亜局長が長文の意見書を外相に提出していた。この意見書のなかで石射は時局収拾策として、①「消極論」（漢口攻略後に戦線を縮小し要地の占領・防衛に専念する）、②「新中央政権樹立承認論」（臨時・維新両政府と今後漢口に成立すべき政府とを合流させて中央政権を樹立し、その首班に唐紹儀《とうしょうぎ》や呉佩孚《ごはいふ》を据える）、③「三政権大合流論」（臨時・維新両政府と国民政府を合流させる）、④「国民政府相手論」の四つがありうることを指摘しつつ、①と②を「下策」として退け、③は国民政府と臨時・維新両政府が本質的に両立せず、蔣下野を前提とするがゆえに現実性がない、と断じた。石射は、たとえ政策転換に伴う国内の「反動的波紋」に直面しても、国民政府を相手とする和平交渉を、漢口攻略までに開始するよう主張したのである。[27]

さらに石射は和平条件について、蔣下野を絶対的条件としないこと、国民党の解消を要求しないこと、経済提携に重点を置くこと、を強調し、具体的には満洲国の承認、防共政策の確立、反満抗日の取締、臨時・維新政府の地方特殊機構としての存続（ただし一定期間後に国民政府による任意の改組を認める）、内蒙の自治的現状の維持（ただし主権は中国）、長城南辺と上海周辺の非武装地帯設定（ただし期限付）、一定地域での日本軍駐兵（ただし一年以内）、資源開発での経済合作、直接被害の補償（ただし賠償は求めない）などを列挙した。石射は、「寛厚の度量」に基づき、中国の面目を立て、主権に制限を加えず、内政に関与しないことを和平条件の原則としたのである。[28]

宇垣は、石射の意見書に基本的に理解を示し、五相会議に参考資料として提出したという。[29] 蔣下野要求についても、宇垣はそれほど頑なではなかった。上述したように、中村総領事が喬輔三との協議を始めたとき、外相は蔣下野を要求せよとの訓令を出そうとしたが、その際に石射に対して、最終的には蔣下野を条件としないつもりだと語ったことに注目すべきだろう。また、上海に駐在する谷正之《まさゆき》公使が現地の状況を伝え蔣下野の必要性を強調したときにも、外相は「何も蔣が頭をいれ代えあやまって来るならば国民政府の頭を代えずとも可ならずやとの意見を洩らした」という。[30]

## 蔣下野問題

宇垣は蔣下野が困難であることも知っていた。にもかかわらず、宇垣は蔣下野を和平条件から外そうとはしなかった。なぜか。宇垣自身の説明によると、蔣下野要求には二つの理由があった。一つは、蔣介石の政治的責任である。宇垣によれば、「今次日支間に演じられて居る惨事は蔣が執りし政策破綻の結果」であり、「此の責任は当然大義名分上彼の潔く負うべきである」とされた。それゆえ蔣介石は責任を取って辞職すべきだということになる。もう一つの理由は、国内の「反蔣感情」にあった。つまり、蔣介石を相手とする和平の場合、日本は勝者の立場から交渉しなければならず、相当厳しい条件を含むものでなければ「勝者たる日本国民は承知しない」が、蔣介石が引責辞職すれば、条件が寛大でも国民は納得し、また寛大な条件であれば、中国側も受け容れやすい、というわけである[31]。

宇垣が蔣下野にこだわった理由はほかにもあったと考えられる。五相会議の決定による拘束も、その一つである。上述したように、五相会議は改組した国民政府を新中央政府の構成分子として容認する決定を打ち出したが、その際の必要条件が蔣介石下野であった。そもそも「国民政府を対手とせず」と「蔣介石を対手とせず」は微妙に意味が異なる。五相会議の決定は、「対手にせずの対象を、蔣介石個人に限定して国民政府を解放」したものとも言われるが[32]、国民政府を事実上和平交渉の「対手」とする以上、蔣介石は「対手」としない、つまり下野させることが必要とされたということになろう。

しかも、蔣下野を実現させる可能性があるかのように、一部では論じられていた。萱野が当初、宇垣にもたらした情報でも、蔣下野が可能であることを述べていた。その後、香港の中村や神尾、そして萱野自身がその可能性を否定する情報を伝えてきたが、今度は東京で高宗武が反蔣介石派の結集によって蔣介石を下野させる可能性を示唆した（と受けとめられた）。蔣下野の主張は依然として強力であった。七月末から八月初めにかけて小川平吉が近衛首相から得た情報によると、最強硬派はたとえ蔣が共産党排撃を実行しても将来にわたって蔣介石を排斥しなければならないと論じており、板垣陸相は「蔣が政権を執ることは不可なりとの意見」であった。[33]

宇垣も、こうした蔣下野をめぐる論議から影響を受けざるをえなかっただろう。七月二十八日、帰国の翌日、報告のため外相と会った萱野は、宇垣から「暫《しばら》く待つこと」つまり工作を一時見合わせることを要請された。[34] 緒方竹虎が神尾に宛てた書簡によれば、宇垣・近衛と会見した萱野は、「事は不可能に非《あらざ》るも困難、随《したが》って実現までには時間を要する」と言われ、「多少失望」しているようだったとされている。[35] 萱野は八月二十九日付の松本蔵次（松本は萱野と一緒に帰国したが、萱野よりも早く上海に戻っていた）宛ての書簡で次のように述べている。「天運未《いま》だ来ず、近衛、宇垣両相の決意断行出来ず、遂に今日に及び申候。其の理由は小生東上と同時頃に武漢政府の外交部司長の職に在りたる高宗武と云う者軍部関係者より運動して来京、蔣介石下野を汪兆銘、張群其他二三十名の共同一致を以て余儀なくせしむる方法ありとて申出ありたるを以て、小生等の提案よりは至便なるもの故《ゆ》え此の方に賛成して、我等の提案を後廻しにしたるものの如し[36]」。

## 宇垣の指示

八月五日、宇垣は近く帰任予定の中村総領事に対して自らの方針をやや詳しく説明している。そのなかで宇垣は、蔣下野に関する自説を繰り返し、しかも蔣下野の時機は「和平成立前を可とす」と述べ、「目下の所」和平成立後でもよい、とは言い切れないと付け加えた。また、「北支特殊地域」について、日本は中国の主権を侵害する意図はないが、華北は蒙疆とともに「防共障壁」として確保しておかねばならず、経済開発・交通・治安・軍事等の面で日本が「相当の力を加え得る状態とし置くこと」が必要であると指摘した。賠償については、「無賠償は今の所国民を納得せしめ得ず」とし、「此の点も蔣が交渉の相手なりや否やに依り軽重あるべし」と論じた[37]。

この指示を受けた中村は、蔣下野問題について承服できないと反論したが、外相は自説を譲ろうとはしなかったという[38]。宇垣は、萱野からの報告として、居正の妻が「愈々和平交渉開始の際は孔祥熙、居正、張群等打ち連れ出で来る用意ある旨」を述べたと語り、差当りの思い付きだとことわりながら、談判の場所としては雑音が入らず外国人も寄り付かない雲仙（長崎）あたりがよいのではないか、と話した。また、中国側の人選如何により、日本側でも首相や外相が乗り出す「意気」であると述べた[39]。帰国当初の萱野の楽観論が、まだ宇垣に影響を及ぼしていたのだろうか。

このころ戦場では、漢口作戦が進行中であった。大本営は六月十五日に漢口攻略作戦実施を決定し、同月十八日に作戦準備を発令したが、この前後から作戦の前段階が開始されていた。七月末の時点で、陸軍の総兵力は三四個師団に増えている。朝鮮と満洲に九個師団、北支那方面軍九個師団、中支那派遣軍一四個師団、内地に二個師団である。七月九日、朝鮮東北部のソ連との国境地帯で日ソ両軍の武力衝突が発生し（張鼓峰事件）、一時ソ連の支那事変に対する武力介入が憂慮されたが、八月十日モスクワで停戦協定が成立し、何とか事なきを得た。そして八月二十二日、大本営は漢口攻略を発令する。

香港では、神尾茂の行動が重要性を帯びていた。張季鸞が漢口から香港にやって来て彼との接触が始まったからである。神尾と張季鸞との会談には、胡霖や矢田七太郎も参加することがあった。元上海総領事で前満洲国参議であった矢田は、和平の糸口を探るため香港に赴くよう宇垣から依頼され、仏印（フランス領インドシナ）情勢視察を表向きの理由として香港に到着し（七月二十八日）、神尾と同じ香港ホテルに止宿していた。[40]矢田も張季鸞とは旧知であった。

神尾と張季鸞の会談は八月九日に始まり、同月下旬、張季鸞が香港を離れるまで数回行われた。張季鸞も胡霖も日本留学の経験があって日本語を解し、神尾も矢田も中国語ができたが、会談がどの言語でなされたのかさだかではない。張季鸞は、このままでは「日支共倒れ」になると指摘し、この戦争の背後には「日支を永遠に離間し日本を葬って然《しか》る後に支那を自由にしようとするもの」がいると論じ、中国がそれを知りつつ「ロシヤの懐《ふところ》にも縋《すが》り唯《た》だ抗日、抵抗ある而已《のみ》」となってしまったのは、「日本の近視的圧迫政策に追い詰められ」たからだと述べた。したがって和平のためには、まず日本が中国認識を根本から改め、対中政策を大転換しなければならない、と張季鸞は主張した。[41]

さらに張季鸞は、自分の行動は張群を通じて国民政府の許可を得ていると説明し、中国側の意向を次のように説明した。和平は急を要し、漢口陥落前に実現しなければならない。漢口が陥落すれば、中国は「体面上からしても強いことを放送しなければなら」ず、和平の機会は遠のく。まず停戦を実施し、その間に内交渉を始めるべきであり、中国側からは代表として汪兆銘や何応欽を出すので、日本は宇垣外相が出馬してもらいたい。[42]

蔣下野問題について張季鸞は、蔣介石は「国民的ヒーロー」であり、抗戦を続けるならば蔣介石以外の人物でもできるかもしれないが、「和議を遂げる場合は蔣を措《お》いて外に人がない」し、たとえ本人が下野を承諾しても、「周囲が聴くまい」と主張した。神尾が、国民政府は共産党に陝西の特別行政区を認めたのだから、華北の臨時政府にも同じ扱いはできないかと尋ねると、陝西の辺境と平津を同列に論じることはできないと張季鸞は答え、政治的問題を除いた経済提携ならば妥協の余地があるかもしれないと語った。また、防共問題は中国の国内問題であり、中国が日本の「ファッショ化」に口を出さないのと同様、日本も内政不干渉を尊重すべきだと張季鸞は論じた。神尾は、撤兵（駐兵）問題をあえて持ち出さなかったが、張季鸞の主張はかなり強いものと推測された。満洲国承認や賠償については、討議されなかったようである[43]。

神尾の張季鸞・胡霖との接触は、同じジャーナリストである旧友間の意見・情報交換という性格が強かった。張季鸞が伝えた中国側の意向はかなり強硬であり、神尾の報告を受けた緒方は、「今迄のところでは、高宗武の齎《もたら》すところが一番点が甘く、張季鸞が一番辛《から》く候」と評した[44]。

### 中村の帰任

八月十七日、中村総領事が香港に帰任する。総領事は本国の状況について、「日本は強硬である。当局は十分の諒解を持っているが、予備工作を要し、今直《す》ぐ実行に移すわけに行かぬ」と神尾に説明した。蔣下野要求を下ろさない宇垣の指示を受けての説明であったのだろう。さらに総領事は、神尾や矢田が中国側の立場を十分に聴取して日本に伝え、日本国民の中国認識を改めてほしいと要望するとともに、和平のような「機微な問題を取扱うチャンネルは、〔中略〕複雑にして混雑させぬ方がよい。オフィシャル・ヴューを送るものは一つで結構、二つも三つも作るのは却て妨げになる」と釘を刺した[45]。

八月二十一日、神尾は張季鸞と会談し、その結果を翌日、中村に伝えた。それは、蔣介石を相手として漢口陥落前に和平を実現するために、マカオで非公式交渉を即時開始し、実質的には日中直接交渉で進めながら最終的にイギリスの斡旋という形式をとる、という構想であった。しかし、総領事は次のように述べて、これを激しく拒絶した。「此問題には、貴方はあまり深入りしないがよい。〔中略〕無理か知らぬが日本は蔣介石が下野せねば収まらぬといって突っ張っている。今頃マカオで会うなどということがあったら大変なことが起る。それに支那は大分弱っている。〔中略〕支那はあせっている。だからそんなことを言って来るのだ[46]」。ここでも中村は宇垣の指示を忠実に守ろうとしたのだろう。蔣介石の在任を前提とする張季鸞の構想は拒否しなければならなかった。また、漢口作戦の進行により、中国側の立場が相対的に弱まっていると判断していたのだろう。その数日後、張季鸞は漢口に戻り、神尾と胡霖との連絡は保持されたようだが、それ以上に発展することはなかった。

では、喬輔三を通じる中村総領事の工作はどうなっていたのか。八月二十七日に神尾と会った喬輔三は、十七日以来総領事とは二、三回会談したと語っている。ただし、この時期の両者の協議記録は見当たらない。そして九月二日、中村は矢田に対し、前日に喬輔三が蔣下野不可能を理由として、交渉を打ち切ると通告してきた、と語った。「電話の線はつながっているが、話は切れてしまった」というのであった。九月八日には喬輔三自身が神尾に対し、少なくとも当面は交渉不成立、「一切打切り」と告げたが、いずれまた「談判再開」があるだろうとの期待も表明した。[47] その後も喬輔三はしばしば日本側と接触したが、和平工作というレベルにまで進むことはなかった。

## 高宗武からの連絡

中村と喬輔三の交渉が頓挫しつつあったころ、一時休眠状態にあった松本重治の工作が再び浮上してくる。上述したように、高宗武が日本から帰った後、彼からの連絡が途絶え、高を通じる和平ルートは消滅したかのように思われた。影佐は、「高氏の計画の蹉跌を信じていた」。

蔣介石の許可を得ないで渡日した高宗武は、漢口に戻れなかった。七月二十一日付で高宗武は渡日の報告書を周隆庠に託し漢口の周仏海に送った。その内容は、すでに見たとおりである。七月二十二日周隆庠は漢口に現れ、周仏海に相談した。周仏海は陶希聖とも協議して報告書を陳布雷に渡し、蔣介石に提出した。周仏海は報告書を読み、日本側が蔣介石下野の必要性に固執していることに失望したとされている。[48] 蔣介石は高宗武が無断で渡日したことを怒り、高宗武への機密費の支弁を停止させたという。[49]

八月十日ころ、高宗武から松本へ突然、電話があった。持病の結核が悪化して入院しているというので、松本は高宗武の入院先を見舞った。その後、高宗武は香港で療養すると言い、松本に香港に来てくれるよう要請した。その要請に応えて松本は八月二十七日、香港に到着し高宗武のもとを訪ねると、高宗武は健康上、和平のために奔走することができないので、梅思平と協議するよう松本に頼んだ。これを受けて松本は同月二十九日から梅思平と協議することになった[50]。影佐の回想によると、八月十五日に伊藤芳男が香港から帰京し、梅思平が香港に来たこと、漢口に連絡に行った周隆庠が汪兆銘や周仏海と協議し七月二十六日に香港に戻ったことを伝えている。「汪氏は日支和平は自己が出馬するより外なきを痛感す。而して蔣下野に依らざる方法により和平の招来に腐心[51]」という影佐の回想にある記述は、伊藤が周隆庠から聞いた情報として伝えられたのだろう。

松本は香港に到着した八月二十七日、神尾を訪ね、神尾宛ての緒方の書簡を手渡している。その手紙で、上述したように緒方は高宗武の渡日の状況を知らせたのである。翌二十八日も松本と神尾は会って情報を交換した。神尾によれば、そのとき松本は高宗武を含む中国の和平派について、「高らのグループは四十台の新官僚四十二名より成る秘密結社である。抗日の結果の寒心すべきものであることに目醒め、蔣介石を犠牲にするにしても国家の大事には代えられぬと決心し、蔣の下野を、内面的圧迫によって成し遂げようとしている一派である」と説明し、「高宗武らの団体は汪兆銘を中心に結成され、これを日本が支持する方向に向っていることを語った」という[52]。この記述からすると、松本は自分たちの工作をやや誇大に表現していたと言うべきだろう。

また松本は、神尾から張季鸞・胡霖との接触や中村総領事と喬輔三との交渉経緯を聞き、「喬輔三はよい人物だが、大任を果せる力量は疑わしく、〔中略〕喬輔三相手なら、機略のある外交交渉はおぼ

梅　思　平

つかないのではないか」と語った。[53] 松本自身は「機略のある」和平運動に従事しているつもりだったのかもしれない。

## 松本・梅思平交渉

八月二十九日に始まった松本と梅思平の協議は、通訳の周隆庠を交え（梅は日本語を解さなかった）九月三日まで、会合場所のホテルを変えながら五回にわたって開かれた。松本が、「和平運動の成否は撤兵にあり、撤兵のためには、日本側としては蒋介石の下野が必要だ」と持論を展開すると、梅思平は蒋介石下野が不可能であることを説いた。そこで松本は、蒋下野要求には固執しないとし、その代わりとして①「蒋の下野は、中国側で処理すること」、②満洲国の承認、の二条件を提示した。①の意味は、「撤兵声明を梃子にして中国側の和平運動を大々的に強化する。そして、結果的には、抗戦継続反対の輿論が強くなれば、蒋介石が名分を立てて下野し得ることにならないか」ということであった。これまでも松本が高宗武に主張してきた論点である。これに対して梅思平は、①②ともに「充分に考慮に値すると思う」と答えたという。[54]

撤兵の期限と駐兵地域も議論の対象となった。松本は、治安維持の必要もあり撤兵には一年半ないし二年かかると述べ、防共のため華北の一部と蒙疆に日本軍の駐屯が必要だと主張した。梅思平は、駐兵地域と期間を限定し中国の行政権を認めるという条件ならば容認できると述べ、長江下流の「三角地帯」（南京・上海・杭州）の駐兵は絶対に認められないと論じた。最終日（九月三日）に梅思平は、今後の和平運動の方向として次のように説明した。和平運動は汪兆銘に領導してもらう。周仏海や自分らの同志は汪兆銘の傘下に入る。汪兆銘と行動をともにするのは雲南の龍雲、四川の将領、広東の張発奎《ちょうはつけい》などであり、すでに連絡をとっている[55]。

九月五日、松本に会った神尾は、松本から聞いた和平の筋書きを日記に書き留めている。「漢口が陥落し長沙が取れて、日本の軍事行動が一段落した時を移さず、日本は新たに声明書を発表し、対支戦争の目的を述べて、蔣介石の下野を迫る。蔣にして素直に下野するなれば、日本は必ずしも条件を強要して、支那を圧迫せず、頗《すこぶ》る寛大に善後策を樹ててやろうと思う〔中略〕自衛的停戦の宣言を発表する。これを機会に汪兆銘の一派が内部から策応して、蔣介石の下野を余儀なくせしめ、国民政府の改造を断行して、日本の声明に順応する。〔中略〕この計画は極めて秘密に進められており、蔣介石の幕僚（張群一派は除外さる）と汪兆銘の一派とが、一致してやっていることが特色と言える。〔中略〕西南各省の軍人に働きかけて、大規模の組織になりつつある。何鍵、龍雲、陳済棠《ちんさいとう》、張発奎が主なるもので、師長級には相当手広く渡りをつけている。日本軍が漢口、長沙を取り西安もやるそうだから、一二回重慶の空襲を試み、恐怖のドン底に陥れた後なら相当成功の見込みがあるだろう。自分（松本君）は近く日本に帰り、このラインに添うた運動を試みるつもりである[56]」。

神尾が書き留めた内容が、どこまで松本の話を正確に伝えているかは分からない。いずれにせよ、神尾は「松本君のやっている筋が将来メーン・コースとなりて、実現するにあらずやと思われる。

［中略］日本政府が高宗武一派の運動に望みを嘱《しょく》していることは明白で、戦勝国として一種の内応者を発見したような気持であろうと思う。果して然らばこれがメーン・カレントとなり時局終結か、［中略］張季鸞などの不下野論は、貴重な参考材料となることはあっても、日本政府の心を捉えることは、先ず当分あるまいと考える」と思わざるをえなかった[57]。

翌々日、矢田は次のように語っている。「汪兆銘を中心にして蔣介石の下野を迫るなどということは、陰謀の陰謀で、支那の二・二六事件と言うべきだ。しかし日本の軍はこれにひきつけられるに相違ない。軍部の好きそうなことだし、これまでの国策の線にも一番添っているわけだから、恐らくこれが全然失敗に帰するまでは、どんな話も耳に入るまい[58]」。

松本は九月八日上海に戻り、神尾に語ったように梅思平との協議内容を報告するために帰国する計画だったが、腸チフスが発症し入院しなければならなくなった。入院後数日経ったころ、東京から駆け付けた西と伊藤に、松本は梅思平との交渉のメモを手渡し、高熱にもかかわらず何とか経緯を説明することができた。しかしその後人事不省に陥り、しばらく重篤な状況が続いた[59]。こうして松本と高宗武・梅思平を通じる和平ルートはふたたびストップしてしまうことになる。

## 3　宇垣工作の終焉

### 外相「意気軒昂」

九月上旬までの主要な和平接触の状況を整理してみよう。萱野の工作は七月末、宇垣から一時見合わせを要請され、しばらくその中絶状態が続いていた。神尾・矢田と張季鸞・胡霖との接触は八月下旬、中村総領事から深入りを警告され進展を見なかった。中村・喬輔三会談は九月一日以降中断し、実質的には終了した。高宗武につながるルートは高の帰国後、一時途切れ、八月末から九月初めにかけて松本重治と梅思平の会談が重ねられたが、松本の入院によってストップしてしまった。

こうした状況のもとで九月四日、宇垣外相は石射東亜局長に対して、和平問題についての新しい方針を次のように告げた。「事変の収局に付ては君の提案の如く蔣介石相手の和平より外なかるべしと思う、自分も大臣就任のとき近衛首相に対し一月十六日の声明は場合により乗り切ることとの了解を得て居るのだ、只急に蔣相手の和平を提案しては騒がれるばかりだから潮時を見て居たのだが最近の状勢から見て最早其工作に取り掛って然るべき時と思う、出来るならば漢口攻略前に蔣と話を付け度《た》しと考う」[60]。

宇垣が「最近の状勢」と見たのは、蔣介石下野に対する国内の態度の緩和であった。宇垣によれば、

「今の所蔣を相手にせぬと云うことが前提となって居る」けれども、多田参謀次長は蔣相手の和平交渉に同意を表明し、米内海相もそれに異存なく「せめて和平成立後に蔣が下野することにして貰い度いとの意見」であったという。強硬論者の板垣陸相も、まだ中央政権樹立工作に期待をつないではいたものの、「此頃は大分蔣介石を相手にせぬと云うことの解釈の間口を広くして来た様である」と見られた[61]。

宇垣は中村総領事に対する新しい訓令を起草するよう石射に指示する。その趣旨は、「日本国内の情勢は和平後蔣が支那国民に対し自発的に下野するならば蔣を相手に和平するも可なりとの空気が濃厚となりつつある旨を喬に告げ孔との話を繫ぎ再び先方の意向を打診せよ」というものであった[62]。

上述したように、この時点で喬輔三は交渉打切りを中村に通告していた。おそらく中村は喬輔三との交渉の一時不調を本省に報告したが、交渉再開の可能性を示唆していたのだろう。宇垣はこの前日（九月三日）小川平吉と会った際、「媾和は蔣が下野不能ならば媾和前に約束だけするも可なり」と述べ、小川は「外相意気軒昂《けんこう》万難を排して国の大策を断行せん〔と〕するなり」との印象を受けた[63]。

宇垣はまだ中村と喬輔三との交渉に期待をかけていたのである。しかし、総領事の和平ルートが復活することはなかった。ところが、戦後の宇垣の回想では、このころに彼の和平工作が大きな進展を見せたように書かれている。その回想によれば、そのころ孔祥熙から、香港に仲介者を置いての交渉では隔靴搔痒の感があるので、直接談判をやりたいとの申し入れがなされ、台湾もしくは長崎で宇垣・孔祥熙会談を行うため、そこまで孔祥熙を日本海軍の軍艦で運ぶことになった、というのである[64]。

宇垣は、帰任する前の中村に対する指示のなかで、直接談判の場所として長崎〔雲仙〕の名を挙げていたことが想起されよう。

## 萱野ルートへの期待

この時点で中村・喬輔三ルートは中絶状態にあったわけだから、宇垣の回想にある進展は別のルートからもたらされたことになる。それは萱野のルートであった。萱野は九月初旬、上海に向かった。そして九月八日、萱野は小川に宛てて、孔祥熙が反共を約して停戦を申し出た場合、日本はこれに応じるか、という電報を打ってきた。小川が早速この問合せの電報を宇垣に示すと、「外相意気軒昂決意頗る固きものの如」く、二人で返電案を協議したときにも、「外相は決然たる返答を主張した」。「外相の発意」による萱野への返答は、反共と停戦後の蔣介石下野を約束することが必要であり、孔祥熙自身が交渉に乗り出してくるならば外相も自ら折衝に臨む、という内容であった[65]。宇垣は、萱野が伝えた中国側の意向を、自分が指示した中村への訓令に対する中国側の反応と受け取ったのかもしれない。

翌日〔九月九日〕萱野から小川に再び電報が届く。交渉には孔祥熙自身が乗り出すので、外相もこれに応じるとすれば、和平条件は両者の直接折衝で協議されたい、という内容であった。また、交渉の場所についての問い合わせがなされ、小川は、おそらく宇垣の主張を受けて、交渉場所を長崎〔雲仙〕とするよう通知したが、萱野は雲仙に行くまでの乗り換えの困難さを指摘し、日本軍艦上での会談を提案してきた。九月十三日、萱野は小川に次のような内容の書簡を書いている。孔祥熙らが漢口から出てくるというのは、彼らにとって「大勇猛なる決心」を要することで、もし和平談判が成立しなければ「生還覚束なきものと推察」される。彼らの身になってみれば「大に憂慮同情すべきもの」があり、われわれとしては「疑のみを以て」対応すべきではない[66]。

その後、萱野は中国側と直接協議するため上海から香港に向かい、九月十七日、香港に到着した。中国側の記録によれば、同日、萱野は馬伯援、賈存徳と協議し、宇垣が和平を熱望しており、当時のチェコ危機をめぐりイギリス首相ネヴィル・チェンバレンがドイツを訪問したことに倣い、具体的な和平条件を前提とせず、防共と和平だけを原則とし、洋上の軍艦で孔祥熙と会見したいと考えていることを伝えた[67]。萱野は香港で賈存徳や馬伯援のほかに、居正夫人（萱野はかつて居正の娘を養女にしていたことがあったので、孔祥熙はその関係を利用したのだという）、さらには喬輔三とも接触したとされている[68]。

九月二十日、小川のもとに上記の十三日付の萱野書簡が届き、翌日小川はこれを宇垣に示した。小川は、孔祥熙らが漢口を出て日本の軍艦に乗れば、彼らが「来《きた》り降《くだ》る」かたちで談判を行うことになると述べ、また孔祥熙らの保証にもかかわらず蔣介石下野が実行されない場合は、孔祥熙らと蔣介石とが分裂することになる、と論じた。宇垣は、これに同意したという。以後の状況は九月二十三日、近衛首相から小川に次のように伝えられている。外相は萱野書簡を五相会議に提出し、「孔等と会見を提案し且つ談判の内容は如何もあれ彼等の来る場合に之と会談せざるの理なきを述べたるに、一同賛成にて、孔等が軍艦に乗り之と会見することは板垣も賛成」した。さらに「此事は外相より陛下にも上奏し御内諾ありたり」。[69]

宇垣が天皇に拝謁して孔祥熙との和平協議について上奏したことは宇垣の日記からも確認できる。[70]しかしながら、このときの宇垣の「意気軒昂」とそれを促した萱野の報告は、日本側の独り相撲だったように思われる。八月上旬、それまでの経緯を報告した孔祥熙に対して蔣介石は、馬伯援や賈存徳の活動を禁じるよう孔祥熙に命じていた。これに応じて孔祥熙は、馬伯援と賈存徳に対して、今後の日本側との接触は完全に私的なものとし、情報収集に重点を置いて、和平条件などを絶対に協議してはならない、と指示していたのである。[71]

おそらく宇垣も萱野の報告に対する期待が過剰だったことにやがて気が付いただろう。九月二十九日、宇垣は突如、対支院（のちの興亜院）の設置に対する反対を理由として辞表を提出するが、自分の和平の試みが期待どおりに進まないことも、辞任の理由の一つだったと考えられる。宇垣はまた、対支院設置は対中政策に対する外相のイニシアティヴを奪い和平工作を妨害するために陸軍が進めたものだと主張しているが、[72]宇垣がそう考えたことは事実としても、対支院設置と和平工作妨害とを結びつける証拠はない。[73]

## 宇垣工作の評価

宇垣の和平工作は、新中央政権に改組国民政府の参加を認めるという五相会議決定の建前をとりながら、実質的には国民政府が新中央政権の主体となることを容認するものであったと考えられる。蔣下野の要求についても、最終的には柔軟な態度をとるつもりであったようだが、そのカードを切る前に辞職してしまった。宇垣工作の特徴は、日本側では外相、中国側では行政院長（首相）という政府首脳が関与していたことと、複数の和平ルートを通じて中国側の意向を探りつつ、和平接触を進めたことにある。だが、この複数の和平ルート（中村―喬輔三、萱野―賈存徳・馬伯援、神尾・矢田―張季鸞・胡霖）がつねに相互補完の関係にあったわけではない。中国側と直接接触する担当者の間で情報交換を行い協力し合いながら、競合・競争することも少なくなかった。

宇垣が三つの和平ルートを十分に掌握していたかどうかも問題かもしれない。[74]また、工作の中途で辞職したことが無責任であったことは間違いない。宇垣は、内閣総辞職を避けるために単独辞職したのであり、自分が辞めても中国側との和平工作が継続されることを期待していたと回想しているが、[75]それで政治的責任が軽くなるわけではない。ただし、それでもなお、宇垣が中国側の意向把握に努め「対手とせず」の拘束を乗り越えて国民政府との和平をめざしたことは認めなければならないだろう。

実際に和平接触にあたった日中双方の人物の言動にも問題があったと思われる。萱野が当初、中国側の態度についてかなり楽観的な見方をしていたことはすでに述べたとおりである。中国側では賈存徳が八月下旬、日本側が蔣下野要求を撤回し、「対手とせず」声明を取消し、防共と日中親善だけを条件としている、と孔祥熙に報告していた。蔣介石はこれを信用せず、九月六日、日本側に交渉拒否を通告するよう賈存徳に指示せよと孔祥熙に命じた。[76]

宇垣工作については、孔祥熙が対日情報収集のために行った工作に日本側が引き込まれたものという評価もある。[77] たしかに蔣介石が馬伯援や賈存徳の対日活動を禁止した後、彼らの日本側との接触は情報収集が目的となった。しかし、それ以前の孔祥熙の指示による対日接触・協議が情報収集だけを目的としていたとは言えないだろう。孔祥熙には、日本側の態度によっては、本格的な和平協議に入る意志があったと考えられるからである。[78] 蔣介石の禁止命令が出た後も、孔祥熙は対日和平の可能性を模索しようとした。[79] そしてその後も萱野や神尾の中国側との接触は断続的に続いた。ただし、その接触が本国の政府や軍を動かすほど本格化することはなかった。

# 第四章　汪兆銘の挙事

## 1　蕭振瀛工作

「対支謀略」

前述したように、五相会議は一九三八年七月八日、国民政府が「屈伏」してきた場合の方針を決めたが、そのとき同時に、「屈伏」しない場合の対策も定めた。その対策によれば、作戦の進展に応じ「政治、経済、外交、思想等」の各分野で「謀略を強化」し、「親日反共諸勢力の助成」に努めるとともに、「抗日諸勢力内部の切り崩し」、「和平気分の醸成」、「財政経済基礎の破綻」を策し、国民政府の「分裂崩壊」、少なくとも「局地政権への転落」を期す、とされている。[1]

次いで七月十二日、五相会議は、中国に対して実行中の次のような謀略をさらに強化すると決定した。①「支那一流人物を起用して」強固な新興政権成立の気運を醸成し、国民政府と中国民衆の抗戦意識を弱体化させる、②「雑軍の懐柔帰服工作を促進」する、③「反蔣系の実力派を利用操縦して敵中に反蔣、反共、反戦政府を樹立」させる、④「回教国策を推進し西北地方に回教徒による防共地帯を設定する」、⑤「法幣〔中国の通貨〕の崩落を図り」国民政府を財政的に自滅させる。[2]

さらに五相会議は七月二十六日、五相会議に直属しその決定に基づいて「重要なる対支謀略」と新中央政府樹立に従事する「実行の機関」として「対支特別委員会」を設置した。[3] 同委員会は、陸軍、海軍、外務省からそれぞれ推薦された土《ど》肥《ひ》原《はら》賢二《けんじ》（中将）、野村直邦（海軍少将、のち津田静枝少将に交代）、坂西《ばんざい》利《り》八郎《はちろう》（退役陸軍中将）の三人で構成されることになった。[4]

こうした五相会議の諸決定と前後して、大本営陸軍部は自らの謀略計画を策定していた。六月十七日に策定された方針では、「唐紹儀及呉佩孚等一流人物を起用して強力なる政権を樹立する気運を醸成す」とされ、現地既成政権の合流強化や反蔣運動など各種の工作は現地軍（北支那方面軍、中支那派遣軍）が行うが、「唐、呉等要人の利用又は之等要人を糾合し新政権上層機構の強化決定等に関するもの」や、西南派（李宗仁、白崇禧《はくすうき》）に対する工作は「中央直轄機関」が担当する、とされた。[5] これに基づいて土肥原賢二が参謀本部付となり、七月下旬、中国に出張し「中央直轄機関」の担任事項を実行するよう指示された。そして、この「中央直轄機関」が土肥原機関と呼ばれることになる。機関本部には土肥原のほかに柴山兼四郎（大佐）、晴気《はるけ》慶胤《よしたね》（少佐）らが、北京には華北担当の大迫通貞《おおさこみちさだ》（少将）が、上海には華中・華南担当の和知《わち》鷹二《たかじ》（大佐）が駐在することになった。[6]

対支特別委員会と土肥原機関との関係はやや曖昧だが、おそらく「対支謀略」については、五相会議が決定した基本方針に基づいて、対支特別委員会の一員としての土肥原が率いる土肥原機関が現地で工作を実行することになったのだろう。土肥原機関は、形式的には対支特別委員会を介して五相会議の指示を受けながら、実質的には大本営の直轄機関として活動した。

しかしながら、新中央政権樹立をめざす土肥原機関の工作は挫折する。新中央政権の首脳候補と目された唐紹儀が九月三十日、蔣介石政権側のテロリストによって暗殺されたからである。十月七日、五相会議は土肥原に対し「「蔣」政権の切崩し工作に重点を指向すべし」と指示した。そして蔣政権切崩し工作としては、蕭振瀛《しょうしんえい》を通じる工作、高宗武を通じる工作、李宗仁・白崇禧に対する工作が挙げられた[7]。

以上の経緯から、一九三八年夏から秋にかけて、上海・香港で和平が模索されていたかたわらで、新中央政府樹立工作を含む様々な謀略が実施されていたことが理解されよう。そして、少なくとも陸軍に関する限り、高宗武工作も蔣政権切崩しのための謀略と見なされていたのであった。

## 工作の発端

陸軍が高宗武工作と並んで有力な謀略と位置づけていたのは蕭振瀛工作である。日本側では土肥原機関の和知がこの工作に従事した。和知鷹二（一八九三―一九七八）は、陸士二十六期生、陸大卒業後、支那通の道を歩み、関東軍参謀として満洲国建国工作に関与、その後広東駐在武官、支那駐屯軍参謀等を務めたのち、土肥原機関の一員となった。同機関の閉鎖後は、その華南工作を受け継いだ蘭機関の長を務めている。大東亜戦争では南方軍総参謀副長等を歴任し、敗戦後、戦犯として重労働六年の判決を受けた。東京裁判（極東国際軍事裁判）では、蕭振瀛工作についてごく簡単な証言を残している。[8]

和知が接触した蕭振瀛は、宋哲元率いる西北軍系の第二十九軍総参議を務め、察哈爾《チャハル》省主席、天津市長を歴任した。第二十九軍と蔣介石との連絡調整に努め、蔣介石の信任も厚かったと言われる。蕭振瀛の秘書役を務めていた施楽渠《しらくきょ》の回想によれば、武漢陥落の二ヵ月ほど前（一九三八年八月下旬）、何応欽の秘書、雷嗣尚（前北平市社会局長）が蔣介石と何応欽の密命を帯びて、香港に避難していた蕭振瀛のもとを訪れ、日本側と和平のために接触することを指示した。蕭振瀛は同郷人の何以之《かいし》を通訳としてマカオに滞在していた和知と接触し、その積極的反応を得て、この和平ルートが有望であると判断した。漢口に戻った雷嗣尚から報告を受けた蔣介石は、蕭振瀛を漢口に呼び、自ら交渉の原則を指示した。それを受けて蕭振瀛は香港に戻り和知との談判に臨んだという。[9]

和知鷹二

何以之こと夏文運によれば、接触の発端の経緯はだいぶ違う。かつて満洲国政府に勤めていた夏文運は、当時関東軍参謀から広東駐在武官に転任する和知から、西南派に対する工作の協力を求められて広東に同行し、その工作との関連で、蕭振瀛と知り合うようになった。その後、夏文運は華北に移り、支那駐屯軍参謀に転じた和知や、華北の要人となっていた蕭振瀛との関係も維持された。事変勃発後、土肥原機関員となっていた和知は上海に移り住んでいた夏文運を訪ね、板垣征四郎陸相から蔣介石・孔祥熙に宛てた親書をどうすれば蔣介石に届けることができるかを相談した。夏文運は親書を持って香港の「旧友」蕭振瀛に相談したところ、蕭振瀛は自分が届けると述べ、重慶に赴いた。夏文運は、蕭振瀛が孔祥熙と親しいことを知っていたので、蕭振瀛に親書を託したのだという。親書は和平条件として蔣介石下野、満洲国承認、華北の特殊化と防共、対ソ防衛・経済提携の四項目を掲げていたとされている[10]。

中国側の文献に板垣親書は出てこない。日本の史料にもそれに言及したものは見出されない。この時点で、陸軍大臣という高位の公職にある者が、相手側（敵国）の政府首脳に親書を書き、それを何の脈絡もなしに一介の陸軍大佐に託すということも考えられない。影佐禎昭が董道寧に託した書簡とは性質が異なる。おそらく板垣書簡なるものは存在しなかっただろう。ただ、和知が何以之（夏文運）を通じて蕭振瀛との接触を図ったことは大いにありうる。そしてその前後に、雷嗣尚が蔣介石と何応欽の対日接触の指示を蕭振瀛に伝えたのかもしれない。

### 第一回談判

中国近現代史研究の泰斗、楊天石によれば、そうした接触のなかで和知は、次の六項目の和平条件を蕭振瀛に提示したという。①停戦協定成立と同時に両国政府は陸海空軍に敵対行動の停止を命じる。中国政府は新たな形態をとり、盧溝橋事件以前の状態を回復する（原状回復）。②日本政府は中国の主権、領土、行政の完整を尊重する。③両国は軍事的に原状回復した後、平等互助の原則に基づき経済協定を締結し、東アジア経済の全面的な協力を図る。④両国は国防上の連繫を図り、共同で共産主義を防止する目標のもと軍事協定を締結する。⑤両国政府は国民感情のうえでの親善と理解を回復することに努め、相手に対する排他的・侮蔑的な一切の言論を取り締まる。⑥この事変中に発生した一切の損失について、両国は相互に賠償を求めないことを原則とする。[11]

このような和平条件を実際に和知が提示したのかどうか、いまのところ確認するすべはない。六項目のうち、②は当然の形式的な原則、③は経済協力、④は防共、⑤は排日言論の取締、と理解できるだろう。⑥は条件緩和の可能性の範囲内にあったかもしれない。しかし、①の原状回復という条件が本当に日本側から持ち出されたのかどうかはかなり疑問である。また、この条件には、蔣介石下野の要求がないことも注目されよう。和知が中国側を交渉に誘導するために、あえて譲歩的な提案をしたのだろうか。それとも、蕭振瀛が、蔣介石を含む政府高官の関心を引くため、和知の提案を脚色したのだろうか。

和知と蕭振瀛との談判は香港で、九月二十七日〜二十八日と十月十五日〜二十日の二段階にわたって行われたとされている。蔣介石は談判開始の前日、九月二十六日、蕭振瀛をサポートするため雷嗣尚を香港に送った。談判初日、午前と午後に協議が行われ、次のような暫定的な合意が得られた。①停戦協定は軍事協定には関わらない。②経済協定は、原状回復後に締結する。③中国側は軍事協定を協議しないと主張するが、日本は軍事協定締結を言い続けるだろうから、この点は保留とする。④日本が和平宣言を発表したら中国も和平宣言でこれに応じ、即時進攻を停止して正式代表が停戦協定を締結する時間的余裕をつくる。協定締結地は香港とする。⑤和平宣言は事前に相互に打ち合わせる[12]。

翌日も、午前に一回、午後に二回談判が重ねられ、最終的に和知は次のように譲歩したという。①停戦協定に軍事協定や経済協定といった文言を入れないことについては、交渉可能である。②原状回復まで、いかなる協定の交渉もできないことは了解する。③将来の日中協力の具体的内容について、事前に、文書ではないとしても何らかの了解を得たい[13]。

注目されるのは、五回にわたる協議が終了するたびに、蕭振瀛が蔣介石・何応欽に状況を報告していることである。また、蔣介石も自ら蕭振瀛に指示を送っている[14]。それだけ蔣介石はこの和平接触を、警戒しつつ重視していたことになるだろう。蔣介石がこの接触を重視したのは、日本側が原状回復を提示してきたと見たからであった。ちなみに、蕭振瀛の報告は、蔣介石の指示に従って原則を堅持し日本に譲歩を迫っていることを強調しがちであったように思われる。蔣介石から直接、指示が来れば、それも当然であったろう。なお、このときの協議に何以之が参加していたという記録はないようだが、おそらく彼は通訳として関わっていたものと推測される。

## 参謀本部の対応

一方、日本では十月七日午前、帰朝中の土肥原中将が「謀略」について天皇に奏上している[15]。これが蕭振瀛工作に関する報告だったのかどうかは明らかではないが、上述したように同じ七日に、五相会議は土肥原に対する指示を決定していた。

それから二週間あまり経ったころ、小川平吉がしばらくぶりで近衛文磨首相の私邸を訪れ和平問題について懇談した際、次のような会話が交わされている。近衛は「実は土肥原関係にて香港に蔣子英及雷（劉の誤りか）という者来り交渉の結果、彼は盧溝橋事件の当初に復することに付き交渉の為め停戦の申出にて（勿論外国の干渉を好まず）、五相会議の結果、一、排共親日、二、満洲承認、三、経済同盟、無賠償停戦の条件を申送りたり」と語った。「蔣子英」は蕭振瀛のこと、「雷」は劉の誤りではなく雷嗣尚のことだろう。小川が「軍事同盟は如何」と問うと、近衛は「然り軍事同盟は勿論条件なり、条件中には勿論蔣を相手とせずとの項は無し」と答えた。そして近衛は笑いながら、「停戦なれば戦争の相手と相談するより他なし、誰も異論はなき筈なり」と述べた。小川が「無賠償まで決定せるは意外の上出来なり」と称賛すると、近衛は「是《これ》は陸軍側よりの提案なり」と述べ、「板垣自ら敵中にでも飛び込む決心なりといえり」と語った[16]。

近衛の言う五相会議は、十月上旬、土肥原や和知が帰国したころに開かれたと考えられる。十月七日かもしれない。五相会議は中国側が原状回復を前提とした停戦を求めていることを承知し、蔣下野や賠償を要求しなかったが、「経済同盟」や「軍事同盟」といった条件に重きを置いていた。蕭振瀛工作が五相会議という国家の最高レベルで審議・検討されたことは間違いない。ただし、それはまだ蔣政権切崩し工作の一つであった。

十月七日、参謀本部でも蕭振瀛工作について土肥原機関から報告があった。その報告によれば、それまでの接触から得られた中国側の態度は、「蔣曰《いわ》く吾過《あやま》てり」ということに要約された[17]。蕭振瀛の蔣介石・何応欽に対する報告とはだいぶ印象が違う。

土肥原機関の報告によれば、蔣介石はまず停戦を協議し、具体的事項はその後の責任者の交渉に委ねようとしており、蕭振瀛が作成した和平条件を見れば、日本側が要求するものはおおむね受け容れるだろうが、難点は事前撤兵と駐兵地域にあると考えられた[18]。蕭振瀛作成の和平条件なるものが何を指しているか不明だが、中国側の言う和知の六項目提案とその後の和知と蕭振瀛との合意であったかもしれない。堀場一雄（少佐）など参謀本部戦争指導班では、以前から蔣介石下野を要求すべきではないと主張していた[19]。

難点とされた事前撤兵と駐兵地域はおそらく原状回復に関わっていた。堀場らは、事前撤兵についてやむを得ない場合、華北、上海三角地帯、広東上陸拠点に「戦面を収縮」し、駐兵地域については国防上絶対に駐兵が必要なのは華北北部だが、これは防共のために事変前の駐兵地域を拡張すると説明できるだろうし、その他の華北地域や上海周辺の駐兵は保障のための一時的駐屯として取り扱う、という対応策を提示した[20]。事変前の日本軍の駐兵地域というのは、義和団事件最終議定書に基づくものを指していたのだろう。堀場ら戦争指導班は参謀本部のなかで穏健派に属し、和平条件についても抑制的ではあった。だが、それでも、原状回復に基づく停戦を強調し、いかなる事前の協定締結も拒否する中国側の態度とは大きな開きがあった。

## 第二回談判

この間、雷嗣尚は十月八日漢口に戻って報告し、蔣介石から指示を受けた。蕭振瀛は何以之から日本での和知の努力が順調に進んでいるとの情報を得ていた[21]。中国側では、和平宣言、停戦協定、経済協定、軍事協定の草案が作成され、蔣介石はこれらに手を入れていたという[22]。十月十五日、和知、何以之と蕭振瀛との間で談判が再開される。雷嗣尚は香港到着が遅れ、十九日から談判に参加した。和知が中国側に語ったところによれば、近衛首相および陸軍首脳は中国側の態度に誠意を認め、これまでの政府声明を取消し、誠意をもって交渉することで一致した。政府は四相会議を開いて土肥原の報告を聴取し和知もその会議に列席した。その後土肥原は天皇に謁見し、報告を聞いた天皇は喜んだ、とされている[23]。上述したように、土肥原が「謀略」について奏上したことは事実である。

和知は、日本政府と軍中央は停戦協定が他のいかなる協定にも関わらないことは承知しているが、将来の日中協力のために、次の諸点を了解事項とすることを求めていると述べた。①防共軍事協力と駐兵（防共については中国が反共を実行するならば秘密協定でもよい。駐兵は将来の内外蒙古辺境での軍隊配置を意味する）。②中国政府の調整（中国政府は日本人職員を登用し日中親善を促進する）。③臨時政府・維新政府の収容（両組織を解消するが、その主要人物には何らかの地位を保障する）。④満洲国の承認（ただし、この問題はしばらく協議せず、二、三年後にあらためて交渉してもよい）。⑤中国の領土主権と行政の完整。⑥日満華の経済提携（ただし「満」の字を出さなくてもよい）。⑦相互の戦費不賠償。これを受けて蕭振瀛は、これらの項目は前回の談判の範囲を超えているとして諾否を回答せず、漢口に指示を仰いだ[24]。蕭振瀛は日本側が中国側の「腹案」に近づいてきたと見なし、何応欽は蕭振瀛の請訓に対して二日間で四通の指示を送った[25]。

本格的な談判は雷嗣尚が香港に到着した翌日の十月十九日に行われ、七時間もの長時間に及んだ。その結果、次のような合意がなされた。①和平宣言の案文は相互に同意しなければならず、停戦協定締結後にその解釈として再発表する。②停戦協定には、停戦の日時と地点、中国の領土主権と行政の完整を日本が尊重すること、原状回復後に中国は誠意をもって日本と親善協力を図ること、の三点だけを記載する。③日本軍の撤退問題（中国側は撤兵期限を規定するよう求めたが、和知は天皇が命令すれば一年で撤兵は完了すると述べた）。④経済協力問題（絶対平等と互恵を原則とし、原状回復後に日中経済会議を開いて具体的内容を決定する）。⑤満洲国問題（二年間保留し、中国は日本の満洲に関する関心を再考慮し誠意をもって合理的解決を図る）。⑥戦争によって発生した一切の損失については相互に不賠償とする[26]。

さらに撤兵問題について和知は、いまは議論せず正式代表団の談判に譲ると述べたが、中国側はその内容が決まらなければ停戦協定も成立しえないと主張し、和知もこれに同意した。また、防共軍事協力と駐兵問題について中国側は、共産党粛清は自ら実行するので日本が提起するまでもないと強調し、内外蒙古の共同軍隊配置については原状回復後に交渉可能だが、その他の地域に関しては必ず原状を回復しなければならないと主張した。臨時政府・維新政府の収容について和知が言葉を濁しているので、中国側は、両組織の取消しは和議一切の前提であり、これがなされなければ原状回復も無意味となると指摘した。和知は、土肥原の一派が両組織を支持し、両組織も激しく抵抗しているので、問題を複雑化させているとの事情を明かした。中国側は、両組織だけでなく、占領地域内の「偽組織」一切を取消さなければならないが、治安維持のために参加した人々に対しては一律に寛大な処置をとると表明することができよう、と述べた[27]。

蕭振瀛は和知の態度が誠意に溢れていると見なした。日本側は香港と漢口との連絡を容易にするため、十月二十三日から二十七日まで、午後九時から午前三時の間、中国機を襲撃しないと約束したという。雷嗣尚は二十三日に漢口に飛んだ。蕭振瀛は談判の進展に期待を寄せたが、蔣介石は判断に迷っていた。そして日本軍が漢口作戦（十月十二日河南省信陽攻略）、広東作戦（同日バイアス湾上陸）を進めると、日本の誠意を疑い抗戦継続の決意を固めた[28]。

和知は十月二十日、東京に行き、二十五日に上海に戻って、二十八日、連絡員を香港の蕭振瀛に派遣した。和知は、臨時・維新両政府解消をめぐる対立が激しく上海で会議が進行中であること、和議問題については十九日の合意から大きな変更はないこと、を伝えてきた。蕭振瀛は、もう一度東京に戻った和知からの連絡を待ちながら、何応欽に指示を仰いだが、重慶に来るよう命じられた。十月三十日、蔣介石は何応欽に対し、蕭振瀛に談判を停止し重慶に戻るよう命じよ、と指示していたのである[29]。

蒋　介　石

## 工作の終焉

そのころ日本では、蕭振瀛工作に対する期待が高まっていた。戦争指導班では十一月上旬、「抗日政権」に対して「之を崩壊に導く方策」と「之を翻意屈伏せしむる工作」を併用して早期の事変解決に努力するとし、「翻意屈伏」のための工作として「和知工作を利導して帝国の真意を重慶政府に通達し受諾せば之を翻意屈伏と認め停戦に導く」という方針が掲げられた。[30] 参謀本部では、蕭振瀛工作（和知工作）は蒋政権崩壊をめざす謀略のレベルを超えつつあった。

ところが、そのころ蒋介石は蕭振瀛に工作打ち切りを命じていた。十一月十二日近衛のもとを訪れた小川は、「停戦協定問題其後の成行《なりゆき》」を質問したが、「未だ何等進行せず」との答えを得ただけであった。[31] 戦争指導班の堀場も、「本工作は爾後立消となる」と書いているだけである。[32] 和知と蕭振瀛との接触はその後も維持されたようだが、和平工作のレベルに進むことはなかった。

蕭振瀛工作については、とくに談判・交渉の経緯に関して日本側の史料が乏しいのに対して、中国側の関連史料がかなり残っている。日本では、この工作に関する研究がほとんど存在しない。したがって、ここでは中国側の研究を利用して、談判の経緯をやや詳しく紹介してみた。中国側の記録では、交渉段階で中国側が主導権を握り、優勢な立場から、日本側の譲歩を引き出したことを強調する傾きがあるように思われる。上述したように、何応欽や蔣介石に対する蕭振瀛の報告という性格上、これはある程度避けられないだろう。一方、和知も中国側の意向をどれだけ正確に本国に伝えていたのか、かなり疑問が残る。

中国側の記録からもうひとつ明確になったのは、蔣介石がこの工作にかなり深く関与していたという事実である。この工作に期待していたかどうかは別として、強い関心を寄せて自ら指示を出した。日本軍の漢口・広東作戦の進行が彼の判断に大きな影響を及ぼしていたことは疑いない。ミュンヘン危機をめぐるヨーロッパ情勢の動向も彼の考え方に影響を与えていただろう[33]。

日本側でも、参謀本部の堀場らは蕭振瀛工作を漢口・広東作戦の進展に対する中国側の動きの「第一波」と見た。結果的に「第一波」をつかんで、それを事変終結に「利導」することはできなかったが、やがて間もなく堀場らは「第二波」をつかもうとする。「第二波」とされたのは、あの高宗武工作であった[34]。

## 2 渡辺工作

### 今井武夫の構想

前章でみたように、九月中旬、香港での松本重治と梅思平との交渉メモは、入院中の松本から西義顕と伊藤芳男に伝えられたが、松本の病状が重篤であったこともあり、高宗武・梅思平を通じる和平ルートはしばらく動かなくなっていた。その間、宇垣・孔祥熙工作に対する期待が高まったが、その期待は急速にしぼみ、次いで参謀本部主導の蕭振瀛工作が本格化するように見えたが、これも十一月には「立消え」となった。そこに再浮上してくるのが高宗武・梅思平を通じる工作であり、その再浮上に大きな役割を果たしたのが参謀本部支那班長の今井武夫である。

今井武夫（一九〇〇―一九八二）は、陸士第三十期生、陸大卒業後、支那通のコースを歩み、盧溝橋事件勃発の際には北平駐在の大使館付武官補佐官として停戦交渉に従事した。一九三七年十月に参謀本部支那班長に就任、三九年三月には支那課長となる。高宗武工作（渡辺工作）以外にも、桐工作などいくつかの和平工作に関わった。一九四四年には支那派遣軍総参謀副長となり、中国での敗戦処理にあたることになる。

今井によれば、十月十五日上海に出張し、そこで伊藤芳男から松本・梅思平会談の模様を聞き、

「時機愈々熟したことを感じたので」、二十五日一旦帰京して陸相と参謀次長に高宗武工作推進を強力に建議したという。[35] ただし、今井の出張は、土肥原を補佐し高宗武工作を担任するためだったようであり、最初から高宗武工作に直接関連していたものと思われる。

十月初め、小川平吉は朝日新聞の緒方竹虎から次のような情報を聞いている。「高宗武は久しく香港に病臥し、漢口陥落前軍の声明を機とし汪兆銘等が起《た》って蔣を止め媾和すとの件は実行不可能なりとの事を松本氏に依り日本に報告せんとせしに、松本も上海に病臥し、〔九月〕廿四日ようよう他の人を介して陸相に伝達したとの事なり」[36]。おそらく九月下旬までには高宗武工作についての情報が陸軍に伝えられ、それが今井の出張につながったのだろう。情報を日本に伝えたのは伊藤であったかもしれない。

今井武夫

十月上旬、五相会議で、高宗武工作が蕭振瀛工作と並んで、蔣政権切崩しのための工作の一つと位置づけられていたことはすでに述べたとおりである。今井も同工作について、高宗武、周仏海、梅思平等を中心とする蔣介石政権中堅層の一団が、中国国民を速やかに戦争の悲惨さから免れさせるため、蔣介石を下野させ新しい国民党政権を樹立しようとしているので、日本としてはこれを蔣政権覆滅の端緒とし、時局収拾に利用するものと理解していた。

さらに今井は、次のような工作の筋書きを描いたが、おそらくそれは伊藤から伝えられた松本・梅思平の合意メモに基づいていた。①漢口攻略後、日本政府は将来の日中親善のため画期的な声明を発表する。この声明には以下のような趣旨を盛り込む。和平は中国復興のためであることを明確にし、中国の和平派に大義名分を与え、彼らを「漢奸」としないよう留意する。日中親善と「新東亜建設」の目標を具体的に明示する。日本は中国民族の復興を援助し共産党の魔の手から救出しようとするものであることを強調する。日本は蔣政権否認の態度を変更しないが、蔣介石が下野し親日反共を主義とする新国民党政権が生まれたら、これを承認する。②漢口・広東攻略に引き続いて重慶や昆明を徹底的に爆撃し中国民衆に深刻な敗戦感を与える。③高宗武・周仏海・梅思平等が獲得した同志の名で中国側より和平の通電を発する。④すでに確実に連絡している龍雲、張発奎等の部隊が相呼応して挙兵する。⑤できれば蔣介石の所在地でクーデターを実行し、蔣介石の下野を強要するとともに欧米依存派を弾圧排除する。⑥日中提携主義者をもって新国民党政府を組織する。⑦以上の行動計画が成功したのち、汪兆銘に出馬を懇請し彼を推戴する。

今井は日中秘密同盟条約の締結も構想していた。それは、日中合作による東洋復興をめざし、白人勢力から東洋を解放して東洋ブロックを結成するため、白人勢力のなかで最も東洋を侵害している英ソ両国に対して共同戦線を張る、というものであった。松本・梅思平の協議では、「秘密同盟条約」のようなものは話題にされていなかったようなので、これはおそらく参謀本部の今井周辺の発想だったのだろう。

今井は十月二十五日に東京に戻り、省部（陸軍省と参謀本部）首脳に高宗武工作の見通しが相当有望であることを報告した。また、陸軍での反応・方針を、東京にいる西義顕や伊藤芳男に伝え、ときには犬養健もこれに加わった。十一月七日には、あらためて中国への出張を命じられる。

## 第二次近衛声明

この間、十月二十一日には広東が陥落、二十五日には漢口が陥落した。これに応じて十一月三日、近衛首相は政府声明（第二次近衛声明）を発表する。政府声明は、東亜新秩序の建設が事変の目的であると主張し、「この新秩序の建設は日満支三国相携え、政治、経済、文化等各般に亘り互助連環の関係を樹立するを以て根幹とし、東亜に於ける国際正義の確立、共同防共の達成、新文化の創造、経済結合の実現を期するにあり」と、いわば戦争の理念を謳い上げた。また、「国民政府と雖《いえど》も従来の指導政策を一擲《いってき》し、その人的構成を改替して更生の実を挙げ、新秩序の建設に来り参ずるに於ては敢て之を拒否するものにあらず」と論じ[37]、一月十六日の「対手とせず」声明の修正を示唆した。ただしこの修正は「国民政府改組」の範囲にとどまっていたと見るべきだろう。蔣介石政権との和平を呼びかけたわけではなかった。

この政府声明は、同じ日に発表された近衛首相のラジオ演説とともに、汪兆銘に決起を促したものと言われることが多い。ただし、漢口・広東攻略に応じて政府声明を発表することはかなり前から予定されていた。[38]また上述したように、このころ五相会議や参謀本部が期待していたのは蕭振瀛工作であった。近衛首相の声明が国民政府の和平派に呼びかけたことは確かだろうが、その和平派が高宗武・周仏海に連なるグループや汪兆銘と特定されていたという確証はない。近衛が小川平吉に、「又高宗武が来るという事を今陸軍より聴きたり、進行するならん」と高宗武工作の進展の可能性に言及したのは十一月十四日である。[39]八月以降それまで、政府首脳レベルが高宗武工作に大きな期待をかけていたわけではなかった。

一方、梅思平は十月中旬漢口に戻るつもりだったが、日本軍の攻撃が迫ってきたので、十月二十二日重慶に行った。[40]周仏海と梅思平は陶希聖等をまじえて対日和平について連日協議している。周仏海は汪兆銘とも協議しているが、おそらく梅思平が伝えた件がその話題であっただろう。十月二十九日の周仏海日記には、多くの人が対日和平を望んでいるとしながらも、「ただ日本は一月十六日の声明を撤回できないし、蔣先生も下野できないし、またすべきでもない今、何を糸口に和平を語れようか」という彼の苦悩が記されている。十一月二日、梅思平は香港に向けて重慶を離れた。翌日発表された日本政府の声明について周仏海は、「言外の意に、国府〔国民政府〕と北平、南京の偽組織を同時に列挙していることは、実に痛恨すべきなり」との感想を日記に記した。[41]第二次近衛声明は中国の和平派を鼓舞したわけではなかったのである。なお、周仏海が慨嘆したのは政府声明ではなく、近衛首相のラジオ放送の次のような部分であっただろう。「日本は今や支那の覚醒を望んで止まざるものでありま す。支那に於ける先憂後楽の士は速に支那をして本来の道統に立帰らしめ、更生新支那を率いて東亜共通の使命遂行の為に蹶起《けっき》すべきであります。すでに北京、南京には更生の気運脈々たるものあり、又蒙疆には蒙古復興の気が漲《みなぎ》って居るのであります」[42]。

## 今井と梅思平との交渉

十一月八日、東京を出発した今井中佐は九日、上海に到着、西・伊藤と協議し中国側の到着を待った。十二日夜、六三花園で梅思平、周隆庠と会談し、十三日夜に到着した高宗武も会談に加わった。十五日東京に戻った今井は省部の首脳や関係者に会談の概要を報告した。

今井の報告によれば[43]、次のような中国側の挙事計画が合意された。①日中代表者間に交渉が成立すれば、日本政府は和平条件を確定し、これを重慶の汪兆銘に連絡する。②この連絡を受けて汪兆銘は同志とともに口実を設けて昆明に赴く。③汪兆銘の昆明到着後、時機を見て日本は和平条件を公表する。④これを受けて汪兆銘は蔣介石との関係断絶を表明し、ハノイ、次いで香港に赴く。⑤香港到着後、汪兆銘は正式に時局収拾と反蔣介石の声明を発表し、和平運動を開始する。⑥汪兆銘の声明に呼応してまず雲南軍が反蔣独立し、次いで四川軍がこれに呼応する。⑦日本軍はその軍事行動によって、雲南や四川の起義・独立に対する中央軍の討伐を困難にする。また、挙事計画の第二段階として、汪兆銘は雲南、四川、広西、広東の四省を基盤として新政府を樹立することとされた。

一見して明らかなように、ここで高宗武工作のねらいは変化している。十月中旬段階では、高宗武、周仏海、梅思平など中堅層が結集して蔣下野を強制し新しい国民党政権をつくって（国民政府改組）対日和平を実現することが目標であった。ところが、ほぼ一ヵ月後には、汪兆銘の蔣介石からの離反、重慶離脱と国民政府の外での和平運動展開が当面の目標とされている。

和平条件については、松本・梅思平の合意に基づく中国側案について、今井と梅思平との間であらためて激論が交わされ、次のような了解が成立した。①防共協定の締結（日独防共協定に準じる）。②満洲国承認。③中国は日本に居住営業権を許容する。日本は治外法権を撤廃し、租界返還を考慮する。④日中経済合作は互恵平等の原則に従い合資合弁とする。⑤日本軍は内蒙古に一定期間駐兵する（ただし、駐兵は防共協定有効期間であることを了解事項とする）。⑥内蒙古以外の占領地の日本軍は和平協定締結後撤退を開始し、中国の治安回復とともに完了する。ただし二年を越えることなし。

なお、中国側は汪兆銘の挙事実行前に日本が和平条件を公表することを強く要望した。事前公表は、反蔣介石熱を高め、汪兆銘等への支持を獲得するためだとされた。和平条件のなかには日本側にとって実行が難しいものが含まれているが、それをあえて公表することによって日本の和平への熱意を示すことができる、と中国側は論じた。今井は事前公表を困難としたが、日本側の都合に合わせて一部字句を修正してもよいという条件で、結局は中国側の要望を容れた。

論争の焦点の一つとなったのは、日中「秘密同盟条約」の扱いであった。中国側は、まだ汪兆銘がこれを見ておらず、内容に関しても検討の余地があるので、両国の代表が調印する文書のなかに含むことはできない、と主張した。これに対して今井は、この秘密同盟条約の「精神」こそ事変解決の意義に関わるものであり、必ず記載しなければならない、と論じた。両者譲らず、結局、両国の代表は正式代表ではなく、「個人の資格」で和平条件六ヵ条と秘密同盟条約に調印するとの了解がつくられた。代表が調印したら、重慶の汪兆銘と日本政府にそれぞれ連絡し、両方から同意の通告があり次第、調印文書は効力を発し、予定の計画実行に着手する、ということになった。

もう一つ論争となったのは、汪兆銘の新政府が成立した場合、中国側としては臨時・維新政府と合作・合流するつもりはないので、両政府を解消するよう日本側に求めたことである。これについて今井は、両政府の存立・発展を図るという日本の「信義」から、その解消を約束することはできない、と反駁した。結局、両政府の解消については中国側で妥協工作を行い、日本側は両政府をことさら支援しない、ということに双方の意見は落ち着いた。そして今井は、「本件は既に謀略の範囲外にして謀略上の観点からすれば彼等の起義を以て満足して可なり、従って此際飽《あ》くまで論議の要なかるべしと思考す」と報告したのである。この工作は、少なくとも今井にあっては、あるいは彼を含む陸軍においては、汪兆銘の重慶離脱・有力軍人の反蔣独立という「起義」に当面の目標が置かれていたのである。

このときの交渉で今井と激論を闘わせたのは梅思平である。相手の真剣な態度に、互いに敬意と信頼を感じたと今井は回想している。これに反して高宗武は、「終始批判的態度で、虚無的とも思われ、時として極めて手軽に日本側の主張に同調したりするので」、今井は「却《かえっ》て彼の真意に疑惑を抱くこともあった」という[44]。今井の回想では、その後に高宗武が汪兆銘の陣営から離脱したという事実が、高宗武に対する評価に影を落としているのかもしれない。なお、陸軍ではこのころから高宗武工作を

「渡辺工作」と呼ぶようになる。「渡辺」とは高宗武の符牒であった。

### 重光堂会談

十一月十五日に帰国した今井が、省部の関係者に交渉の経緯を説明したとき、質疑応答の最後に、中国側に騙されているのではないか、との疑問の声が上がった。今井はこれを強く否定し、最終的にはこの工作の実行に衆議一決した[45]。影佐によると、今井が持ち帰った合意は、そのころ概成していた「日支新関係調整方針」に基づいて、省部関係者の協議で若干の修正を加えられたという[46]。日支新関係調整方針については後述するが、おそらくこのとき日本側の修正案として策定されたのは、日支新関係調整方針を簡略化した「日支新関係調整に関する原則」である。

この原則は、次のような項目から成っていた。①日本、満洲国、中国は善隣友好、共同防共、経済提携の実を挙げること。②満洲国と中国は相互に承認し日本は中国の領土と主権を尊重すること。③防共協定を締結し中国は蒙疆地方を防共特別地域とすること。④華北と揚子江下流地域で経済合作の実を挙げ、とくに華北資源とりわけ埋蔵資源の開発利用に関し日本に特別の便益を供与すること。⑤中国が以上の「義務」の実行を保証し治安を回復させれば日本は短期間で協約以外の兵力を撤収すること（その保障として華北と上海三角地帯ならびに華南沿岸特定島嶼について日本軍の駐屯と中国側の武装制限を予定する）。以上の五項目のほか付帯項目として次の三点が付加されている。⑥中国は日中提携結合のため所要の日本人顧問を招聘すること。⑦中国は日本人に居住営業の自由を容認・保証し、日本は治外法権、租界等既得権益の返還を考慮すること。⑧中国は日本人居留民の損害を補償すること。[47]
十一月十八日、今井は軍務課長の影佐とともに上海に飛ぶ。犬養と伊藤も同行した。翌十九日夜、中国側の高宗武、梅思平、周隆庠が到着、交渉は翌日行われることになった。それまで中国側は香港に滞在し、重慶には戻らなかったようである。二十日の協議には、日本側から今井と影佐、中国側から高宗武、梅思平が参加し、西と犬養がいわばオブザーバーとして、周隆庠は通訳として加わった。交渉は主に今井と高宗武、梅思平との間で行われた。日本側の工作の主体は、西や松本など民間人から影佐、今井という軍人に移っていた。松本の不在が、この傾向を強めていたと思われる。なおこのとき交渉は土肥原公館（重光堂）で行われたので、この交渉は重光堂会談と呼ばれることになる（これとの関連で、十一月中旬の今井と高宗武・梅思平との協議は重光堂予備会談とされる）。交渉はほぼ終日続き、同日夜に今井、影佐と高宗武、梅思平は「日華協議記録」と「日華協議記録諒解事項」に署名、調印した。秘密同盟条約を引き継いだ「日華秘密協議記録」は、合意はされたが、調印の対象とはされなかった。また、日本政府声明案が参考として中国側に示された。[48]

## 「日華協議記録」

今井は交渉について「既に論議すべき案件もなく、単に辞句の修正に止まり極めて簡単に終了した」と回想しているが、[49]論争がなかったわけではない。論争は主に「日支新関係調整に関する原則」に基づく日本側の修正案についてなされた。

まず、①の善隣友好、共同防共、経済提携は東亜新秩序建設を謳った前文に挿入された。②の満洲国承認について、中国側は、満洲国は交渉の当事者ではないとし、日本による中国の領土・主権の尊重に関しても、前文に東亜新秩序建設の理想が謳われているので、これに執着しなかった。その結果、「日華協議記録」（以下、「協議記録」と略す）では、「中国は満洲国を承認す」という、予備会談で合意されたシンプルな文言に落ち着いた。③の防共協定について、中国側は、「蒙疆」の字句は蒙古と新疆と誤解されるおそれがあると論じ、内蒙地方とすることで合意した。また、駐兵期間に期限を設けるべきだとの中国側の要求に対し、防共協定有効期間とすることで妥協が図られた。「協議記録」では、「日華防共協定を締結す　其内容は日独伊防共協定に準じて相互協力を律し且日本軍の防共駐屯を認め内蒙地方を防共特殊地域となす」となった。また、中国側は日本軍の防共駐屯を内蒙に限定するよう強硬に主張したが、日本側は内蒙との連絡線確保のため平津（北平・天津）地方での駐兵も必要であると述べて中国側に認めさせ、この件は「諒解事項」のなかに明記された。

④の経済提携について、中国側は「特別の便益」は中国人にとって語感が良くないと指摘したため、「特別の便利」に改められた。「協議記録」では、「日華経済提携は互恵平等の原則に立ち密に経済合作の実を挙げて日本の優先権を認め特に華北資源の開発利用に関しては日本に特別の便利を供与す」となっている。このとき中国側は、「優先権」は国内的には日本の侵略主義と誤解され、対外的にも列国を刺激するとして削除を要求したが、最終的には諒解事項のなかに「優先権とは列国と同一条件の場合に日本に優先権を許与するの意とす」という条項が設けられた。

最も論議を呼んだのは⑤の防共駐兵以外の日本軍の撤兵期限である。日本側は、期限を設けることは困難であるとし、治安確保の保障と逐次撤兵を主張したが、中国側は撤兵は和平条件の「眼目」であるとして期限明記を譲らなかった。日本側が治安回復後一年以内の完全な撤兵完了を提議しても、中国側は受け容れなかった。結局、「協議記録」では、「協約以外の日本軍は日華両国の平和克服後即時撤退を開始す　但し中国内地の治安恢復《かいふく》と共に二年以内に完全に撤兵を完了し中国は本期間に治安の確立を保証し且駐兵地点は相方合議の上之を決定す」となった。上海三角地帯や華南沿岸での日本軍の保障駐兵や中国側武装制限を、日本側は持ち出さなかったようである。なお、この点に関し、日本側が示した「政府声明案」のなかには、期限は明示しないにしても、撤兵の意志を表明する部分があったことは注目される。

日本側は、中国側の反発を考慮したためか、⑥の日本人顧問の件も交渉の場に持ち出さなかった。⑦について日本側は「治外法権の撤廃　竝《ならびに》　租界の返還を考慮す」との案を提示したが、中国側は単なる「考慮」ではなく即時「実行」を求めた。日本側は諸般の準備の必要上、実行は困難とし、「協議記録」では、「中国は日本人に中国内地に於ける居住、営業の自由を承認し日本は在華治外法権の撤廃を許容す　又日本は在華租界の撤廃をも考慮す」という表現で妥協が図られた。⑧について日本側は直接被害の補償を除く戦費賠償を求めないことを新たに提議し、中国側の同意を得た。「協議記録」では「中国は事変の為生じたる在華日本居留民の損害を補償するを要するも日本は戦費の賠償を要求せず」となった。また、中国側の求めにより、日本は難民の救済に協力する、という趣旨を「諒解事項」に盛り込んだ。

なお、汪兆銘等の挙事計画について重光堂予備会談での合意から大きな変更はなかったが、日本側は日本政府が和平解決条件を発表したとき、中国の和平派が蔣下野を要求することを提議した。しかし中国側は、それでは汪兆銘の立場が不利になるおそれがあると論じ、結局、汪兆銘は蔣介石との「絶縁」を表明することとなった。梅思平や高宗武は、汪兆銘は蔣介石に取って代わらんとする政治的野心のために重慶を離脱したと宣伝されることを恐れたのだろう。

十一月二十一日、今井は影佐とともに飛行機で帰国し、夕刻、参謀次長以下関係者に報告した。同日、影佐と犬養は近衛首相の私邸を訪ね、重光堂会談の結果を報告したとされる。[50] 翌二十二日午後に今井と影佐は首相官邸に赴いて渡辺工作の経緯を説明し、政府声明発表の必要性を訴えた。二十三日夜、近衛首相は小川平吉との懇談で、高宗武工作が「今度はものになりそうなり」と語った。[51] 板垣陸相は二十五日、重光堂会談の結果を五相会議に報告し、その同意を得たという。[52]

## 3　和平と謀略の間

### 「日支新関係調整方針」

重光堂会談で日本側は予備会談の合意を一部修正しようとした。上述したように、それは「日支新関係調整方針」（以下、「調整方針」と略す）を簡略化した「日支新関係調整に関する原則」（以下、「調整原則」と略す）に基づいていたと考えられる。では、そもそも「調整方針」とはいったいどのようなものだったのか。

参謀本部の堀場少佐は自分が起案者であると述べ、「調整方針」は「支那事変の戦争目的及其限度を最終的に律し、以て事変処理及将来の建設に亘り百般の準縄《じゅんじょう》たらしめんとせるもの」で、「戦績及犠牲の増大により生ずる欲望の累加を予め戒め」るために作成されたが、関係者間の協議の過程で「本来の趣旨に非ざるものを介在」させることになったという。[53] 影佐は、「日支間の心からなる提携による共存共栄」こそ起案の趣旨であったが、事変による犠牲の代償を求める声が強く「一見軟弱に見えるこの大乗的な対支処理方針を決定するということは相当の苦労を要した」と述べている。[54] 西は、「調整方針」は本来、「帝国主義政策の放棄を内容とする」ものであったという。[55] 今井は、「本方針は汪工作の基礎となったが、同時に汪工作の発展に伴い、本方針を決定的にすると共に現実に実践の歩を進め得たもので、其関係密接で表裏をなした」と指摘している。[56]

高宗武工作関係者はおおむね「調整方針」を肯定的に評価しつつ、起案から最終決定に至るまでの審議過程で「不純思想の介入[57]」のために当初の意図が十分には達成されなかったとしている。堀場は一九三八年四月に原案を作成したと述べており、[58] 最終的に十一月三十日に御前会議決定となるまで、約半年の時間を経ている。その間、七月には一連の五相会議決定が打ち出され、十一月三日には東亜新秩序声明が発表された。「調整方針」はこうした決定や声明に少なからぬ影響を受けたのである。

十一月三十日の御前会議決定「調整方針」は基礎事項、善隣友好、共同防衛、経済提携に区分されている。[59]それぞれ重要な項目をピック・アップしてみよう。

基礎事項①華北と蒙疆に国防上ならびに経済上（とくに資源の開発利用）日華強度結合地帯を設定する。このほか蒙疆には防共のため軍事上・政治上、特殊地位を設定する。②揚子江下流地域に経済上、強度結合地帯を設定する。③華南沿岸特定島嶼に特殊地位を設定する。

善隣友好④中国は満洲国を承認し、日本と満洲国は中国の領土と主権を尊重する。⑤新中国の政治形態は分治合作主義に基づいて施策する。蒙疆は高度の防共自治区域とする。上海、青島、厦門《アモイ》はそれぞれ既定方針に基づく特別行政区域とする。⑥日本は新中央政府に少数の顧問を派遣する。とくに強度結合地帯やその他特定の地域では所要の機関に顧問を配置する。⑦日満華善隣関係の具現に伴い、日本は漸次、租界や治外法権等の返還を考慮する。

共同防衛⑧防共のため日本は所要の軍隊を華北・蒙疆の要地に駐屯させる。⑨防共軍事同盟を締結する。⑩防共駐屯以外の日本軍は、情勢に応じてなるべく早期に撤収する。ただし、保障のため、華北と南京・上海・杭州の三角地帯の日本軍を、治安確立まで駐屯させる。治安維持のため、揚子江沿岸の特定地点と、華南沿岸の特定島嶼および関連地点には若干の艦船部隊を駐屯させる。⑪中国は治安維持協力のため日本の駐兵に対して財政的協力の義務を負う。⑫日本は、駐兵地域の鉄道・航空・通信および主要港湾・水路に対し軍事上の要求権と監督権を保留する。

経済提携⑬資源の開発利用に関しては華北・蒙疆で日本と満洲国の不足資源、とりわけ埋蔵資源を求めることを施策の重点とし、中国は共同防衛と経済的結合の見地から特別の便益を供与する。その他の地域でも、特定資源の開発に関し、経済的結合の見地から必要な便益を供与する。⑭中国全体での航空の発達、華北での鉄道、日中間および中国沿岸の主要海運、揚子江の水運、華北および揚子江下流の通信は、日中交通協力の重点とする。

以上の一四項目のうち、「調整原則」には「調整方針」の①②③⑪⑫⑭はない。⑤の「特別行政区域」や「分治合作主義」といった文言もない。「調整原則」は「調整方針」を簡略化したものだが、その分、柔軟性を帯びていた。と同時に「不純思想の介入」以前の「調整方針」の原案に戻ろうとする意図も働いていたと考えられよう。「日華協議記録」は「調整原則」に基づいていたが、上述したように日本側は日本人顧問や艦船部隊の駐屯を持ち出さなかった。

「調整方針」が日本の権益思想や中国管理の発想を反映していたことは明白である。「調整方針」と「協議記録」とはあまりにも違う。それゆえ「協議記録」の「謀略的性格もまた見のがすわけにはゆかない」とする批判がある。[60] また、汪兆銘との和平条件として作成されたはずの「調整方針」の内容が中国側には意図的に隠されていた、との指摘もある。[61] 梅思平や高宗武が「調整方針」最終決定の諸要求を受け容れる可能性も低かっただろう。

渡辺工作が蔣政権の内部分裂を通してその弱体化をねらうという謀略だったことは否定できない。ただし、「調整方針」は渡辺工作の和平条件として作成されたわけではなく、工作の当事者、今井や影佐が「調整方針」の内容を意図的に隠して中国側との交渉に臨んでいたわけでもない。彼らは、

「調整方針」を簡略化・柔軟化した「調整原則」に基づいて交渉に臨んでいた。

今井や影佐は、工作の当面の目的を謀略としつつ、その先に、汪兆銘の和平運動による事変解決を展望していたものと考えられる。西や松本重治の目的もそこにあった。そして、汪兆銘の挙事以降に、和平運動を展開する汪兆銘側とあらためて交渉する際には、「調整方針」に反映された政府内外の権益要求を抑制し緩和することができると考えたのだろう。しかしながら、権益要求の緩和は、工作当事者の予想をはるかに上回るほど困難であった。やがて彼らは、その困難に直面し苦悩することになるのである。

### 汪兆銘の重慶離脱

重光堂会談終了後、梅思平は十一月二十六日重慶に到着し、直ちに周仏海、汪兆銘との協議に入った。汪兆銘は重光堂会談の結果を聞くと動揺を見せ、計画実行に逡巡を示した。その後の連日の協議で、周仏海は汪兆銘が責任と果断に欠け、なすこと一定せず、たやすくショックを受けることを発見したという。汪兆銘が最終的に同意したのは二十九日である。周仏海は香港にその旨電報し、梅思平は三十日、香港に向け重慶を出発した[62]。

一方、今井は十一月二十六日、羽田から上海に飛び、伊藤と協議しつつ、中国側の同意の連絡を待った。香港では西と太田梅一郎（少佐）が中国側との連絡役を務めた[63]。だが、中国側からの連絡はなく、十二月三日に今井は参謀総長に宛てた進退伺を書くところまで追い込まれた。その日午後、汪兆銘が同意したとの一日付の電報が、香港の太田少佐からようやく届く。その電報を見て、伊藤は感極まり泣き出したという。中国側は、「協議記録」への汪兆銘の同意を通報するとともに「秘密協議記録」については留保し、近衛声明に日本が経済的独占を行わず内政に干渉しないという趣旨を加えるよう要請してきた[64]。

計画実行にはこのあとにも一波乱が生じる。十二月五日、周仏海は宣伝工作視察を口実に重慶を離れ昆明に飛んだ。汪兆銘は八日に重慶を離れる予定であったが、その前々日に蔣介石が前線から重慶に戻ってきたため、それができなくなった[65]。中国側関係者の間では、ことが露見したのではないかとの不安が高まった。一方日本では、八日に予定された汪兆銘の重慶離脱に呼応して、近衛首相が十一日に大阪で演説し、これをラジオで放送する計画が立てられたが、汪兆銘が重慶を離れられなくなったため、首相の病気を理由に大阪行きをキャンセルしなければならなかった。

汪　兆　銘

実際に汪兆銘が重慶を離れたのは十九日、昆明を経て北部仏領インドシナのハノイに到着した。日本政府は二十二日、近衛首相談話の形式により、重光堂会談で合意した和平条件を公表し中国に和平を呼びかけた（第三次近衛声明）[66]。第三次近衛声明は、「協議記録」の内容を大部分取り入れていたが、日本軍の駐屯地を「特定地点」

とぼやかし、撤兵には言及しなかった。

ただし、大阪での演説草案には、重光堂会談で日本側が示した「政府声明案」とほぼ同様の文言を用いた撤兵への言及があったのである。[67]陸軍中央は、中国の現地軍に対して大阪演説を予告し、演説のなかに「永久の駐兵等を要せざる事態の到来を希望するが如き口吻《こうふん》ありとするも」動揺しないよう警告していた。[68]したがって、撤兵への言及削除は、おそらく大阪演説がキャンセルになった後に行われたことになるだろう。なお、海軍軍令部戦争指導班の横井忠雄（大佐）は大阪演説草稿についての所見として、「本演説は時局収拾を策する政府（及土肥原機関を通ずる陸軍）の政治謀略の重要要素」と評している。[69]

参謀本部の堀場少佐によれば、大阪演説の基礎として「日支新関係調整に関する原則」を提示すると、近衛首相は「戦果及犠牲共に莫大なる今日に於て、斯くの如き軽易なる条件の表明は対内問題として甚だ危惧する所があり」、躊躇するようだったが、[70]結局それを受け容れたという。近衛が危惧したのが撤兵に関する部分であったかどうかは分からない。ただ結局、第三次近衛声明には撤兵への言及はなかった。影佐によれば、これは陸軍の要望によるものだったとされている。[71]第三次近衛声明に呼応して十二月二十八日、汪兆銘はハノイから重慶に和平を呼びかけたが、日本に対しても翌日の声明で、和平の「最も肝要なものは、全日本軍隊の中国よりの撤退で、それは普遍且つ迅速でなくてはならぬ」と釘を刺し、「特定地点」の日本軍駐屯も、防共協定の期間内で「多くは内蒙付近の要地に限る」と指摘したのである。[72]

# 第五章　汪兆銘政権樹立

## 1「暫時傍観」

### 近衛内閣総辞職

一九三九年一月四日、近衛文麿内閣は総辞職する。汪兆銘の起義に対する方針の継続性を示すため、枢密院議長に転じた近衛は後継の平沼騏一郎内閣に無任所相として入閣するが、近衛内閣との合意と近衛首相の支持を前提として重慶を離脱した汪兆銘等にとっては、その期待を裏切るものであり、背信行為に近かった。総辞職の直前、小川平吉が、政変によって中国側が日本の態度に疑惑をいだく危険性を指摘すると、近衛は、「今回は陸軍がやって居るゆえ先方も予の挂冠《けいかん》の為に疑を生ずることなからん」と答えた。[1]私的な会話での発言とはいえ、汪兆銘の起義に関連して首相談話（第三次近衛声明）まで発表した人物の言葉とは思えないほど無責任であったと言わざるをえないだろう。近衛の辞意に対して陸軍は、汪兆銘を対象とした工作が進行中であるとの見地から最後まで翻意を求めた。[2] 犬養健によれば、彼と影佐禎昭は汪兆銘と連絡をとるため広東に赴いたが、途中台湾で近衛内閣総辞職を知り、急ぎ東京に戻ったという。[3]

汪兆銘の重慶離脱には様々な憶測が飛び交った。とくに当初は、汪兆銘の行為は蔣介石との暗黙の了解のもとになされたのではないか、という解釈がなされた。たとえば一月初め、賈存徳と馬伯援が駐華大使館付海軍武官の野村直邦を訪れ、蔣介石と汪兆銘との間には暗黙の了解があると語り、この情報を米内光政海相は信じたようだった。[4] 一月中旬、小川に対して平沼騏一郎首相も「汪兆銘問題も亦当初に於て蔣の諒解なき筈なしと断言」したという。[5]

汪兆銘の挙事は失敗したという見方もあった。蔣介石政権から離反し汪兆銘の和平運動に参加すると予定されていた龍雲など有力軍人に動く気配がなく、従来から汪兆銘派と目されていた人物でも重慶に留まるものが少なくなかったからである。[6] 今井武夫によれば、孔祥熙や蕭振瀛は「汪に時局の鍵を握られんことを恐れ」、「盛に汪の無力を放送」しているとされている。[7] 一月中旬、孔祥熙の秘書と称する樊光《はんこう》は、「汪の工作は一応失敗せるものとして見切を付け之に係り合わざる態度を表明すること必要なり」と論じ、孔祥熙を通じる連絡工作を続けるよう勧告した。[8]

こうした状況のなかで五相会議は一月十九日、「孔工作に関する件」と題する決定をした。この決定によれば、孔祥熙の代表と称する者の資格や汪兆銘との関係が不明なので、孔工作にはしばらく「不即不離」の態度をとり、孔祥熙の蔣介石に対する態度や孔祥熙と汪兆銘との関係について「探査」

し、「汪工作者」に孔工作の概要を通報して「探査」を行わせる、とされている。[9] 政府（平沼内閣）は、中国側の動向を確実につかむことができなかったのだろう。渡辺工作についても、政府は静観の態度をとった。平沼首相と小川は「対支時局に付ては暫時傍観の外なかるべしということに意見一致」したという。[10]

### 渡辺工作の動向

汪兆銘がハノイに「亡命」してからも和平をめぐる状況は混沌としていた。そうしたなかで陸軍は汪兆銘工作に対する支援を五相会議に求め、次のように説明しようとした。

汪兆銘の重慶離脱は陸軍の謀略施策の一部が表面化したもので、軍は現在、最も成功を望んでいるが、この工作を成功に導き画期的展開をもたらすためには、政府当局の十分な理解と協力を絶対必要とする。前内閣の五相会議では近衛首相以下の強力な支援を得てきたので、平沼内閣の五相会議でも一致した同情と支持を期待している。

汪兆銘の挙事によって蔣政権内部の対立相剋を暴露し、同政権を弱体化させた効果ははなはだ大きく、この点だけでも謀略第一段階の成功を収めることができた。今後はかなりの時間と労力を必要とするだろうが、汪派は日本軍占領地内の諸政権と逐次合流し、全中国を代表する新政権にまで発展すべき可能性が高いと期待をかけている。また、この工作は軍が謀略として関わってきたことはたしかだが、その萌芽以来、新東亜建設の理念に燃える日中関係者間の相互信頼のうえに発展してきたもので、他の職業的和平ブローカーによるものとは趣を異にする。先方はいま非公式に、資金援助、万が一の場合の身柄の保護、工作を容易にするための爆撃や地上兵力の行使を望んでおり、こうした希望にできるだけ応じるため関係各機関の協力を期待したい。

なお、この工作が日本と関係があることを過早に暴露されると、中国側関係者を漢奸の立場に陥れ、彼らの陣営強化に悪影響を与えるので極力警戒しなければならない。先方も日本の傀儡に見えないよう意識して行動している。自国大衆の支持を獲得するため彼らの言動は必ずしも日本に都合のよいことばかりとは限らないが、日本側としては大綱から逸脱しない限り、十分の雅量を示すことが緊要である。

このような説明と要請を陸軍が五相会議で試みようとしたこと自体、汪兆銘工作の展望がまだ必ずしも明るくなかったことを物語っていた。一月中旬、今井中佐は、雲南や四川の将領が挙兵するには三ないし六ヵ月を要すると予定し、中国側が挙兵準備のため毎月香港銀三〇〇万元の援助を日本に要請していると報告した。今井によれば、汪兆銘の挙事が重慶政権の内部分裂を促進することは疑いないが、汪らは何ら実力を有せず、当面「潜行的活動」に従事せざるをえないので、これを事変解決の端緒とするには「日本の絶大なる援助」を必要とし、各種工作を汪工作に一本化することが有利である、とされた[11]。

田尻香港総領事

渡辺工作は陸軍の秘密工作であり、いわば国家機密であった。したがって、当初は陸軍の関係者と、小川のような近衛周辺の人物と、五相会議のメンバー以外には、汪兆銘の行動と日本との関係を知る者はまだいないはずであった。

そうしたなかで工作の存在を比較的早くから知っていたのは、一九三八年十二月二日付で香港総領事に任じられた田尻愛義《あきよし》である。田尻の起用は、高宗武の要望によるものであった。工作を推進するうえで、香港が日中双方の接触場所として重要になるので、そこに気心の知れた田尻を置いてほしいと高宗武が希望し、その希望が陸軍から外務省に伝えられたのである。[12]田尻は一九三六年八月から約二年間、中国大使館一等書記官として上海に在勤していたので、亜洲司長の高宗武とよく知り合うようになったのだろう。

田尻は、外相（有田八郎）の指示により、影佐を陸軍省に訪ねて任務の説明を受けた。そのとき田尻が、「重慶との和平交渉を考えているのか、それとも戦略をたすけるための謀略工作であるのか」を尋ねたところ、答えは「謀略」であった。[13]田尻と影佐との問答について、ニュアンスの異なる田尻の別の回想もある。それによれば影佐は、汪兆銘に政府をつくらせるのではなく、和平運動をやらせる、と説明したという。[14]結局、田尻は、汪工作は軍の謀略という「邪道」ではあるものの、そこから新しい和平の道が開かれる可能性があり、外務省がこれに参加すれば、工作に対する将来の発言権も強まると判断して香港総領事を引き受けたとされている。[15]十二月十日、田尻は広東から砲艦「宇治」に乗って香港に到着した。

一九三九年一月下旬、外務省東亜局第一課の奥村勝蔵が上海に出張してきたとき、打ち合わせのために同地にやってきた田尻は次のように語っている。外務省では、汪兆銘の重慶脱出後これまでの客観的情勢から判断して今後にあまり多くを期待することは難しいとの見方があるかもしれないが、汪工作が所期の効果を発揮できるかどうかは今後の施策如何にかかっているものと判断される。汪兆銘の行動は、これに呼応する「我方の工作」とあいまって蔣政権に与える打撃が相当大きいと見ることができるし、汪兆銘の閲歴や手腕、一流の人物であるという点から見て日中間の時局収拾、東亜新秩序建設のうえでも最も有力な要素である。「即ち対汪工作は単に陸軍の謀略として之を見送るが如きこと無く外務当局としても対支国策の一端として積極的に之を推進せられんことを希望す」[16]。このとき田尻は、十一月三十日の御前会議決定「日支新関係調整方針」を汪工作の進展に合わせて修正することや、国民党や三民主義の存在を許容することを示唆した。

帰国した奥村が今井中佐と会談したとき、今井が「田尻君は此の工作の将来を如何に見透し居るや、やっても駄目だと云う感じを抱き居るに非ずや」と尋ねたので、奥村は「田尻の積極論を披露」した。今井は大いに安心したようであったという[17]。田尻は汪工作を、もはや単なる陸軍の「謀略」とは見ていなかった。むしろ汪兆銘を通じた和平の達成を期待する方向に転じたかのようであった。

### 高宗武のメッセージ

汪兆銘の動向について重要な情報を田尻総領事に伝えていたのは高宗武である。高宗武の動きで注目されるのは、日本の軍事行動を要請したことであった。たとえば、一九三八年十二月末、香港に来た今井に対し、高宗武は工作資金として月に三〇〇万ドルと「作戦上の援助を希望」した[18]。翌年一月中旬に高宗武は田尻への書信で、「第二段階に入る（即ち実力派が動き出す）前提として我方〔日本側〕が今少し何とか積極的に軍事行動を起すことを強く期待」した[19]。高宗武は、西南将領が重慶政権の拘束から離脱して汪兆銘陣営に参加することを促すため、日本軍による軍事行動を要請したのである。ただし高宗武はのちに、そうした要請をしたことを否定している[20]。

その後、田尻は二月三日に妻が急死したため帰国、一ヵ月ほど帰任できなかった[21]。この間、高宗武は二月一日ハノイに行って汪兆銘と連日協議し[22]、八日香港に戻った。さらに高宗武は周隆庠とともに、西義顕と伊藤芳男に付き添われて二月二十一日長崎に到着、これを犬養が出迎えた。二十三日高宗武は箱根湯河原のホテルに到着、そこで影佐や今井と協議を行った。湯河原に宿泊させたのは、参謀本部員を含む外部との接触を避けるためだったという[23]。

高宗武は来日前、ハノイでの協議に基づく汪兆銘の意向として、次のような三つの案を今井に提示した。第一案――日本が蔣介石と妥協するならば、汪兆銘は蔣介石と行動をともにすることはできないが、個人として最善の援助を与える。第二案――日本が王克敏《おうこくびん》（北京の臨時政府首班）、梁鴻志《りょうこうし》（南京の維新政府首班）、呉佩孚などによって統一中央政権を樹立させるならば、汪兆銘は野にあって援助する。第三案――日本が汪兆銘を時局収拾の最適任者と認めるならば、汪兆銘は次のような条件を方針として善処する。①反共救国同盟会を組織する。②日本軍が西安、宜昌、南寧に迫ったとき汪兆銘は再声明を発表し、これまでのように蔣介石に和平を呼びかけるのではなく、自ら時局収拾、和平実現の当事者であることを表明する。次いで龍雲が態度を表明し、西南諸将もこれに呼応する。③十二月二十二日の第三次近衛声明と二十九日の汪声明の再確認を内容とする日本との共同宣言を発表する。④双十節（十月十日）を期して南京に新国民政府を組織する。反共救国同盟会を解散し、臨時政府、維新政府も即時解消する。新国民政府は孫文の衣鉢を継ぎ三民主義を遵奉する。⑤日本から二億円を借款する。それが実現するまでは月三〇〇万円ほどの支援を受ける。[24]

今井が東京に滞在中の田尻に語ったところによれば、高宗武はなるべく早く南京に中央政権を樹立したがっていたが、今井としては、まず広東の一廓にでも地盤をつくるのが先決であり、それをせずに南京に乗り出すことには反対であった。[25]高宗武が提示した三つの案を見せられた田尻は、影佐と会った際、これは「汪に対する日本の信任を試す為にして彼等の真意は飽く迄汪を立てて貰い度《たき》訳なり」と述べたが、影佐も同意見であった。[26]上述したように、汪兆銘工作に対する期待がしぼみつつあったので、汪兆銘や高宗武は日本側の態度を確認する必要があるのだろう、と見なされたのである。

### 陸軍の対応

影佐は高宗武との会談で、日本側の方針として「第三案を以て時局収拾の基準工作とす」とし、「帝国は汪及其同志の計画に満腔の賛意を表し為し得る限りの努力を惜しまず」と述べた。そのうえで①の反共救国同盟会についてはその結成を促進すべきだとし、②の西安等への作戦については、天皇の統帥大権を楯に確約を与えなかった。③についてはおおむね同意したが、重光堂会談のとき以来懸案とされてきた秘密軍事同盟の締結を促し、中央政府の前提として雲南、広西、広東、福建に地方政府を樹立することが必要であると主張した。④については八月ころに新中央政府籌備《ちゅうび》委員会を樹立し、これを中央政府に強化する時機は状況によるとした。[27]

この会談の後、高宗武は第三案に基づく計画として以下のような具体案を提示したようである。反共救国同盟会は国民党によって発起する。同会は三民主義を実行し共産党以外の各党各派の人々もメンバーとなることができる。共同宣言では、日本側は中国側による地方秩序の維持とともにその地方から即時かつ完全に撤兵すること、中国の独立を尊重し一切の不平等条約・協定を取り消すこと、を声明する。④国民政府を南京に成立させ、日本は臨時政府と維新政府の解散を宣告する。[28]

この具体案に対して、陸軍関係者は次のような所見を述べている。「一般の情勢上時日の遷延を不利」とするので、諸般の準備を促進し、なるべく速やかに目的達成に努めることを望む。反共救国同盟会は国民党を中核としつつも、「全民的基礎の上に」組織すべきである。共同宣言の内容についてはおおむね同意するが、双方が完全に一致していない点もあるので、相互に検討したうえで決定すべきである。臨時・維新両政府の解消は中国の内政問題だが、両政府が日本に協力し東亜新秩序の建設に努めてきた「同憂具眼の士」によって構成されたものなので、日本としてはこれを無視することはできず、「特殊の考案」を必要とする。首都の所在地については、さらに研究を望む。また、現国民政府は日本が「公敵として否認」しているので、新政府に同じ名称を付けることには一考を要する。[29]

高宗武が伝えた中国側の計画と、日本側（陸軍関係者）の対応には、臨時・維新政府の解消問題や撤兵問題など微妙な食い違いがあった。もう一つの微妙な問題は、南京に新国民政府を樹立するという計画である。たしかに、「日華協議記録」の交渉では、工作の第二段階として、西南地域での政権樹立が検討されていた。しかし、それは地方政権を日本軍の未占領地域に樹立するものであって、占領地区である南京に中央政権を樹立することとは意味が違うはずであった。

むろん日本側が南京での政権樹立に反対を表明したわけではない。ただし、今井の対応にも示されているように、それは性急に進めるべきではないと考えられていた。重点は汪兆銘による和平運動の推進、西南将領の獲得、重慶内部分裂の促進にあった。影佐は、新中央政府籌備委員会を中央政府に強化する時機は状況によると指摘した。政府をどこに樹立するかも明示しなかった。

### 高宗武への疑惑

このころ（三月）、陸軍は次のような方針案を五相会議に提示しようとしている。まず、汪派を支持して抗日政権を切り崩し、従来の方針に基づいて渡辺工作を強化する。反共救国同盟会の運動を強化促進し、好機に乗じて一挙に再声明、雲南と西南諸将の蹶起、共同宣言等を実施し、できれば秋ころに新中央政権の樹立を期す。また、責任者を汪兆銘のもとに派遣して彼と直接意見を交換する。日本軍の攻勢作戦を条件として工作の進展を図るという中国側の要望には応えられないので、そのかわり中国側が申し出た月三〇〇万元の援助を供与し、場合によっては増額することも考慮する。[30]

この方針案が実際に五相会議に付議されたかどうかは分からない。小川平吉によれば、三月中旬、有田外相は汪工作を主とするとしながら、「汪が蔣と共同して和平に従事するようになれば最好都合なり」と語った[31]。また、平沼首相は、汪兆銘は「時局を収拾するに足らずとし、蔣との和平の外なしとの意見」であった[32]。汪工作に対する陸軍の積極性と政府の対応との間には、まだ差があった。

ところで、この陸軍の方針案で注目されるのは、汪兆銘との直接意見交換の必要性が示されていることである。三つの案を提示した汪兆銘の真意が読めなかったのかもしれない。高宗武のメッセージが曖昧と受け取られたのかもしれない。一月中旬、高宗武は、香港の同志たちの間で行動計画案がまとまり、汪兆銘の決裁を受けることになると田尻に語ったが[33]、実際にハノイで汪兆銘と打ち合わせてみると、相当の意見の相違があったとされている[34]。結果的に両者の意見の差は縮まったが、完全に一致したわけではなかったので、その分、高宗武のメッセージに曖昧さが残ったのかもしれない。

その後、汪兆銘をハノイから脱出させることになったとき、香港に戻っていた高宗武は、汪救出チームがハノイに向かうことに反対する。帰任していた田尻に対し高宗武は、近く汪兆銘は香港を訪れる計画なので、日本側がハノイに行っても行き違いになるだけだと述べた[35]。汪救出チームの一員として先行した矢野征記《せいき》（領事）が香港で田尻から聞いたところでは、高宗武は田尻に対し何度も影佐のハノイ行きを引き止めるよう働きかけた。矢野と田尻が高宗武にハノイへの同行を求めると、言を左右にして同意しなかった。矢野は、高宗武がこれまで汪兆銘に日本側の意向を十分伝えていなかったので、汪兆銘と影佐一行との直接会見を好まないのか、あるいは「影佐の河内《ハノイ》行にて汪の工作の進捗を惧《おそ》れたるに非ずや」と推測した[36]。伊藤芳男はハノイで、汪兆銘との会見をやめるよう要請する高宗武のメモを犬養に渡したという[37]。また、後日、ハノイから戻ってきた矢野に対し、高宗武は「猶《なお》蔣介石を頭に戴き時局を収拾せんとの意」を明言したとされている[38]。もし高宗武が「蔣介石を頭に戴く」和平を求めていたならば、彼が伝えた汪兆銘のメッセージに曖昧さが付きまとったのは当然であったのかもしれない。

## 2　汪兆銘のハノイ脱出

### 汪救出

汪兆銘が重慶を離脱し年末に国民政府に和平を呼びかけた後、蔣介石は汪兆銘の国民党籍を剝奪し、政府のすべての要職から排除した。ハノイに到着した汪兆銘は、しばらくの間その郊外の避暑地ダムダオにあったが、一月末、ハノイ市内コロン街の新築家屋に転居した。その間、外務省は鈴木六郎ハノイ総領事に対し、汪兆銘から保護の申し出があった場合は、しかるべく保護の措置をとるよう指示したが[39]、汪兆銘と直接の接触を試みることは抑制した[40]。日本にとっても、仏印にとっても汪兆銘との関係は機微なものがあった。そのうえ日本軍の海南島攻略（二月十日上陸）が仏印当局の神経を苛立たせた。

汪兆銘は以前のようにヨーロッパに亡命するのではないかと噂されていたが、他方で汪派に対するテロが激しさを増した。一月十七日、汪兆銘擁護の論陣を張ってきた香港の『南華日報』主筆林柏生は暴漢に鉄棒で殴打され重傷を負った。汪兆銘の甥（沈次高）は暗殺された。前年秋の唐紹儀暗殺がまだ記憶に新しいころであった。そうした折に、三月二十一日、汪兆銘の最も信頼する秘書、曽仲鳴が妻とともに汪兆銘の居宅で就寝中を襲われ殺害されてしまう。参謀本部から派遣されてハノイに潜入していた門松正一（少佐）は、汪兆銘から保護を依頼され、陸軍中央に対し汪救出を具申した。[41]

これを受けて、板垣征四郎陸相は影佐大佐に汪兆銘救出を命じた。影佐は、この工作は陸軍単独ではなく、各方面一体となって実施すべきであると主張した。その結果、海軍からは須賀彦次郎（大佐）、外務省・興亜院からは矢野征記、衆議院から犬養健が派遣されることになった。ハノイに出発するに際し、影佐は五相会議で救出計画を説明し、指示を受けたという。[42]

汪救出を実施するにあたり、影佐は軍務課長の職を辞し、参謀本部付となった。本来ならば何らかのかたちで関与するはずの今井は、大佐に昇進して参謀本部支那課長となり、東京を離れられなくなったという。[43] なお、海軍の須賀大佐は、のちに汪工作を推進する梅機関の一員となるが、このときの救出チームには加わらなかった。犬養が松本重治のいわば代理として、この工作に関わってきたことは上述したとおりである。矢野の参加の理由はよく分からない。犬養によれば、「矢野には事務処理の大筋をすぐ把《つか》んでしまう才能がある。それと、いざという時の用心がおそろしく細かい。これが外務省から和平工作の要員に選ばれた理由だろう」とされている。[44]

矢野の「才能」は計画段階から発揮された。汪を救出する船について、影佐は大阪商船のタイ航路定期便の利用を考えていたが、矢野はそれでは安全性と機密が保てないとし、貨物船をチャーターすることを提案した。採用された矢野のプランに従い、山下汽船の貨物船「北光丸」が軍用で借り上げられ、ハイフォン港に積み上げられた鉄鉱石を積み出すための、台湾拓殖会社の傭船と偽装されることになった。[45] また、矢野は汪兆銘に宛てた板垣陸相、有田外相、鈴木（貞一）興亜院政務部長の書簡と、米内海相の名刺を預かり、のちに本人に手渡した。[46] 米内海相が名刺だけというのは、この工作に対する海軍の態度をはしなくも表していたかもしれない。

矢野は影佐等より先行し、四月五日福岡から上海に飛び、七日船で香港に向かい十日香港着、そこで田尻総領事、一田次郎中佐、高宗武等と協議した後、十一日飛行機でハノイに到着した。[47] 影佐と犬養は、糖業連合会広東出張員として偽名を使い、予定より数日遅れて四月八日「北光丸」で福岡県の三池港を出港、[48] 十六日ハイフォンに到着、翌日ハノイに入った。その前日、伊藤芳男も香港から船で到着した。[49] 現地では門松少佐と、松本重治の要請によって助っ人となった同盟通信ハノイ支局員の大屋久壽雄《くすお》とが、汪の連絡役を務める周隆庠との接触に協力した。[50]

唐紹儀の二の舞とならぬよう用心に用心を重ねて、影佐、犬養、矢野が周隆庠の案内で汪兆銘の居宅を訪れたのは四月十八日である。協議は午後二時前から三時間半にわたって続けられた。このとき汪兆銘は、自分の意向は高宗武を通じて了解済みのはずだと指摘し、例の三案のどの案でも日本側の希望に応じて行動する用意があると述べた。これに対して犬養が日本朝野の汪兆銘に対する共鳴振りを説いて声涙ともに下ると、汪兆銘は感激し涙をぬぐったとされている。次いで、汪兆銘は「和平交渉をなすべき中央政権を樹立し日本に依り承認せられ以て和平交渉の衝に当らしむることが今後自分等の工作の根本と思考する次第」であると中央政権樹立の必要性を論じつつ、中央政権の樹立実現までには相当の時間と困難が伴うことを指摘した。そして、ハノイでは仏印官憲の厳重な保護のもとで生命の安全は保障されているが、その結果、同志との連絡にはきわめて不便なので、一日も早く安全かつ運動の進展にも便利な上海に移転したいと語ったのである。[51]

上海の受け入れ体制はまだ万全ではなかったが、影佐等が乗る「北光丸」は四月二十四日夕刻ハイフォンを出港した。汪兆銘たちは自らチャーターした「フォン・フォレンハーフェン（Von Vollenhaven）号」に乗って翌二十五日未明出港した。「北光丸」は汪の船と一定の距離を保ちながら護衛する計画だったが、会合地点で出会うことができず、見失ってしまった。二十九日、海南島を過ぎたあたりでようやく無線連絡がつき、わずか七六〇トンの汪兆銘の船では今後の航海にも支障があるということとなり、翌日汕頭《スワトー》沖で汪兆銘一行を「北光丸」に収容した。

矢野は二十六日ハイフォンから海路、香港に向かい、五月三日に香港出港、高宗武、一田中佐とともに五月五日上海に着いた。高宗武が蔣介石とでなければ和平は実現できないと矢野に訴えたのは、このときである。影佐一行は途中、台湾の基隆に寄港し、七日に上海に入港、東京から着いた今井大佐も彼らを出迎えた。汪兆銘一行は、八日、日本側が用意した隠れ家に落ち着いた。

なお、汪の救出前後から、彼の和平運動を支援する工作は「竹内工作」と呼ばれるようになる。

「竹内」とは汪の符牒であった。「渡辺工作」から「竹内工作」への変換は、高宗武を介して汪と接触・提携する工作から、汪を直接支援する工作への変化を示していた。また、陸軍の工作から、陸軍を主体としつつ、それ以外の組織も巻き込んだ工作への変化も示唆していた。

## 汪兆銘の方針転換

汪兆銘が「北光丸」に収容されてから上海に到着するまで、影佐等と協議した内容については、矢野が影佐から聞き取った記録がある。[52] これによれば、四月三十日から五月六日までの間、影佐が汪兆銘とじっくり話すことができたのは五月一日と六日の二回だけであった。その二回目のとき、汪兆銘は次のように語った。以前話し合って合意した反共救国同盟会の方法で工作を進める案は『大公報』によって暴露されたので方法を変更する必要があると考える。「仍《よつ》て中央政権を樹立して之を日本により承認され之にて同盟会の方法に代へることを以てなさんと思う」。汪兆銘は和平運動の展開よりも、中央政権の早期樹立を優先することを表明したのであった。

影佐の回想録では汪の言葉が以下のように記述されている。「従来和平運動の展開は、国民党員を中心とする和平団体を組織し、言論を以て重慶の抗日理論の非なる所以《ゆえん》を指摘し、和平が支那を救い東亜を救う唯一の方法であろうということを宣揚し、逐次和平陣営を拡大し究局に於て重慶を転向せしめようと云う案で進んで来たが、よくよく考えるに、言論のみにては重慶政府を転向せしむることは甚だ困難である。寧ろ百歩を進めて和平政府を樹立して、叙上言論による重慶の啓発工作以外に、更に日支提携すればこれだけ好《うま》く行く。従って抗戦は無意義であるということを事実を以て証明し、これによって輿論の帰趨を問い、重慶政府の動向を和平に転ずるの外なきに至らしむる方が適当であろうという結論に達した。従ってもしも貴国政府に於て異存がなければ、従来の計画を変更し和平政府樹立の計画に変更したい希望を持って居る」[53]。矢野の報告書とニュアンスは若干異なるが、早期の中央政権樹立優先を表明したことは明らかだろう。

こうして、汪兆銘自身の決断によって、汪工作は性格を変えてゆく。言論による和平運動の展開よりも、汪兆銘を中心とした新中央政権の樹立に工作の重点が移行してゆくのである。汪工作担当者はそれぞれの回想録で、ハノイから上海に向かう間に表明された汪兆銘の方針転換に大きな衝撃を受けたことを述べている。それまで汪工作の直接のねらいは、日本側からすれば重慶から要人を離脱させ国民政府の内部分裂を促すことであり、汪派の高宗武や梅思平、あるいは西や伊藤、犬養にとっては、重慶から離脱した汪兆銘が和平運動を展開し、外部から国民政府を対日和平の方向に転向させることであった。今井や影佐にとっても、短期的な謀略効果と、長期的な事変解決・和平実現が工作の目的であった。いずれは中央政権を樹立するとしても、それは当面、将来に属する検討課題と見なされていた。ところが、汪兆銘は一気に中央政権樹立に進もうとしたのである。

### 「周仏海行程」

なぜ汪兆銘は方針を転換したのか。おそらくその理由は一つではないだろう。いくつかあると思われる理由のなかで注目したいのは、上述したように、汪との協議内容を影佐から聞いた矢野が、汪兆銘はその和平運動が日本の援助を受けたものだという事実を重慶側に暴露されたために、方針を転換した、と報告していることである。日本側にも重慶側にも属さない第三勢力としての和平運動を標榜することは、不可能になったというわけである。暴露したのは「平沼・汪密約」と題する四月上旬の『大公報』の記事であった。[54] それは、一月初めに高宗武がハノイに赴き汪兆銘と協議した内容として日本側（今井）に伝えたものに極似していた。

汪兆銘は曽仲鳴暗殺に対する報復として三月二十七日に、トラウトマン工作時に伝えられた日本側の和平条件をめぐる前々年（一九三七年）十二月の最高国防会議の議事内容を暴露した。[55] 四月上旬の『大公報』の「平沼・汪密約」暴露は、それに対する報復であったとされている。[56]

汪兆銘の方針転換に対しては、実は、日本側の当事者の多くがあまり積極的ではなかった。影佐の回想によると、日本が「日華協議記録」に基づいた第三次近衛声明の趣旨を実行できるのならば、政権樹立方式のほうが強力な和平運動を展開でき、その実績によって重慶政権の対日不信をなくすことも可能になるが、近衛声明どおりに実行できないとすれば、政権樹立方式は失敗に帰すおそれが大きい、と考えたとされている。彼は、日本が第三次近衛声明どおりに実行できるかどうか、懐疑的だったように見える。だが、将来和平が実現して重慶政権が和平政権に合流してくるような場合には、自分は目的を達したのだから断然下野する、と語った汪の「崇高なる精神、高潔なる人格」に、影佐はいたく感動させられたのだという。[57]

今井は、上海に到着した汪兆銘から方針転換を聞いたとき、「事の意外に驚」いた。今井の判断では、日本占領地域の南京に政権を樹立すれば、結局は傀儡政権に堕してしまい、たとえ重慶の抗戦政策を転向させるように働きかけても、傀儡政権として国民の指弾を受けることになりかねない、と考えられた。しかし他方、汪工作がこのままでは西南将領を獲得することもできず、和平運動も盛り上がらず、南京以外に第三勢力としての政権を樹立することも覚束なかった。したがって、今井はもう一度考え直し、汪兆銘の言うことに望みを託して、たとえ上策ではないとしても、次善の策として努力しなければならない、と結論づけたという[58]。

田尻も上海に赴き、影佐から方針転換のことを聞き、意見を求められた。田尻は次のように述べたと回想している。汪兆銘は北伐以来、「裏切り」を重ねている。彼には自分の利害があるだけで、中国や中国人のための平和という目標を捨てている。占領地での政権樹立は、蔣介石への個人的な対抗意識の表れにほかならない。自らを裏切り、占領地の中国人をも欺くことになる。日本を裏切らないという保証もない。したがって、最善の策は、汪兆銘に礼を尽くして外遊させることである。それでもなお、政権をつくらせるのならば、自分はもうこの工作から身を引きたい[59]。

たしかに田尻は当時、有力軍人が協力せず、「汪の運動は到底見込なし」と語っていたが[60]、同時に、日本としては、汪兆銘による「占領地統一政権」を速やかに樹立し、「戦争を内乱化」することによって重慶陣営の分裂を図り、最終的には汪兆銘政権と重慶政権との合流に導くしかない、と論じてもいた[61]。

西義顕は、影佐等がハノイに駆けつけたころ、上海で周仏海と会っていた。周仏海は昆明を経て上海に滞在していた。西によれば、そのとき彼は周仏海から、南京に中央政権を樹立する新方針を聞かされたという。西は、あくまで第三勢力として和平運動を展開しようという路線を「高宗武行程」とし、中央政権を樹立して和平の実績を挙げようとする路線を「周仏海行程」と名づけている。彼によれば、汪兆銘の方針転換は「周仏海行程」が「高宗武行程」を凌駕した結果であった[62]。五月二日、「北光丸」が台湾の基隆に寄港したとき、西はそこで汪兆銘を出迎え、「周仏海行程」の再考を婉曲に訴えた。だが、もはや効果はなかった。西はやがて工作から離れてゆく。

## 3　汪工作のその後

### 汪兆銘の訪日

高宗武（渡辺）工作は、その後、汪兆銘政権の樹立につながり、事変の展開に大きな影響を及ぼした。ただし、これまで述べてきた経緯から理解されるように、日本政府や軍が最初から高宗武工作を計画し、一貫してこれを推進したわけではない。高宗武工作は、他の工作と競合し、浮き沈みを繰返しながら、最も有力な工作として生き残ったのである。

この工作の当初のねらいは、汪兆銘ら反蔣派の圧力によって蔣介石を下野させることであった。しかし、それが不可能と分かると、汪兆銘が重慶を離脱し第三勢力として和平運動を展開し、究極的に国民政府を和平に転向させるというシナリオが描かれた。ところが、重慶を離脱した汪兆銘は、第三勢力としての和平運動という段階を経ずに、一気に南京での中央政権づくりに直進する。

汪兆銘による中央政権樹立は、しかしながら、すぐ実現したのではない。実は、日本政府がまだそれを認めてはいなかったのである。そのため汪兆銘は訪日し、日本政府首脳に自らの構想を説明して協力を求めなければならなかった。上海に移った汪兆銘は中央政府樹立について日本の了解を得るために訪日を急ぐ。五月三十一日、汪兆銘一行は上海から東京に到着した。

このころ日本では、事変の長期化と占領地域の拡大により、治安維持と民心安定の施策を強化する必要があり、そのためには従来の既成政権（臨時政府と維新政府）では不十分なので、新中央政府を樹立しなければならないとの考えが強まっていた[63]。前述したように（第二章）、新政府樹立のシナリオとして五相会議は前年七月、次のような筋書きを描いた。臨時政府と維新政府が協力して「連合委員会」を組織し、これに蒙疆政権を加えた後、その他の勢力も吸収して新中央政府に集大成する。ただし、漢口陥落によって国民政府が分裂あるいは改組し親日政権が出現した場合は、これを一構成分子として新中央政府に加える。漢口陥落によっても国民政府に分裂・改組が見られない場合は、既成政権だけで新中央政府を樹立する。

しかし、既成政権はいずれも弱体で、一九三八年九月二十二日北京に成立した連合委員会も、新中央政府の主体とはなりえなかった。十一月二十四日、陸軍があらためて策定した方針では、新中央政府が連合委員会（臨時政府、維新政府）、「在野有力者」、「改組重慶政府」、「漢口、広東政権」（未成立）から構成されることになった。そして重慶政府が崩壊もしくは改組されるかどうかを見るためには二、三ヵ月の時間が必要とされた[64]。こうしたなかで汪兆銘が重慶を離脱し、期待が高まったが、彼に応じて重慶を離脱する要人が意外に少なく、その期待は次第に小さくなってゆく。それに応じて一時下火となっていた呉佩孚への期待が復活する。汪兆銘のもとに馳せ参じた有力な軍人がなかったので、呉佩孚が汪兆銘を軍事的に支えることへの期待が生じたのである[65]。汪兆銘が訪日したのは、このような時期であった。陸軍部内には、汪兆銘を新中央政府の首班とすることに反対する声もあった。これに対して影佐らは陸軍と政府の方針を、汪兆銘による中央政府樹立に一本化させようとしてゆく。

汪兆銘来日中の六月六日、五相会議は陸軍の提案に基づき「新中央政府樹立方針」を決定した。この方針では、「新中央政府は汪、呉、既成政権、翻意改替の重慶政府等を以て其の構成分子」とすると定められた。いまだに重慶政権の「翻意改替」に期待が寄せられていることに注意すべきだろう。汪工作についても、汪兆銘は呉佩孚や既成政権と協力して「文武の実力を具備せる強力なる政府」を樹立するための準備をすべきであり、その間「特に重慶政府諸勢力就中《なかんずく》其の要人の獲得に努力せしむ」とされた[66]。

同じころ、参謀本部情報部長の樋口季一郎（少将）は、汪工作が「今や正に従来の裏の施策より表の施策に転換せんとするの機」に立っていると指摘している[67]。たしかに汪工作は「裏の施策」（謀略）の域を脱し、「表の施策」（政略、政治工作）のレベルに上がったと言ってよい。もはや重慶政権弱体化が第一義的な目的ではなくなったからである。第一義的な目的は、汪兆銘を中心とした新中央政府の樹立による事変解決となった。しかし、南京に和平中央政権をつくろうとする汪兆銘や影佐の苦難が小さくなったわけではなかった。

「内約」

その苦難の焦点となったのは、汪兆銘によって樹立されるべき新中央政府と日本との関係を律する協定の事前交渉、いわゆる内約交渉である。影佐を長とし汪兆銘救出チームを核とする梅機関が交渉を担当した。交渉は十一月一日に始まり、連日の協議を経て十二月三十日、「日支新関係に関する協議書類」（内約）として合意に達した。内約によって、日本は、満洲国の承認確約、防共駐屯権、治安駐屯権、廈門・海南島とその付近島嶼における艦船部隊の駐屯権、駐屯地域とその関連地域の鉄道・航空・通信・港湾・水路に対する日本の軍事上の要求に応じる旨の確約、特定資源とりわけ国防上必要な埋蔵資源の開発利用権等、多くの「成果」を獲得した[68]。交渉の過程で影佐は陸軍中央に対し、この交渉は日本が中国に求める限度を示して侵略的ではないと理解させることに目的があり、汪派だけでなく、重慶政権や中国民衆をも対象とするものである、と論じて日本側要求の再考を求めた。しかし、影佐の要望は聞き入れられなかった[69]。

内約が、「日支新関係調整方針」を引き継いで日本政府や陸海軍の「権益思想」を反映していたことは疑いない。軍事的勝利と犠牲の増大が、その見返りとして中国での権益を求める要求を肥大化させた。ただし、それだけが内約交渉を紛糾させたのではない。汪側は、戦争後のあるべき平等互恵の日中関係を想定し、それを内約に盛り込んで国民の支持を獲得しようとした。これに対して日本側は、戦後のことはさておき、現に戦争が継続しているという特殊事態を汪側に認識させ、特別な軍事的措置が必要であることを内約に求めた。そして、戦時の特別措置の必要性を知りすぎるほど知っていた軍人の影佐は、この両者の要求に引き裂かれたと言えよう。影佐は、内約が「寔《まこと》に魅力もなく味もないもの」であったとし、「暗い気持ちを禁ずることが出来なかった」と回想している。影佐によれば、汪兆銘の和平運動の「不成功の第一歩は、実に内約交渉の結果が民心を把握するには頗る不十分であったことに依て印せられた」のであった[70]。

六月の汪兆銘の訪日時に、陸軍は新中央政府について二つの方式を考えていた。①日本との正式国交調整の対象たりうる実力を具備した政府と、②日本軍の占領地域を地盤とし日本の事変処理に「随伴」する政府、である[71]。陸軍も、そして政府も①方式を優先し、汪兆銘による中央政府が①の方式に進むことに期待をかけた。しかし、こうした日本の期待にもかかわらず、重慶の要人が汪陣営に参加する兆候は依然としてほとんど見られなかった。汪兆銘による中央政府は「実力」を具備した政府にはなりえないことが、ほぼ確実視されるようになった。とすれば、汪兆銘の政権は、日本の事変処理に「随伴」する占領地政権とならざるをえない。内約は、そのことを物語っていたのである。

## 汪政権発足

一九四〇年一月下旬、高宗武と陶希聖がひそかに汪陣営を離脱し、香港に出て『大公報』紙上に内約を暴露するという事件が突発した。暴露されたのは、合意された内約そのものではなく、交渉初期の原案であったが、汪兆銘の和平運動に与えた衝撃は小さくはなかった。汪兆銘の「傀儡性」という非難に根拠を与えてしまったからである。

それでも、内約の成立は、汪兆銘による中央政府樹立工作を進める方向に作用した。新政府樹立は三月二十六日に予定された。ところが、日本はその直前になって、延期を要請する。重慶との直接和平をめざす工作（桐工作）が本格化し、その過程で重慶側が新政府樹立延期を求めたからである。

それまでも汪工作は重慶との直接和平をめざす工作と競合することがしばしばあった。いずれの場合も汪工作の優先が確認されたが、陸軍主体で進めた桐工作の場合は従来とは異なる展開を示した。陸軍だけでなく、政府も天皇も、この工作の進展に期待をかけたからである。それだけ汪政権に対する期待が弱まっていたとも言えよう。汪工作の先鞭をつけた今井武夫は、桐工作の担当者となっていた。

しかし、政府樹立を延期しても、重慶側は期待された反応を示さなかった。その結果、汪兆銘は三月三十日に還都式を挙行して新中央政府を樹立する。だが、日本による政府承認という課題がまだ残っていた。政府承認につながる国交調整交渉は七月に始まり、八月末には妥結したが、条約締結には至らなかった。重慶との直接交渉に対する期待がまだあったからである。九月中旬、ようやく陸軍は桐工作を、汪政権承認を牽制する重慶側の「謀略」であると判断し工作を打ち切ったが、今度は松岡洋右外相による重慶工作（松岡・銭永銘工作）が試みられた。日本が汪政権を正式に承認するのは、期限を区切った松岡工作がその期限内に成果をもたらさないことが明らかになった後である。十一月三十日、日本は日華基本条約を締結し汪政権を承認した。

影佐は、汪政権発足後、その最高軍事顧問に就任し、汪兆銘を支え続けた。だが、汪政権樹立は和平実現に貢献せず、むしろ事変の解決を複雑かつ困難にしてしまった。影佐は、大東亜戦争中にラバウルで口述筆記した回想録のなかで、次のように述べている。「和平運動の展開において「和平政府樹立の形式に依ったのは失敗であったと今日では考えている。汪氏の心境も亦恐らくは同様であろうと思う」[72]。

# 第六章　対重慶直接工作

## 1　汪工作との競合

### 萱野と杜石山

日本軍は天津、青島、上海、広東という主要港湾都市を占領し、北京、南京、漢口という内陸の中枢都市を攻略した。にもかかわらず、重慶に首都を移した国民政府を屈伏させることはできなかった。そして日本の軍事能力は広大な占領地の確保だけで手いっぱいで、ほぼ限界に達しつつあった。

一九三八年十二月、陸軍は次のような方針を決定している。漢口・広東の攻略を転機として当分の間は治安の回復を第一義とする。「残存抗日勢力の潰滅工作」を続行するが、これは主として「政謀略」によって行われる。重大な必要が生じない限り、占領地の拡大は考えない。占領地は、安定確保を目的とする「治安地域」と、抗日勢力の潰滅を目的とする「作戦地域」とに分けられる。「作戦地域」は武漢と広東であり、中国軍の戦力集中・攻撃の動きに適時反撃を加えるが、不用意な戦面の拡大は避ける。[1]

こうした方針のもとで日本軍は、中国軍が反攻のために兵力を集中している地区に機先を制して攻撃を加え、攻略した後は多くの場合、元の駐屯地に戻った。攻略地区を占領し続けるには兵力が足りず、戦面を拡大しかねなかったからである。中国軍は打撃を受けたものの、日本軍が原駐地に帰還すると、攻略された地区に戻り、攻略以前の状態を回復した。日本軍は、中国に敗北感を与え、抗戦意志を挫折させることはできなかった。個々の戦闘で連戦連勝ではあっても、事変解決には結びつかなかったのである。

このような状況のなかで、汪兆銘による中央政権樹立工作が進められると同時に、あらためて重慶の蒋介石政権との直接和平を求める工作も試みられる。ただし、重慶側は、汪政権樹立を妨害するために日本側との接触に応じるケースが少なくなかった。宇垣工作が挫折した後も中国側との接触を試みようとした萱野長知の工作も、その一つであった。

一九三八年十月、萱野は、蒋介石政権の諜報・特務組織、軍統（国民政府軍事委員会調査統計局）の香港駐在員と接触し、あらためて和平の糸口をつかもうとした。軍統のボス、戴笠《たいりゅう》（副局長）は鄭介民《ていかいみん》（軍令部第二庁副庁長）を香港に派遣しようとしたが、蒋介石の同意を得られなかったので、杜《と》石山《せきさん》（または杜石珊）を萱野に接触させた。杜石山は日本の陸軍士官学校に留学し、日本人女性を妻として長く香港に在住していたが、事変勃発後、軍統の工作に参加するようになったのだという。[2] 十月中旬、萱野は鄭介民が密使として重慶から派遣され自分と協議を行うはずだと、小川平吉に伝えている。[3] 鄭介民は「軍事委員会国防外交工作担当者」と見なされた。[4] 萱野と杜石山との接触状況は十二月に、戴笠から蔣介石に報告されたが、蔣介石からの指示は何もなかった。[5]

杜石山と接触を続けるなかで萱野は、鄭介民との協議を求めつつ、一九三九年一月中旬、日本に帰国する。香港での接触状況を小川に報告し、小川とともに平沼騏一郎首相、有田八郎外相、近衛文麿、頭山満にも、杜石山の書簡を示し現地の状況を報告・説明した。萱野によれば、鄭介民や、杜石山と重慶との暗号電報の発信・受信を担当していた柳雲龍（蔣介石の母の妹の子という）は蔣介石の側近中の側近で、復興社という組織のメンバーであるとされている。[6] 復興社は藍衣社《らんいしゃ》とも呼ばれ、蔣介石直属のグループで軍統の母体となったものだが、小川の日記のなかには、彼らが諜報関係者であるとの記述は見られない。また、杜石山は柳雲龍宛ての陳誠（軍事委員会政治部主任）の電報を転送してきており、[7] 陳誠も彼らの和平接触の背後にいると考えられた。

## 小川の赴香

二月二十二日、萱野は東京を出発、上海に滞在したのち、交渉の進展を図るため香港に向かい、三月十日同地に着いた。小川も香港に向かう計画をしていたところ、柳雲龍の和平案なるものが十八日付の電報で小川のもとに伝えられる。それは、平等互恵、事変前の状態回復、領土完整と主権独立、撤兵、防共、経済提携、臨時・維新政府の要人の責任を追及しないことの七項目で、満洲問題は別に協定するとされた。小川がこれを有田外相に示すと、有田は「事変前の状態とは何ぞや」と尋ねた。小川は、「戦敗者として取扱わずとの意味ならん、文字は面子《めんつ》を飾る為めなり」と答え、「真に事変前に返えすといわば全く無意味のことなり」と説明した。[8] 事変前の状態回復（原状回復）の意味は、この条件を最重要視する蔣介石と、小川とではまったく違っていたのである。

柳雲龍の七項目案について小川は、汪兆銘に対して提示した条件とほぼ同じであり、呑み込むことができると考え、有田もあえて反対はしなかった。[9] 一方、香港では三月十六日に蔣介石夫人、宋美齢が到着し、七項目案に賛意を表した。七項目案を伝えられた蔣介石も、日本側との接触を続けるよう指示した。[10] 小川は、蔣介石を代表できるような要人を香港に派遣するよう中国側に要請せよ、と萱野に指示し、三月二十三日東京を出発、二十六日上海着、二十九日に香港に到着した。娘婿の宮沢裕（代議士、宮沢喜一の父）も同行した。小川の香港行きに対しては、平沼首相、有田外相、近衛等から「餞別」という名目で資金援助がなされた。

小川の香港滞在は、一週間あまりの広東訪問を間に挟んで、約二ヵ月半に及んだ。その間、期待された重慶からの要人の香港訪問は結局、実現しなかった。小川は杜石山を介して蔣介石に二度、書簡を送り、それに促されて蔣介石は四月十三日、香港に滞在する馬伯援に小川と協議をさせると回答し、[11] 小川もこれを歓迎したが、翌十四日馬伯援は脳溢血のため急死してしまう。蔣介石は、小川が中国同盟会以来、中国革命の支援者であったという関係から、小川の要請を無下に斥けることができなかったようだが、馬伯援が蔣介石を代表しうる重要人物というわけではなかった。[12] 小川と萱野は馬伯援の後任派遣を再三求めた。しかし、重慶の反応は鈍かった。蔣介石に宛てた小川の三度目の書簡は、重慶に送られた後、返却された[13]。

なお、小川は香港滞在中、柳雲龍とは会っていない。彼の接触相手はもっぱら杜石山であった。萱野も柳雲龍と直接会っていたかどうか、判然としない。ちなみに、小川と杜石山との会談はおそらく萱野の通訳によって行われたのだろうが、二人の間で筆談することもあった。

小川は、香港で張季鸞とも会っている[14]。和平の必要性について意見を交換したが、具体的な条件等を議論したわけではなかった。また、孔祥熙の代表と称する原順伯とも会って和平問題を話し合った[15]。小川が香港を離れたのは六月十一日である。汪兆銘の日本訪問が話題になっていた。杜石山や柳雲龍は小川に対して、汪兆銘による政権樹立を阻止するよう働きかけた[16]。

小川は、汪兆銘政権阻止のために動くことはなかったが、和平交渉は蔣介石との間で行うべきだと主張し続けた。蔣介石を和平交渉の「対手」にしないことは間違いだと論じた。また、蔣介石には和平に応じる意向があるという判断で一貫していた。小川によれば、日本の戦争目的は中国に容共抗日を捨てさせることにあり、中国の目的は領土完整・主権独立にあると考えられた[17]。中国の反共実行について日中間に何らかの合意をつくることによって停戦を実現し、停戦から具体的な和平交渉に入る、というのが小川の描いた和平の筋書きであり、彼は蔣介石の代表との間で反共実行の合意をなしとげようとしたのである[18]。小川は一介の私人に過ぎなかったが、政府首脳や近衛の了解を得ているとし、「予等は政府代表に非るも代表以上の人を以て自ら任ずるものなり」と自負した[19]。

しかし、蔣介石は彼を代表しうる人物を香港に派遣してこなかった。そもそも蔣介石や戴笠、そして杜石山や柳雲龍も含めて、重慶側のねらいは和平そのものにあったのではなく、日本の方針に関する情報収集にあったのである。[20] 戴笠以下、軍統の関与がそれを端的に示していた。この後、日本の和平工作に対する中国側の対応には、軍統のような諜報組織の関与するケースが多くなってくる。

## 姜豪工作

萱野・小川の工作とほぼ並行して行われた姜豪《きょうごう》工作と呼ばれる和平工作にも重慶の諜報組織が関わっている。

この工作で中国側と直接接触したのは、吉田東祐《とうすけ》（一九〇四―一九八〇）、本名は鹿島宗二郎という人物である。東京商大（一橋大）卒で共産党員となったが、その後転向し、戦後は中国研究者として愛知大学理事、国士舘大学教授を務めた。一九四〇年分の周仏海日記を戦後に入手し、翻訳・刊行したことでも知られる。[21]

吉田は、転向したのち執行猶予中の思想犯として特高警察の監視下にあったが、自分が編集・刊行している雑誌に書いた世界情勢に関する論考が参謀本部の目に留まったためか、陸軍有数のソ連通である秋草俊《しゅん》（中佐）とのつながりができた。秋草は、吉田が執拗な特高の目を逃れるため、上海で国際情勢を観察しその分析結果を彼に報告する話を持ち掛け、吉田は一九三六年、上海に渡った。[22]

上海で吉田と参謀本部との連絡役となったのは、中国におけるソ連の赤化運動と朝鮮独立運動の情報収集にあたっていた上海派遣憲兵の塚本誠（憲兵大尉）である。塚本は毎月、吉田に参謀本部からの資金を渡し、吉田から中国動向分析のレポートを受け取った。吉田の中国分析には説得力があったという。[23] 吉田はやがて楊建威という人物と知り合い、彼を通じて朱泰耀《しゅたいよう》（または朱耀）と接触する。朱泰耀は通称ＣＣ団と呼ばれる国民党右派グループのメンバーであり、和平のための情報交換を吉田に提案した。[24] ＣＣ団は、軍統と並ぶ重慶の諜報・特務組織、中統（国民党中央委員会調査統計局）のコアを形成していた。

　一九三八年十月、参謀本部第五課の小野寺信《まこと》（中佐）が中支那派遣軍付として上海に派遣されてくる。小野寺信（一八九七—一九八七）はバルト三国の公使館付武官を務めたソ連通の軍人で、のちに終戦時にはスウェーデン公使館付武官として終戦工作に従事したことで知られる。小野寺は上海に小野寺機関と呼ばれる諜報機関を組織したが、おそらくその目的は中国におけるソ連や共産主義運動の動向を探ることにあったのだろう。当時、上海は租界もあり、日中両国だけでなく列国の諜報組織が蠢く国際都市であった。

　小野寺は秋草との関係に基づいて吉田と連絡を取り、中国情勢の説明を受けたが、対ソ関係の面からも事変の速やかな解決が必要であり、そのためには蔣介石との直接和平を実現しなければならないと考えていた。[25] そして、

吉田東祐

小野寺信

その相談を受けた吉田は朱泰耀のルートを蔣介石政権の中枢につながるものと論じ、朱泰耀を小野寺に紹介した。[26] 朱泰耀は、日本側に和平の「誠意」があるかどうかを確認するため、この機会を利用して小野寺と接触するよう、同じくCC団のメンバーで上海市国民党部委員の姜豪に勧めた。姜豪は、重慶の国民党中央党部秘書長で中統局長の朱《しゅ》家《か》驊《か》に指示を仰いだが、返事はなかった。[27] 一方、小野寺が所属する中支那派遣軍は、朱泰耀や姜豪が提案した「防共和平」に対し、その「誠意」を確認したのち、宣伝活動や重慶要人との意見交換のための資金を提供することになった。[28]

小野寺は、上海の国民党地下工作を指導する呉開先（国民党組織部副部長）と接触するため香港に向かう計画を立てたが、同年十二月、汪兆銘の重慶離脱によって情勢が一変した。[29] 中支那派遣軍によれば、翌一九三九年二月に姜豪が重慶に行き蔣介石に上海での共産党の活動を報告したのち、CC団の指導者、陳立夫や呉開先に日本との反共和平の趣旨を説明したところ、陳立夫は日本の謀略ではないかと一抹の不安を表しながら、反共和平の趣旨に賛成し、とりあえず香港で日本側と交渉するよう姜豪に指示したという。[30] その後、小野寺は汪工作の中止と重慶直接工作を訴えるため東京に向かい、吉田は上海に戻った姜豪と香港に行き呉開先と会うことになったが、汪政権樹立運動を陰で支えていた李士群と丁黙邨《ていもくそん》が率いる特務組織に姜豪が逮捕され、日本の憲兵隊に引き渡されてしまう。一九三九年五月のことであった。[31]

吉田は小野寺のとりなしによって姜豪を釈放させ、姜豪、朱泰耀とともに香港に行った。[32] しかし、重慶側は釈放された姜豪が日本側に買収されたのではないかと疑い、呉開先に日本側との会合中止を命じ、呉開先と姜豪を重慶に召還したという。[33] そしてその後、汪政権擁立と矛盾する小野寺工作は参謀本部によってブレーキを掛けられてしまう。[34] 小野寺は陸大教官に転じ、上海を離れた。しかし同年秋、小野寺から姜豪のルートを保持するよう依頼されていた上海の吉田のもとを、今度は今井武夫が訪れ、小野寺を引き継いで重慶直接工作を担当することになったと告げた。[35] 今井は、同年十月に設置された支那派遣軍司令部で情報を担当する第二課長に就任した。

## マカオ会談

重慶では当時、対日諜報は軍統が担当することになっていた。そのため朱家驊は姜豪の報告を戴笠に提供しなければならなかった。一九三九年九月、汪政権樹立に向けた動きの進展を見た戴笠は、その実情を探るため姜豪を香港に派遣することに決めた。戴笠は姜豪に対し、日本側の見解を聞くのはよいが、中国政府がどんな意見を持っているかは述べないこと、また香港以外の地には行かないことを命じた。ヨーロッパでの大戦勃発後、国際情勢が不透明となったため、姜豪の出発はしばしば遅れたが、十一月、彼は香港に到着する。[36]

今井は吉田を香港に派遣し、吉田と姜豪はマカオに行って会談した。姜豪はこの会談の内容を次のように朱家驊に報告している。吉田は、日本軍の撤兵は中国側の反共行動実行の程度と時機によって地域ごとに決まるとし、反共以外には経済合作を求めるほか、最も重要なのは蔣介石の下野であり、汪兆銘の面子を立てることであると主張した。満洲問題については議論しないでよい、とも付け加えた。これに対して姜豪は、中国の原則は領土主権の完整を損なわないことであり、国民が信奉する蔣介石の下野は不可能であるし、全国の人士は汪兆銘に寛容ではない、と反駁した。吉田は姜豪の主張に共感を示しながら、汪兆銘の面子問題には解決方法があるはずだとし、蔣介石の下野は一時的に休養するだけでよいのだと論じた。姜豪は、個人に関する問題は停戦撤兵後にあらためて考慮しようと述べ、最も重要なのは、交渉を進める間、汪兆銘による中央政権を樹立しないことであり、それができなければ日本側の誠意は認められず、交渉を進めることは不可能である、と強調した。[37]

姜豪は、朱家驊に送った報告で、日本側には汪兆銘政権樹立をめぐって内部対立があると指摘した。したがって、のらりくらりといい加減な談判を続け、対立する敵の内部を動揺させることが得策である、と姜豪は朱家驊に意見具申したのである。しかし、朱家驊はすぐ重慶に戻るよう姜豪に指示し、十二月二日、談判を中止するよう命じた。中止命令は蔣介石から出たものであった。[38] 姜豪は重慶に戻らざるをえなかった。

今井武夫によると、マカオ会談の結果を報告するため重慶に戻った姜豪は、十二月に重慶から香港に出てきた。今井は彼に上海に来るよう求めたが、姜豪がこれに応じなかったため、香港駐在の鈴木卓爾（中佐）に接触を依頼した。十二月十日と翌年一月三日、鈴木は姜豪と会い、重慶政府中枢の人物による身分証明書を持った者との会見を要求した[39]。

吉田東祐の回想によれば、一九四〇年二月、吉田はマカオで朱泰耀とともに姜豪と会談した。そのとき姜豪は、和平の三条件として、①領土主権の完整（事変以前の原状回復、満洲問題はしばらく議論の外に置く）、②無賠償、③即時撤兵（特定地域については条約に期限を明示したうえで保障駐兵も考えられるが、華中・華南からは即時撤兵）を提示したとされている。吉田は今井を姜豪に会わせなければならないと考えたが、南京の今井に報告することに手間取り、一ヵ月もかかってしまった。そして今井は当時進行中であった桐工作に集中し、吉田の話には耳を貸さなかったという[40]。

この二度目のマカオ会談について中国側には記録がないようである。姜豪は重慶に戻るよう命じられていたはずだが、まだ香港にいたのか。それとも、あらためて重慶から出てきたのか。まだ香港にいたとしても、日本側に和平条件を提示することは禁止されていたはずだが、新しい指示が出たのか。吉田の回想する二月のマカオ会談は、十一月の会談と混同されているのかもしれない。

吉田は、小野寺が上海を去ったのちも情報収集のためのルートとして姜豪との接触を維持し、和平を模索した[41]。しかしながら、姜豪は吉田を通じて日本軍の内部対立を煽り、汪政権の樹立を妨害しようとした。ちなみに、今井は姜豪工作をあまり信用していなかったようだが、それは重慶との連絡や重慶からの派遣に関する経費を日本側に要求したからだという[42]。

なお、小野寺の工作には、近衛文麿の長男、文隆も関わっていた[43]。文麿は、父篤麿の後を継いだ東亜同文会の会長として、文隆を一九三九年二月、上海の東亜同文書院学生主事に就任させた。同年七月、一時帰国した際、文隆は小川平吉に工作のことを話している。小川は、「彼は実に同志と共に重慶を動かさんと欲せるなり。其志頗る大なり。仏租界法官の娘と識《し》り、匿名の戴笠にも面会せる由なり」と日記に記し、工作への熱意を語る文隆を「年壮にして熟慮を欠くの憾《うらみ》あり」と評した[44]。文隆の恋人と噂された「仏租界法官の娘」鄭蘋如《ていひんにょ》は中統の工作員であり、文隆が「戴笠」に会ったとすれば、それは偽物であった。吉田によれば、汪政権樹立を推進するグループは、こうした点を衝いて、小野寺工作の信頼性を貶めたとされている[45]。

## 2　桐工作・序盤

### 工作の発端

一九三九年十月、汪政権樹立を支援し、中国の戦場全体にわたる作戦を指導する機関として支那派遣軍（総軍）が編成された。軍司令部は南京に置かれ、前陸相の板垣征四郎が総参謀長に就任した。しかし、総軍も汪政権樹立を進めながら、重慶との直接交渉に傾いてゆく。汪政権はその成立以前から弱体を予想され、事変解決に役立たないのではないかと危惧されていたのである。

一方、同年八月下旬、突如、独ソ不可侵協定が調印され、国際情勢は激しく動揺し始めた。そのあおりを受けて、ソ連を対象とするドイツとの同盟を追求してきた平沼内閣は総辞職、これに代わって阿部信行内閣が登場した。九月、ドイツ軍のポーランド侵攻によりヨーロッパで大戦が始まる。

そのころ陸軍では、事変の長期化により、軍備充実計画の再検討がなされていた。陸軍の軍備充実計画はソ連を対象とし、事変前の一九三六年に策定されていたが、三八年秋、事変遂行中に対ソ開戦が避けられなくなった場合に備えて、あらためて軍備の拡充を図る計画が立てられた。ただし、事変遂行に莫大な国費を注ぎ込んでいる現状では、陸軍自ら拡充の費用を捻出しなければならなかった。

この費用を捻出するために陸軍省軍事課は、中国に派遣されている兵力を削減しようとする。当時、中国への派遣兵力は約八五万人であったが、これを一九三九年末には七〇万人に、四〇年末には五〇万人に減らそうという構想が立てられた[46]。しかも、陸軍は一九三九年五月からノモンハン事件という局地的な事実上の日ソ戦争を戦い、敗れた。陸軍としては対ソ戦備を充実させるために、「在支兵力削減」構想を実行するだけでなく、当面は対ソ関係を安定化させつつ、事変をできるだけ早く終結させることが必要であった。さらに、ヨーロッパで大戦が始まると、それに伴って到来すると予想された「世界的大変動[47]」に対処するうえで、国防の「弾撥力」を持つためにも、事変の早期解決が望まれたのである。

当時陸軍省軍事課の西浦進（中佐）によれば、一九三九年の晩夏、陸軍省部の高級課員クラス（課長補佐レベル）が集まって、事変解決策を協議した際、彼らの間では蔣介石と手を握らなければ事変の解決は不可能だという見解に一致したという。そのとき西浦は、和平工作に着手すべき具体策として香港に参謀本部支那課の鈴木卓爾（中佐）を派遣することを提案し、賛同を得た。当時、英領植民地の香港は日中間の中立地帯で、しかも飛行機を使えば重慶から直接往復できるという地の利があった。西浦の陸士同期（三十四期）の鈴木はその香港駐在から戻ったばかりであり、誠実な人柄も買われて適任と見なされたのだとされている。[48]

西浦らのグループには、参謀本部第二課戦争指導班の堀場一雄（中佐、彼も陸士三十四期）も加わっていた。堀場は、九月中旬に作成した文書で、新中央政府（汪政権）樹立工作は「其実質に於て之を重慶を包括する停戦指導たらしめ」、「重慶包括乃至《ないし》屈伏工作の成果は新中央政府樹立前に具現する如く努む」と主張している。[49] 堀場の起案に基づき、十月末、省部の関係課では「汪工作を強化推進しつつ対重慶工作を併進せしめ〔中略〕対重慶停戦及汪、重慶の合流を指導す」との合意が形成された。重慶との停戦、重慶と汪との合流は、新中央政府樹立前に実現させることが望ましいが、新中央政府樹立後も一定期間、その試みを続け、それが功を奏さなかった場合に「世界情勢の変転に備え」、「大持久戦」に移行する、とされたのである。[50] 同じころ、堀場はまた新たな起案文書のなかで、「対重慶触接を確保し連絡網を準備し之が工作機関設定を促進す」として、香港に工作機関を設定し、重慶との接触を確保したならば「大物責任者会談」の開催と汪との合流を促すことを強調した。[51]

こうしてみると、秋以降、堀場をメンバーとする省部関係者の間で、対重慶和平工作のお膳立てが進められていたことはほぼ間違いない。そして、そこではすでに「大物会談」の開催、重慶・汪の合流などの構想が射程に収められていたのである。

一方、今井武夫（大佐）は、自らリードしてきた汪工作に限界を感じ、あらためて重慶との直接接触をめざしていた。南京に支那派遣軍が編成されると、今井はその情報・謀略担当の参謀（第二課長兼第四課長）に転じ、支那課長時代の部下、鈴木卓爾に意中を漏らして彼を総軍付とし（十一月二十一日付で総軍付に転属）、香港に派遣して和平工作にあたらせたという。[52] 今井が西浦らの動きに関わっていたかどうかさだかではない。西浦らと今井の動きは別箇でありながらどこかでクロスし、鈴木の起用に収斂していったのかもしれない。総軍も、「汪工作を強化促進しつつ対重慶工作を併進し適時対重慶停戦の機を捕捉すると共に汪、重慶の合流を指導す」との目標を掲げ、停戦・合流は新中央政府樹立前の一九三九年三月までに実現することに努めるが、その後も「事後合流の余地を存しつつ」おおむね半年くらいは試みを続ける、との方針を作成している。[53] 一九三九年十二月に総軍（参謀部第四課で政務担当）に異動してきた堀場の起案だったのだろう。

## 宋子良との接触

一九四〇年一月、阿部内閣は総辞職、米内光政内閣が成立した。戦場では、前年の十二月十二日前後、中国軍が華北、華中、華南の全戦線にわたって反攻を開始した。翌年一月二十日ころまで続いた、いわゆる冬季攻勢である。華南では、海外から重慶政権に援助物資を送るルート（援蔣ルート）を遮断するために占領したばかりの南寧が危険に陥り、日本軍は多くの犠牲を払って何とか敵を撃退した。中国軍がこれほど全面的に、かつ同時に、しかもかなり長期にわたって攻撃に出てきたことはなかっ

鈴　木　卓　爾

た。日本軍は最終的には敵の撃退に成功したが、中国軍の抗戦力と抗戦意志の強さにあらためて衝撃を受けた。桐工作と呼ばれる対重慶直接工作はこうしたなかで始められる。

桐工作の当事者、香港で重慶側との交渉にあたった鈴木卓爾（一九〇〇—一九四四）は、陸士・陸大を経て支那通のコースを歩み、香港駐在を終えたのち参謀本部支那班長、支那課長を歴任、大東亜戦争では師団参謀長となり、サイパンで戦死した。

「語学将校」として十二月に香港に派遣された鈴木は、同地に「香港機関」を構える。香港機関には電信員が常駐し、東京の参謀本部や南京の総軍司令部と通信しうる機能を持っていた[54]。鈴木は重慶側との和平ルートを開設すべく、宋子文の弟で、西南運輸公司董事長として香港に駐在する宋子良との接触を図った。当初は断られたが、十二月二十七日先方からの求めにより初めて会見した。その後、翌年一月二十二日に第二回、二月三日に第三回、十日に第四回、十四日に第五回の会談がなされた。両者の斡旋をしたのは香港大学教授を自称する張治平である。今井によれば、彼の北京駐在（大使館付武官補佐官）時に張治平とは面識があった。張治平はそのころ冀東政権に勤め、新聞記者であったこともあるという[55]。のちに桐工作が本格的に始まったとき、日本側で通訳を務めた阪田誠盛《しげもり》は、張治平を軍統の工作員と見ていたという。[56] その後、海軍側でも、彼が軍統の工作員であるとの情報を得ることになる。[57]

事実、張治平は軍統要員であった。のちに文書偽造の嫌疑により重慶で査問にかけられた張治平が戴笠に提出した書面報告によれば、一月中旬、岡崎勝男香港総領事から住所を聞いた鈴木が突然、彼のもとを訪ねてきた。鈴木はその使命を張治平に打ち明け、今後も連絡しあうことを求めた。張治平はあまり関心を持たなかったが、将来鈴木との連絡ルートが役立つこともあるかもしれないと思い、また連絡すると言って適当にあしらった。一月末、張治平は香港駐在の軍統工作員、曽政忠と会い、その後間もなく曽政忠から、情報収集の範囲内で敵に応対することを許可されている、と聞いた。張治平は鈴木に連絡し、二月八日、今井と大本営第八課長の臼井茂樹（大佐）が香港で鈴木とともに張治平、曽政忠と会談した。会談は十日にも行われた。[58] 日本側には、このとき臼井が会談に加わったという記録はない。おそらく張治平の記憶にはのちの円卓会議との混同があるのだろう。

ここで注意すべきは、張治平の報告には宋子良の名が出てこないことである。また、日本側の記録と張治平の報告とは会見の日時等についてズレがあるが、張治平の報告が半年以上を経た査問での嫌疑を晴らすためのものであるのに対して、日本側の記録はその時点での電報やメモなので、以下では原則的に日本側の記録に依拠することにする。

## 鈴木・宋子良会談

鈴木卓爾の報告によれば、十二月二十七日夜、彼のもとを訪れた宋子良は次のように述べた。日本が中国の名誉と主権を尊重するならば和平の用意がある。和平のためには日本は新中央政府承認の前に重慶と真剣に商議しなければならない。和平交渉の前に休戦を実行し撤兵準備を保証してほしい。中国としてはアメリカのような第三国の仲介を望む[59]。さらに宋子良は自分には対日折衝の権限はないが、日中双方の意向を伝達する労をとるつもりだと申し出、以下の三点を鈴木に質問した。①日本は国民政府・蔣介石を対手にしないという声明を再検討する考えがあるか。②日中経済提携という目的を達成したならば、盧溝橋事件以前の事態に復旧できるか。③日本に和平提案の意思があるならば、蔣介石個人に宛てた和平に関する秘密書簡を送ることができるか[60]。

鈴木は、宋子良が宋子文の承認を得なければ日本側との会見には応じないと以前に言いながら、今回自ら彼に接触してきたのだから、その話の内容には、宋子文あるいは重慶の意向が相当含まれていると判断した[61]。鈴木の報告に対して今井は、宋子良には日本の公的意思表示と誤解されるような言質を与えないよう警戒しつつ、「地下潜行的工作の範囲内」で連絡を保つよう指示した。また、国民政府に対する従来の政策を公然と変更することは難しく、いま直ちに宋子文の三点の質問に答えることも困難だが、和平のために相互に胸襟を開いて会談すれば、互いの立場を理解し何らかの打開策を発見しうるだろうから、重慶政府に有力な意見を具申できるような私的代表を速やかに香港に派遣させせることを先決問題とすべきであると述べた[62]。

その後ひと月ほどを経た一九四〇年一月二十二日夜、鈴木は宋子良と二度目の会談を行う。このとき宋子良は、中国の抗戦力を強調し、蔣介石には汪兆銘と合作する意向はないことを主張した。また、そのころ高宗武と陶希聖によって暴露された「内約」が日本側の条件ならば蔣汪合作は至難であると述べた[63]。

二月三日、三度目の会談が行われる。このとき鈴木は以前の宋子良の質問に答えるかたちで次のように説明した。①汪蔣合作は中国の内政問題なので日本側として干渉する必要はない。中国側で「善処」してくれればよい。②和平交渉に第三国を利用することは「絶対不同意」である。③停戦条件の決定は、日中双方の代表者を決めた後がよい。停戦の保証としての撤兵はありうるとしても、その地域と時機をあらかじめ決めることはできない。④高宗武と陶希聖が暴露したものは個人の「一私案」にすぎない。⑤重慶政府の代表者を派遣するよう努力してほしい[64]。

この会談の報告を受けて総軍は今井を香港に派遣し宋子良と会見させることになった[65]。二月十日、鈴木と宋子良との四回目の会談がなされる。宋子良は二月五日重慶に飛んで、蔣介石と宋美齢にこれまでの経緯を説明し、九日に香港に戻ったとして、重慶での協議の結果を次のように伝えた。重慶は政府の代表者もしくは蔣介石の最も信任している者を派遣することができる。代表者の第一次会議は香港で行うべきである。第二次以降はハノイでもマニラでもよい[66]。

これに対して鈴木が、中国はその地位や身分が日本代表と同等の代表を派遣する用意があるか、また代表は蔣介石の委任状等を携行してくるか、と問い質すと、宋子良は重慶に照会することを約した[67]。鈴木の報告によれば、宋子良は高宗武が暴露した条件は日本と汪兆銘とのものだから、今回はそれとはまったく違うものにしてほしいと述べたので、それは不可能だと答えたという[68]。

二月十四日、香港に到着した今井は鈴木とともに宋子良、張治平との会談に臨んだ。宋子良とは五回目の会談である。宋子良は、重慶側の代表は蔣介石の委任状を携行し地位・身分も日本側と同等の者を派遣するとの回答を伝え、宋美齢（宋子良の姉）が香港に到着し、この会見に大きな期待をかけていると述べた。会談の結果、次のような合意が成立した。正式代表派遣の前に円卓会議（予備会談）を開く。参加者は日中双方三名とし、今回参加の二名にそれぞれ一名を加える。通訳は日本側で用意する。円卓会議は二月末ころに開き、速やかに結論を得て正式代表による調印を行う[69]。

以上の五回の会合のうち、最後の五回目を除いて張治平が同席していたかどうかさだかではない。ただ、中国側の発言は宋子良だけに限られていたようである。日本側では鈴木も今井も支那通として中国語が使えたので、会談は中国語で行われたのだろう。

## 工作開始

二月十七日、仏印に出張した西浦が香港で鈴木と話し合った後に帰国し、鈴木・宋子良会談の経緯を陸軍省部首脳に報告した[70]。同日、今井は香港から南京に戻り、二十日に鈴木も南京に来て状況を総軍首脳に報告した。鈴木は、中国側のねらいが日本に対する「威力偵察」か、汪政権樹立工作の妨害か、あるいは本心からの和平か、そのいずれであっても日本としてはこれを利用すべきであると論じた。総軍司令官の西尾寿造《としぞう》（大将）は中国側が「威力偵察」つまり日本側の反応を見るために探りを入れていると判断したようである。[71]

今井は十九日東京に飛び、省部首脳に工作の内容を委細説明して、了解を得た。[72]二十一日、参謀本部は香港での工作を桐工作と命名し、総軍に対して次のような大陸指（大本営陸軍部指示）第六六一号を発令した。①総軍は重慶側との「私的会談」を「総軍限りの謀略として」実施すること。②会談は新中央政権樹立の期日確定後に開始し、新中央政権樹立工作に動揺を与えないこと。③日本側が和平に「焦慮」し和平成立を「熱望」しているような態度を示さないこと。したがって状況によってはいつでも会談を打ち切る「心構え」を失わないこと。[73]

また、桐工作指導の要領として、和平協議を求める重慶側の申し入れを「重慶の包括〔新中央政府への合流〕乃至切崩工作」に誘導すること、適当の時機に汪兆銘側に了解させること、新中央政権樹立工作は重慶側との協議の成否にかかわらず予定計画に基づいて実行すること、円卓会議で双方の主張が一致すれば直ちに正式代表を派遣すること、が指示された。さらに、和平協議の条件として、重慶側は抗日容共政策の放棄を確約すること、汪兆銘と協力して新中央政府を樹立するか、または樹立後の合流を確約すること、「日支新関係調整に関する原則」（一〇六～一〇七頁参照）に基づく両国国交の調整を確約すること、が定められた。一年以上前の重光堂会談で梅思平と高宗武に提示された和平条件の基礎が、桐工作でもあらためて実質的には和平条件とされたのである。

参謀次長の沢田茂（中将）は今井に対し、停戦を成立させるために条件を低下させてもよいと考えてはならない、汪政権は必ず成立させるべきだ、と述べた。また、政府首脳や海軍側への連絡は、陸相の畑俊六（大将）から耳打ちする程度にとどめられたという。[74] まだ「総軍限りの謀略」だったからである。沢田参謀次長は二十一日、桐工作の件を天皇に上奏している。[75]

円卓会議（予備会談）は三月七日夜から香港で日本側が用意した場所で開かれた。日本側の代表は鈴木と今井のほかに、新たに東京から臼井茂樹が加わったが、臼井の参加は延着のため八日となった。通訳は総軍嘱託（実際には総軍の特務工作員）の阪田誠盛が担当した。阪田は華南の秘密結社、洪門致公堂との連絡があったので、その関係を利用して重慶側参加者の動静を監視していたという。[76]

中国側の代表は、宋子良のほかに、重慶行営参謀処副処長の陳超霖（陸軍中将）と、最高国防会議秘書主任の章友三（元駐独大使館参事官）が加わり、侍従次長の張漢年（陸軍少将）が予備員、張治平は連絡員となっていた。張漢年は会場の警備にあたり会議には姿を見せなかった。会議では主として章友三が発言し、宋子良は斡旋役を務めた。重要な問題について中国側はいちいち陳超霖の同意を確認していたので、三名の代表のなかでは彼が実力者であるように見えた。[77]

このとき日本側は畑俊六陸相の保証書を提示し、中国側は陳超霖と章友三が最高国防会議秘書長の張群の証明書を提示した。宋子良は証明書を提示しなかった。そもそも日本側で宋子良と面識のある者は誰もいなかった。宋子良と名乗る人物が果たして本物であるのかどうか、当初から疑問があった。香港円卓会議後のあるとき鈴木は相手に気づかれないよう会合場所のホテルの鍵穴から宋子良の写真を撮り、それを今井が南京まで持って行き汪政権の要人に確認してもらったが、それでもはっきりした答えは得られなかったという。[78] 周仏海は、宋子良なる人物の写真が本人とは違うと日記に記している。[79] その後マカオで会談がなされたとき、中国側が提示した蔣介石の署名入りの委任状には、宋子良ではなく宋子傑という名が記されていた。

通訳を務めた阪田誠盛は、宋子良は偽物で実は軍統の工作員と睨んでいたとされる。[80] しかし、重慶側代表との接触を重ねるにつれ、日本側の工作当事者は、宋子良の話の内容や、飛行機による重慶との往復、他の二人の中国側代表との関係から、宋子良と称する人物が重慶政権の中枢と直結していることは間違いないと判断し、彼の真偽には拘泥しないことになったという。[81] 鈴木は、八月になっても「宋子良は真なりと断定」していた。[82]

だが、宋子良はやはり偽物であった。今井は、桐工作が終了してからだいぶ経った大東亜戦争末期、上海の日本軍憲兵隊に逮捕された中国人の中に、かつて宋子良と自称した人物がいることを阪田から知らされた。彼は、曽広という軍統の幹部であった。[83] 阪田によれば、曹宏という名前であったとされている。[84]

楊天石によれば宋子良と名乗ったのは曽政忠という軍統要員であった。この工作の当初から張治平と一緒に行動していた人物である。実は、宋子良だけが偽物だったのではないと楊天石は論じている。陳超霖も章友三も張漢年もすべて偽名で、すべて軍統の工作員であった。章友三は香港駐在の軍統要員、葉遇霖とされている。[85] 張群の証明書も偽文書だっただろう。日本側は、宋子良の真偽には疑いを持ったが、工作相手がすべて軍統要員であるとは考えなかった。なお、曽政忠は、一九四〇年六月に杜石山が萱野長知に宛てた電報のなかで、重慶から蔣介石の和平の意向を伝えた人物として登場する。[86]上述したように、杜石山も軍統の関係者であった。

### 円卓会議（第一次予備会談）

三月七日に始まった円卓会議は十日まで毎晩開かれた。[87]初日の会談で日本側は、この会談では正式の代表による停戦会議の可能性を協議し、相互の立場を理解するに努め、正式停戦会議に導きたいと述べた。中国側は蔣介石からの注意として、①日本軍撤兵の保証を得ること、②日本の和平条件を明らかにすること、③会談は極秘裡に進めること、を求めた。次いで日本側は、善隣友好、共同防共、経済提携の三原則について説明し、これに対して中国側は満洲国について特別協定によって保護国とすることを提案したが、日本側はこれを拒否し、中国側は対応を保留した。共同防共に関して中国側は防共協定の締結と内蒙の特殊地域化については同意したが、防共駐兵については国民の誤解を招き蔣介石が絶対に承認しないとして難色を示した。日本側は満洲の対ソ防衛のために防共駐兵が絶対に必要であることを強調した。中国側は、具体的方法として、駐兵ではなく特定地点での撤兵延期ということにしたらどうかと提案した。経済提携について中国側は原則的に同意を表したが、中国が「主」で日本は「客」であることを明らかにしてほしいと論じた。

翌八日昼、張治平と宋子良は、総軍付の和知鷹二が上海でこの会談に関する情報を中国人に漏らしていると抗議してきた。日本側は総軍司令部に取締りを強化するよう要請した。同日夜、臼井が会談に参加した。中国側は満洲国承認問題について、さらに一日の保留を求めた。防共駐兵については撤兵延期の方法によることを繰り返し、日本側が秘密協定によることを提議すると、考慮の余地があると回答した。蔣介石と汪兆銘の合作問題について、中国側は停戦にとって障碍をつくらないよう求めた。なお、今井が二日間の協議をまとめた覚書の作成を提案すると、中国側はこれに同意した。

九日夜、中国側は満洲国問題について、これまでの中国の立場からすれば承認は国際的な不信行為になると論じ、当面は「緘黙」すなわち事実上の承認とし、将来徐々に正式承認に進むことを考えたいと述べつつ、この問題は正式代表会談まで持ち越すことを提案した。これに対して日本側は、同問題は最も緊要な問題なので明確にする必要があり、日本の主張の主旨を認めなければ正式代表会談は成立しないと迫った。中国側が、重慶に戻って直接指示を仰がなければならないので、回答のためには四日くらいかかると述べると、日本側はこれ以上の回答遅延を認めないと応酬した。

この夜、日本側は二日間の協議に基づく八項目の覚書案を示し、翌十日昼、中国側はこれを徹夜で研究したとして、対案を提示してきた。日本側は中国案を検討し修正案を作成したところ、張治平は中国側ではおおむね異存がないとの情報を伝えてきた。修正された覚書は次のようなものであった。①中国は（平和克服後の）満洲国承認を原則とし、日本は中国の主権の独立、領土の完整を尊重し、その内政に干渉しない。②中国は直ちに抗日容共政策を放棄し、停戦と同時にこれを声明する。③両国は防共協定を締結し、内蒙・華北の一定地域に一定期間所要の日本軍を駐屯させることは秘密条約とする（この項目は平和克服後に協議する）。④華北・揚子江下流地域で日華経済合作の実を挙げ、華北の重要資源について中国は日本に便宜を供与し共同して開発する（中国が主人の地位に立つ）。⑤両国は相手国における居住・営業の自由を容認し、日本は中国での治外法権撤廃と租界返還を考慮する。⑥中国は日本から軍事・経済顧問を招聘する。⑦停戦協定成立後、中国は汪派と協力・合作する。⑧日本は平和克服とともになるべく速やかに駐屯軍を撤収し、中国は治安を確保し条約の実行を保証する。以上の八項目のうち、①③④⑤⑥は「日支新関係調整に関する原則」にあったものである。

十日夜、円卓会議が再開されると、中国側は蔣介石から日本の覚書案に対する次のような和平意見が送られてきたとし、日本側に提示した。①について、満洲国承認問題に関しては原則的に同意し考慮を加えるが、その方式の細部は別に商議する。②の抗日容共政策放棄は当然で、③の範囲内に含まれる。③の共同防共問題に関しては原則的に同意するが、軍事秘密協定は和平克服後、秘密裡に協議する。④の経済合作問題については原則的に同意するが、資源の開発は中国自体が主権者の地位に立脚して行う。⑤については実質的に同意。⑥の顧問問題について、提携合作のために中国が技術顧問を必要とするときは、日本から軍事・経済顧問を招聘することができるが、顧問は中国の内政には干渉しない。⑦の汪兆銘問題は純然たる中国の内政問題なので、平和克服後、中国自体が処置すべきものであり、これを和平条件とはしない。⑧の撤兵問題に関しては、日本は和平成立と同時に駐屯軍を全部撤退させ、口実を設けて撤退を遅延させてはならない。中国は各地方の治安を維持する。撤兵の順序の細部は別に定める。

このような蒋介石の和平意見を提示した後、中国側は、日本側は覚書に、中国側は和平意見にそれぞれ署名することにしたいと言い出した。これに対して日本側は双方が一致した覚書に双方が署名すべきであり、中国側の和平意見は参考意見として受け取りたいと主張したが、議論は平行線をたどり二時間に及んだ。のちに臼井が海軍の軍令部に説明したところによれば、このとき日本側は中国側の「不信を憤慨し」一時席を立ったという。また、これまで今井が海南島のことを持ち出していなかったので、臼井は中国側に対し、海軍には海南島に関する要求があり、これを認めなければ停戦・和平は困難であると述べた。章友三は涙を流しながら、中国には長大な海岸線を防衛するに十分な海軍力がないので日本海軍に依存せざるをえない、海南島に関する要求を秘密条項とすることに異存はないと答えたとされている[88]。涙の意味は何だったのか。容赦なく要求を増やしてくる日本側への悔し涙だったのか。それとも、そうしたポーズをとったのか。なお、臼井は東京出発に際して沢田参謀次長から、海南島に関する海軍の要求と蒋介石の下野を忘れぬよう注意されていたという[89]。ただし、蒋下野要求を日本側が持ち出した形跡はない。

結局、蒋介石の和平意見は円卓会議二日目までの協議内容に対するものなので、これから重慶に戻って説明し覚書程度のものを認めさせるよう努力したい、という中国側の主張を日本側も受け容れた。こうして中国側は日本側覚書を受領し、日本側は中国側和平意見を覚書に対する意見として受領し、署名はしないことになった。宋子良、章友三、陳超霖は十一日未明重慶に飛び、四日ないし一週間内に、覚書の趣旨にそって正式停戦会議開催に応じるかどうか回答することを約した。

ところで、張治平が査問時に戴笠に提出した報告には、この円卓会議についての言及がない。日本側の覚書は二月中旬に今井が提案したとされているが、これは張治平の記憶違いか意図的な間違いだろう[90]。また中国側の参加者が本当に重慶に赴いたのか、覚書について蔣介石あるいは政府首脳に説明したのかどうかもさだかではない。

## 汪兆銘政権成立

円卓会議終了後、今井は南京に、臼井は東京に戻った。今井は、日本軍の撤兵問題について、中国側の態度が柔軟なので、何とか打開の方法を発見できるのではないかと希望を持った。他方、満洲国承認問題については、これを汪派が受け容れていたこともあり、重慶側の強硬な姿勢が意外であった。今井は、日本側の態度を緩和することに努力しようとしたが、態度緩和が難しいことに直面せざるをえなかった。とくに総参謀長の板垣征四郎は、桐工作の積極的な支持者であったにもかかわらず、満洲国承認については頑なであった[91]。満洲事変の立役者であった板垣にすれば、それも当然だったのだろう。

東京では、臼井が省部首脳に円卓会議の経緯を報告し、これに基づき十七日、参謀総長から総軍司令部に対し桐工作の実施に関する大陸指第六七六号が発せられた。十八日、参謀本部情報部長の土橋《つちはし》勇逸《ゆういつ》（少将）が南京に飛び、この大陸指を直接総軍に伝達した。

大陸指第六七六号は、停戦条件について円卓会議時の覚書に、海南島を含む華南沿岸特定島嶼に関する要求を加えたほか、桐工作と新中央政府樹立工作との関係について以下のような方針を示している。①停戦協定の調印は新中央政府（汪政権）樹立の前後にかかわらず実施する。②停戦の条件として新中央政府の樹立を中止したり延期させたりはしない。③停戦協定の調印が新中央政府樹立よりも先行する場合、これを汪兆銘に伝え対重慶合作工作を促進させる。ただし、新中央政府樹立の中止や延期を強制はしない。④新中央政府樹立が停戦協定調印に先行する場合、重慶側を納得させるよう努める。そのため新中央政府承認の時期を保留する用意があることを仄めかしてもよい。⑤停戦協定と新中央政府樹立の先後関係にかかわらず、汪兆銘と蔣介石との合作を指導促進し、それが実現したときに正式和平交渉を開始する。[92]

十五日、畑陸相は桐工作のことを関係閣僚に内話した。[93]同日、参謀次長の沢田茂は参内し、桐工作の状況を上奏した。十八日にも上奏している。[94]奏上を受けた天皇は、重慶工作に大きな期待を寄せた。[95]

同じころ、参謀本部は桐工作について海軍側（軍令部）に説明を行っている。海軍側は、汪政権樹立阻止のための重慶側による謀略ではないかとの疑念を表明しつつ、「虻蜂《あぶはち》取らずの結果」に陥らないよう警戒しながら工作を進めることには同意した。[96]陸軍側は「謀略の懸念なきにあらざるも相当の誠意を認む」とし、停戦協定締結の場合、場所は香港とするが、陸上は機密保持上難しいので、商船を使いたいと述べ、その用意を海軍側に依頼した。海軍側はこれを受け容れ、[97]「メナド丸」を徴傭船として用意することになった。[98]臼井は海軍側に対し、重慶側が一度も汪政権樹立を延期してくれと言い出したことはなく「妨害謀略」とは思えないと述べ、円卓会議では夜十二時まで話し合ったのち相手側は会談記録を作成し、それを持って午前二時の飛行機で重慶に報告しに行き、また飛行機で香港に戻ってくるという状況であったと説明し、これはこれまでの中国側との接触には見られなかったものであり、「誠意ある態度」と思われると語った。[99] なお、阪田誠盛によれば、彼は香港の啓徳飛行場の幹部職員に手を回し、毎日の発着飛行機の旅客名簿を手に入れて香港と重慶との連絡状況を確認していたという。[100]

香港では鈴木が張治平あるいは宋子良との接触を続けていた。張治平は満洲国承認問題が難題であり蔣介石に決断を渋らせている理由だと通報してきた。[101] そして二十三日夜、宋子良は鈴木に会見を求め、蔣介石自身は覚書におおむね異存はないが、満洲国承認問題について東北将領（旧奉天軍閥系）の反対にあっているので、正式代表の会談を四月中旬まで延期できないだろうか、また新中央政府の樹立の期日も再考してくれないだろうか、という蔣介石の急電を伝えた。[102] 中国側が汪政権樹立延期を求めてきたのは初めてであった。

日本側では三月初旬、新中央政府樹立工作を推進する梅機関の影佐禎昭少将が、総軍からの要請により汪兆銘に桐工作の経緯を伝えて協力を求め、同意を得たとされている。[103] 政府樹立は二十六日に予定されていたが、十九日に犬養健が周仏海のもとを訪れ、総軍が四月十五日までの延期を主張しているとの情報を伝えた。周仏海は影佐も呼んで協議し、延期は政権崩壊につながるおそれがあると述べ、遅くても三月三十一日を越えてはならないということになった。周仏海と影佐は汪兆銘のところに行き、その承諾を得た。最終的に、国民政府の南京還都という形式をとった政府樹立は三十日に行われることになった。[104]

回答延期を申し入れた宋子良に対して、鈴木は難局打開のため「最高代表」を派遣するよう提議し、二十五日までに誠意ある回答を求めた。[105]「最高代表」が具体的に誰を指していたのかは判然としないが、二十五日までに重慶側からの回答はなかった。二十六日、鈴木は、相手側の和平に対する誠意と努力は認めるとしながら、新中央政府樹立までに工作の成果を得ることは期待できないと参謀本部に報告することになった。[106]海軍は陸軍の要請によって停戦協定調印のために徴傭していた「メナド丸」の任務を二十九日に解除した。[107]そして三十日、国民政府（汪政権）の南京還都式典が挙行された。

## 3　桐工作・中盤

### 工作継続

大本営は、新中央政府樹立までに停戦協定が成立しない場合でも、対重慶工作を続けることを決めており、総軍も鈴木に工作継続を指示した。三月二十四日、総軍は汪政権樹立の延期はできないとしながら、正式代表会談が四月に延期される場合でも「先方の希望を失わしめざる如く」接触を続けるよう指示している。[108]鈴木は総軍の指示と激励を受け、三月二十七日からあらためて宋子良との接触を図り、第二次折衝を開始した。[109]

四月十二日、重慶から戻った宋子良は鈴木に会見を求め、重慶の内部事情を説明するとともに、四月中旬に想定していた正式代表会談は予想以上の反対により実現できなくなったが、この折衝を続行し何とかして打開策を講じたい、との蔣介石の意向を伝えた。これに対して鈴木は、中国側の言い分はいつも同じで、このまま折衝を続けても無意味だから、このへんで工作を打ち切った方がいいのではないか、とブラッフをかけた。これまで重慶側の誠意を評価していた鈴木も、「先方の出方如何に依りては堪忍袋の緒にも限度あって然るべし」と考えるようになった[110]。

鈴木は二十六日、南京の総軍司令部で工作の状況を説明し、さらに月末、今井とともに東京に行き省部首脳部に報告した。五月一日その報告を受けた畑陸相によれば、「まだ脈が全然切れたという訳にあらず。依然此動《うごき》にて行くが可なり」とされ、陸軍省としても工作継続を承認した[111]。同じころ総軍は、「新中央政府は先ず重慶を包括して行う事変解決の方略に即して之を育成活用」するとの方針を掲げ、秋までは汪政権と重慶政権との合流による事変解決をめざし、それが成功しなかった場合に、汪政権の承認に踏み切り「大持久戦」に入ることとした[112]。陸軍省部の方針も、「新中央政府に対しては〔中略〕特に其謀略的機能を発揮して対重慶工作に努力を集中せしむ」と述べ[113]、総軍とほぼ同じ方向を向いていた。

五月十三日夜、南京から来た今井は香港島対岸・九竜のペニンシュラ・ホテルで鈴木とともに章友三、宋子良と会談した[114]。のちに今井が総軍で報告したところによれば、宋子良が満洲国承認問題や日本軍の駐兵問題について、これまでの主張を繰り返したので、今井はそうした問題は「大物会談」を開催しそこで片づけることができるのではないか、と提議した。これに対して宋子良は、この会談で日本側は実質的に蔣介石を相手として折衝しているのと同じなのだから、これ以上の大物はないと述べ、さらに「大物を出せばのっぴきならぬこととなる」と論じ、機密保持の点からも大物会談は不可能であると主張した。今井も大物会談は無理だと判断するに至った[115]。

今井は、大物会談で大所高所に立った双方の「交譲妥協」により一気に解決を図るべきではないかと提案したのだが、中国側は、重慶政権内の抗戦強硬派に反蔣介石の口実を与えないためには、大物会談で必ず協定を成立させなければならず、必ず協定を成立させるためには、大物会談の前に日本の最終案を予備会談で確認しておかなければならない、と主張したのである。翌十四日、香港島南岸の船上で、今井と宋子良は第二次予備会談を開くことに合意した。なお、ひそかに宋子良の写真を撮ったのは、ペニンシュラ・ホテルでの会談のときである。また、通訳を務めるはずであった阪田嘱託は、危険人物としてイギリス官憲によって身柄を拘束されてしまった[116]。

以上の会談について中国側が言及した記録はない。五月に張治平が戴笠に送った報告によれば、四月に重慶から香港に戻った後、彼は上層部の意見に従い鈴木とは交際しなかった。鈴木は何回か訪ねてきたが、張治平は香港大学教授という立場で面会し、中国は領土完整・主権独立を損なういかなる条件も受け付けないと告げた。その後、張治平に面談を求めて断られた鈴木は秘書を張治平のもとに送り、日本側の和平構想を伝えた。以上の張治平の報告を得た戴笠は、それまでの経緯を蔣介石に報告し、張治平に対しては、敵が汪兆銘を排除しない限り中央は断じて和平を論じることはできないので、今後、鈴木とは和平問題を折衝してはならない、と命じたという。[117]

## マカオ会談（第二次予備会談）

第二次予備会談はマカオで六月四日から三日間、いずれも夜に開かれた。[118] 会談場所は中国側が用意した。日中双方の参加メンバーは、阪田に代わって総軍から別の通訳が派遣されたことを除き、第一次予備会談と同じ顔触れで、それぞれ日本側は閑院宮参謀総長の、中国側は蔣介石軍事委員長の委任状を提示した。宋子良の名前が宋子傑となっていたのは、このときの委任状である。

会談の一日目には陳超霖が第一次会談（円卓会議）の成果とその後の重慶側の経過について、あらかじめ用意した次のような内容の文書を読み上げた。これまで中国では日本に中国征服の意図があると誤解する将領もいたが、今回、日本側に和平を求める誠意があることを知った。蔣介石は日本側の和平の働きかけをすべて拒絶してきたが、今や事態の解決は板垣総参謀長の肩にかかっていることを理解した。政府要人は一致して防共にまとまり、蔣介石は共産党の反抗防止のための布石を打ちつつある。和平に反対してきた抗戦派の馮玉祥《ひょうぎょくしょう》らも、ヨーロッパ大戦が拡大しているこの時期を利用して日中間の戦争を終結させようとしているが、そのためには和平条件が苛酷でないことが必要である。

これに対して今井は日本側の情勢について、国内民心の動向を和平に導くためには日本側にも大きな困難があることを説明した。次いで今井が今回の会談は第一次会談の覚書に基づいて討議すべきだと述べたところ、章友三は、覚書に含まれる満洲国承認問題と駐兵問題について中国側が受諾できないことは日本側も了解しているはずだから、まず汪兆銘問題を討議したいと提議し、停戦前に日本側が汪兆銘を亡命させるか引退させることを主張した。日本側は、汪兆銘に対する道義的責任があることを指摘し、汪兆銘が下野すれば日本国内では蔣介石も下野すべきだとの要求が出るだろうと論じた。さらに、停戦したのち和平が成立するまでの間に、重慶側は好意をもって汪兆銘側と協議し問題を解決すべきである、と主張したが、議論は紛糾し一致せず、この日は散会となった。

なお、この夜、宋美齢が重慶から香港に到着し、宋子良は彼女からの招電を受けて、午前三時香港に行き蔣介石の訓令を受領したようであった。

二日目、章友三は汪蔣合作問題について、①和平条約調印前に汪兆銘が声明を発表して引退し外遊するか、②蔣介石が派遣する「大員」(大官)と汪兆銘が中立地帯で会見し、和平と汪政権要人の処遇を協議するか、この二つのうちどちらかを採用することを望むと述べた。日本側は、大官と汪兆銘との会見の前に双方の代理者による協議を行うべきだとし、汪兆銘を漢奸扱いせず身分を保障すべきことを力説した。

日本軍の駐兵問題について、中国側は、平和克服後の防共協定締結時に軍事秘密協定で解決すべきであり、この問題には停戦前に触れることを避けたいと強硬に主張した。これに対して日本側は、秘密協定はよいとしても、停戦前に華北・蒙疆の駐兵を確約すべきことを強調した。中国側は「黙契」程度と言い、日本側は確約を主張し、合意は成立しなかった。

三日目の午後、宋子良が張治平とともに日本側の宿舎を訪ね、ぜひ合意を成立させたいと述べて日本側の譲歩を求めたが、今井はこれ以上の譲歩は困難だと答えた。宋子良は、駐兵問題について重慶に請訓したが、回訓の内容は従来と変わらず日本側と一致することは難しいと述べ、今後の交渉要領として、蔣介石が派遣する大官と汪兆銘が会見して汪兆銘問題を協議し、その後に重慶で蔣介石・板垣会談を行う、という案を提議した。これに対して今井は宋子良案の順序を逆にし、最初に板垣が敵地の長沙に行って蔣介石と会談することを提案したが、宋子良は同意しなかった。そこで今井が板垣・蔣介石・汪兆銘の三者同時会談を提案すると、宋子良は、それならば成立の見込みがあるとして提案を受諾した。

同日夜には、それぞれの意見をメモにしたものを相互に交換した。中国側のメモは、次のようなものである。①満洲問題は和平成立後、外交方式をもって解決する。②駐兵問題も和平成立後、軍事専門家の協議によって秘密裡に解決する。和平協定の際にこの問題を付属文書のような形式で持ち出してはならない。③汪兆銘問題は別に協議する。第一次会談の覚書のその他の項目については原則的に同意する。これに対して日本側のメモは以下のようなものであった。①満洲国問題は和平条件中に言及することが必要だが、その承認の時期や方法は中国側の希望を考慮して大官会議で協議する。②駐兵問題も和平条件で取り扱い、秘密協定等の方法で確約する。③海南島問題については大官会議で協議する。

海南島問題について中国側は、蔣介石は平和克服後に不侵略条約等で協議すべしという意向だが、大官会議のときに協議したいと回答した。板垣・蔣介石・汪兆銘三者会談の場所は、日本側が上海、香港、またはマカオを提案したが、中国側は重慶もしくは長沙を希望したので、それぞれ持ち帰って検討することになった。

結局、この第二次会談でも、第一次会談で対立の争点となった三つの問題について双方の溝は埋まらなかった。満洲国承認問題と駐兵問題について歩み寄りはなく、汪蔣合作問題は、汪政権の樹立によってかえって複雑さを増した。膠着状態を打開するために提起され合意されたのが板垣・蔣介石・汪兆銘の三者会談であった。それは以前日本側が想定していた大物会談を上回り、いわば巨頭会談となることが期待されたのである。

六月二十七日に張治平は戴笠に電報で状況を報告した。その報告は日本側の譲歩を強調し、中国側の言い分を述べて日本側に手渡したメモとほぼ同じ内容であったが、板垣の提案として三巨頭会談を示唆していた[119]。なお、しばらく経ってから三者会談の提案を知った蔣介石は、「その滑稽たるや児戯に等しく、まことに憐れむべきだ」として問題にしなかった[120]。

## 「三巨頭会談」

第二次会談でも主要問題についての合意は生まれなかった。だが、三巨頭会談について中国側が肯定的な態度を示したことにより、桐工作の展望はまだ明るかった。鈴木の観察によると、中国側が最も苦慮しているのは、「日本の条件を受諾する上に於て如何にして其の面子を保持し離反者を出さずに民心を維持せんとする」かにあり、日本としてはその主張を貫徹することに努めるべきではあるが、

「彼の面子を或程度に保ち置くの雅量を示しつつ」、和平ムードが高揚した現在の瞬間を逃さないことが「賢明且緊要」とされた。鈴木は、「今日の如き好機」を捉えなければ、二度と同じようなチャンスは来ないだろうと主張した[121]。

鈴木がチャンスと見た理由の一つはヨーロッパの戦争の急展開にあった。一九三九年秋に始まったヨーロッパの戦争は、独ソ両国によるポーランド分割の後、しばらくの間小康状態に入ったが、一九四〇年四月、ドイツ軍がノルウェー、デンマークに侵攻、さらに五月にはベルギー、オランダにも侵入、いずれも降伏に追い込んだ。五月二十七日、イギリス軍がダンケルクからの撤退を開始し、六月十日には、ついにイタリアが参戦、十四日にはドイツ軍がパリに無血入城した。蔣政権を援助してきた英仏にとっての危機的な状況が、日中和平への促進要因として作用すると見られたのである。

蔣政権を和平に応じさせるためには軍事的圧力を強めることも必要と考えられた。そこで注目されたのが宣昌《ぎしょう》作戦である。作戦は五月初めに始まり、六月十二日に宣昌を陥落させたが、当初の計画では一週間ほど確保した後、部隊は撤退することになっていた。ところが大本営は急遽、宣昌の占領を決定し、このため一旦撤退した部隊が反転し混乱するという一幕があった。大本営は、宣昌占領によって重慶政権に対する圧力を強めようとしたのである[122]。

第二次会談の結果報告を受けた畑陸相は、満洲国承認問題と駐兵問題について「彼我折合わず」、「一寸《ちよつと》停頓の状態なり」と日記に記した[123]。だが、桐工作の状況報告を沢田参謀次長から受けていた天皇は、六月下旬、工作が進捗することを期待して、翌月葉山への行幸を延期すべきかどうかを内大臣の木戸幸一に下問している。天皇は一ヵ月後の七月下旬にも桐工作への期待から、八月に予定されていた呉への行幸を実施すべきかどうかを木戸に下問する。木戸は、桐工作が謀略の域を出ておらず、相手もあることなので、延期は不都合であると奉答した[124]。

南京では、今井の報告を受けた板垣が三巨頭会談案に非常な乗り気を示し、即座に同意した[125]。六月十六日、宋子良と会見した鈴木は、巨頭会談についての確答を十八日まで延ばすよう求められた。会談地について宋子良は長沙に固執し、和平問題については蔣介石が会談前に中央執行委員会を納得させなければならないとしていると述べた[126]。その後、中国側の確答は二十日に再び延期された。その二十日、中国側は、巨頭会談開催を受諾し、開催時期はおおむね七月中旬、会談地は長沙とする、との回答を寄せた。鈴木は長沙北方の中立地帯とも言うべき洞庭湖上の会談を主張したが、宋子良は応じなかった[127]。

鈴木の報告に対して総軍は、会談場所について、やむを得ない場合は長沙付近でも仕方がないが、その場合は水路の安全を保証するよう求めよと指示した。鈴木は、巨頭会談について合意した項目を中国側に確約させよという総軍の指示に基づいて覚書を作成し、宋子良に対して蔣介石による確認を求めた[128]。

二十二日、周仏海（汪政権財政部長）のもとを今井と影佐（同最高軍事顧問）が訪れ、三巨頭会談案についての経緯を説明した。周仏海が陳公博（同立法院長）、梅思平（同工商部長）とともに汪兆銘のところに行き、日本側の説明を伝えると、汪兆銘は「頗る不快な様子」で会談への参加を了承したが、会談前に重慶側が張群あたりを上海に派遣して事前交渉を行うべきだと述べた。翌日、周仏海は今井と影佐に汪兆銘の了承を伝え、会談は洞庭湖上で行うべきであると主張した[129]。総軍は鈴木に対し、「汪側は好意を以て三者会談に同意せり」と伝え、三巨頭会談前に中立地帯で陳公博と張群が事前交渉を行うこと、会談地は「極力」洞庭湖上とすること、を指示した[130]。

二十四日、板垣は今井を伴い汪兆銘を訪問して桐工作の経緯を説明し、三者会談に参加するかどうかを尋ねた。今井によれば、「一諸青年の如き気軽さで、三者会談に出席を応諾した態度は、革命政治家の本領を発揮したもの、と敬服に堪えなかった」とされている[131]。汪兆銘は不快さを押し殺したのだろうか。同日、東京から南京に出張した沢田参謀次長は、総軍首脳と桐工作の進め方と三者会談を行う際の安全確保について協議している[132]。南京出張前に沢田は畑陸相に、満洲国承認問題や駐兵問題は条件とせず、租界返還から日中軍事同盟にまで進みたい、と語ったが、畑は総軍のやり方にあまり干渉しないよう助言した[133]。沢田は総軍側に対し、桐工作は事変解決策のあくまで一部分なので、これにあまり依存しすぎないこと、桐工作と新中央政府指導とは表裏一体であること、「汪蔣合作なければ和議なし」の態度で一貫すべきこと、和平条件を累加することは不可だが、過早に緩和することも交渉を延引させるので不可であること、などを注意した[134]。

二十九日、南京の総軍から派遣された堀場が香港に到着し、東京と南京の意向を鈴木に伝えた。それまで鈴木は重慶側に対し、三者会談を長沙で開催する場合はその実施に関する覚書の交換を求めてきた。それは、敵地に乗り込む板垣と汪兆銘の安全を担保するためであった。洞庭湖上での開催ならば、覚書の提示・確認だけでよいとしたのである。[135] しかし、重慶側は覚書が暴露されることをおそれて交換に応じなかった。中国側がなかなか確答をもたらさないため、鈴木は三十日午前、張治平を通じて宋子良に会見を求め同日夜、堀場と協議した以下の四つの案を宋子良に提示した。①洞庭湖もしくは戦線中間地地点で板垣・蔣介石・汪兆銘三者会談を開く。②長沙で板垣・蔣介石会談を開き、停戦後、汪兆銘と重慶との合作を行う。③長沙で板垣・蔣介石会談を開き、並行して上海で蔣介石の代表と汪兆銘が会談する。④長沙で板垣・蔣介石会談を開き、次いで蔣介石と汪兆銘がそれぞれ代表を派遣して交渉し、その後に洞庭湖で三者会談を開く。宋子良は②に関心を示したが、重慶で協議し承認を得なければならないと述べたので、鈴木は七月七日までに確答することを要求した。宋子良は十日までの猶予を求めた。鈴木が、重慶側は日本側の「合理的」提案に「難癖」を付けるだけで誠意が疑われると「難詰」すると、宋子良は「狼狽」して、蔣介石の和平決意と将領の支持を信用してほしいと「陳弁」したとされている。[136]

張治平が七月二日に戴笠に電報で状況を報告すると、翌日、戴笠は張治平に対して、日本側に和平の誠意は見られないとし、鈴木とは会ってもよいが情報収集に専念し、和平問題について何ら意見を表示してはならないと指示した。[137]

## 蔣介石の覚書

七月九日、宋子良は重慶からの回答をもたらした。回答は、会談の期日は七月下旬、場所は長沙、板垣と蔣介石が停戦問題を協議し、蔣介石・汪兆銘会談についてはその後に話し合って決める、という内容であった。鈴木は、蔣介石・汪兆銘会談を後回しにするのはこれを拒絶する下心があるからではないかと「追及」したが、宋子良はそれを否定し、同会談は中国の内政問題なのでその方法等は中国側に任せてほしいと説明した。鈴木は、中国側の誠意の真偽は今後の折衝にかかっていると観測したが、今回の回答によってその誠意の一端は確認できたと判断した[138]。

総軍は中国側の回答を肯定的にとらえて、その回答内容を覚書として作成し、これにそれぞれ板垣と蔣介石が署名して相互に提示・確認するよう鈴木に指示した（覚書の交換までは求めないことになった）。また、板垣・蔣介石会談での日本側の安全を蔣介石が保証することを求めよと述べた[139]。十六日、宋子良は、覚書案に同意し、その提示・確認を二十一日ないし二十二日に行うこととなったため、巨頭会談開催は八月上旬に訂正することになった。さらに宋子良は、板垣が勅命を携行してくるよう求め、板垣の安全を保証する一手段として、彼の個人的意見とことわりながら、板垣を迎えるために重慶から要人を漢口に派遣する案も考慮されようと述べた[140]。総軍は、会議延期を了承したが、板垣の勅命携行は拒絶した。また、漢口に出迎えのために派遣される要人は張群、陳誠、孔祥熙、何応欽のレベルとすべきであるとし、安全の保証のために、①蔣介石による安全保証の覚書、②局地停戦、③標識を掲揚した会談関係者に対する敵対行為停止地帯の設定、の三案のうちどれかを採用するよう求めよ、と鈴木に指示した[141]。局地停戦は東京からの指示であった[142]。

二十日、蔣介石の署名した覚書を持って陳超霖と章友三が重慶から香港に到着した。翌二十一日、鈴木と総軍参謀の片山二良（中佐）は宋子良、章友三と相互に、板垣・蔣介石が署名した覚書を提示し確認した（交換はしなかった）。「蔣中正」の署名は、事変以前のものに比べてやや筆力が弱いように感じられたが、六月のマカオ会談のときの委任状と一致した。[143] 二十二日、前日に提示・確認したものとほぼ同文の覚書に鈴木と宋子良が署名し（宋子良は宋士傑と署名）交換した。その後、双方は巨頭会談の細部に関する折衝に移り、日本側が提案した安全保証措置案（蔣介石の親書による保証、局地停戦、敵対行為停止地帯設定等）を中国側は受け容れず、「代案」として要人を日本側の指定する地点に出迎えに派遣することを繰り返した。日本側が局地停戦の必要性を強調したのに対し、中国側は、長沙への水路を中心として日本案よりも狭い地区ならば考慮の余地があると示唆した。長沙までの往復について日本側は空路と水路、両方の準備を要求したが、重慶側は空路を望んだ。[144]

二十三日、中国側は局地停戦について、区域をできるだけ制限することを条件として必要性を認めるに至った。鈴木は、要人の出迎えに関する中国側の「熱意」を認め、その要人が張群や何応欽ならば、彼ら「第一流人物が奸策の第一線」に立つとは考えられないので、この点は中国側の「誠意」を判断するうえで重視すべきだと報告している。中国側が第一流人物を送迎に派遣し、局地停戦区域も鈴木の私案を受け容れるならば、空路を採用してもよいのではないか、と鈴木は総軍に具申した。[145]

二十五日、鈴木は中国側に対し、出迎え要人の人名、空路と水路の併用準備、局地停戦区域について回答を求めたようだが、翌日に宋子良を招致してもう一度念を押した。中国側の回答が遅く、また曖昧な回答を繰り返すばかりでは、鈴木としても相手側の「誠意の判断も之以上施すべき方法もなく」、折衝打開の余地がなければ工作を打ち切るほかない、と覚悟せざるをえなかった[146]。総軍は、局地停戦と要人出迎えについて中国側に誠意が認められれば、水路を放棄して空路だけにしてもよいと鈴木に指示し、局地停戦区域に関しても鈴木の案を承認した[147]。

二十九日、中国側は重慶当局が長沙飛行場修理の命令を発したことを鈴木に電報で伝え、空路の準備しかしないことを示唆した。また、章友三を張治平とともに東京に派遣したいと言ってきた[148]。同日夜、鈴木は宋子良と会見した。宋子良は、出迎え要人について、自分の推測とことわりながら、何応欽、張群等の名前を挙げた。鈴木が座談的に、覚書での彼の署名が宋士傑となっていることに触れると、宋子良は「憤激」し、自分を信頼していないのならば、すべて章友三と協議したらよい、自分の存在が迷惑ならば、重慶で蔣介石の許可を得て工作から手を引きたい、と述べた。鈴木は、張治平に宋子良を慰撫してもらったという[149]。

張治平が二十六日、戴笠に送った報告によれば、鈴木は板垣と今井が最近東京で天皇に謁見し、陸海軍首脳と協議して、次のような方針を決定したと伝えたという。①板垣は天皇の命を奉じて長沙に赴き蔣介石に和平を求める。②日本は何の条件も提示せず、停戦協定成立後、速やかに撤兵する。③板垣・蔣介石会談後、日本は中国の内政に関与しないことを保証し、汪政権の処理を中国に任せる。④板垣が長沙に赴くときには、外部の誤解を避けるため、汪兆銘を帯同しなくてもよい。⑤板垣・蔣介石会談は早ければ早いほどよい。これらの条件に中国側が同意すれば、日本は連絡員を香港に派遣し、天皇の保証書を提示して、板垣の長沙行きに関する技術的な問題を協議する[150]。この時期に板垣と今井が東京に行ったという形跡はない。天皇の保証書提示の決定がなされたという事実もない。もちろん鈴木が勝手にそのような提案をするはずもなかった。このあたりは張治平の脚色があったのだろう。

## 4　桐工作・終盤

### 第二次近衛内閣の成立

長沙巨頭会談をめぐる交渉がなされているころが桐工作のピークであった。実際には満洲国承認、日本軍駐屯、汪蔣合作の三問題に関しての双方の距離は縮まらなかったのだが、それにもかかわらず、交渉は、実質的対立点をめぐってではなく、巨頭会談の方式をめぐる一見して瑣末な問題に焦点を移してしまっていた。七月中旬、総軍では長沙への水路往復に関する詳細な計画が作成されており[151]、総軍が長沙会談に積極的であったことを示している。一方、日本では米内内閣が総辞職し、七月二十二日に第二次近衛内閣が発足した。このあたりから桐工作はまた新たな局面を迎える。

七月末、今井は東京で桐工作の経過を報告している。二十八日には参謀次長以下に、二十九日には東條英機（中将）新陸相以下に、三十日午前は海軍に、午後は近衛首相にそれぞれ報告・説明した。このとき宋子良は本物かどうかがまた話題になったようだが、今井は、本物に似ていないという見解もあるけれども、宋家の者であることは間違いないと述べ、蔣介石に通じていることは、談判の機密が暴露されようしたとき、重慶が慌てたことで証明される、と説明した。このエピソードは、三月の第一次予備会談のときに和知が情報を漏らしたと中国側が抗議してきたことを指しているのだろう。今井によれば、工作の推進には海軍も同意し、近衛首相は「十分やって欲しい」と励ましたとされている[152]。

香港では、三十一日と八月一日の連夜、章友三、宋子良、鈴木の三者協議が行われた。中国側は漢口への出迎え要人について、張群に確定したわけではないが、彼が蔣介石の意中の人物であると回答した。局地停戦の区域に関する合意はまだできなかったが、その協定手続きについて中国側は、在漢口日本軍司令官と第九戦区司令長官（薛岳《せつがく》）との協定調印が重慶側の特殊事情により至難であるとし、両軍の参謀長か代表が中立地帯で調印し、法的義務を負わない紳士協定として取り扱うことを主張した。これに対して鈴木は、紳士協定に固執するならば、漢口への出迎え要人の安全を保証する板垣の親書と、板垣の長沙行きの安全を保証する蔣介石の親書との交換によって、紳士協定の不備を補う必要があると応酬した。章友三は考慮の余地があるかもしれないと請訓を約したが、宋子良は否定的であった。長沙までの往復について、中国側は依然として空路にこだわり、曖昧な回答を繰り返した。

そしてこのとき中国側は新たな要求を持ち出してくる。一つは、近衛内閣が再登場したので、一九三八年一月の「対手とせず」声明を打ち消す何らかの宣言を出すべきだという要求である。鈴木はこれに対し、日本側が近衛の親書を提示するか、あるいは蔣介石の代表が東京で直接近衛に面会してその真意を確認するしかないと述べた。もう一つの要求は、汪蔣合作問題には触れないことと、日本と汪政権との条約を解消することを内容とする板垣の親書を提示してほしいというものであった。鈴木は、合作問題を停戦条件として取り扱わないという趣旨の板垣親書を提示することについては努力すると答えた。中国側は、日本と汪兆銘間の条約解消を「執拗に哀願」したという。

鈴木の判断によれば、中国側が長沙会談前に懸案をできるだけ解決しておこうというのは、会談の決裂を避けようとしているからだとされた。鈴木は、「先方の危惧を一掃する」必要があることは認めなければならないとし、現在の難関は近衛声明問題と局地停戦問題だが、その他の問題は「大なる問題にあらず」と判断した。さらに、中国側がまた同じことを繰り返すならば、その頑迷さを自覚させるために一時この工作を打ち切るほかないとしながら、そうした場合でも、重慶に「和平空気」が高まり先方が工作に深入りしている現状からすれば、おそらく先方は決裂を防止する態度に出てくるだろう、と鈴木は観測した。

鈴木は一抹の疑念をいだきつつも、工作の進展にまだ望みを失ってはいなかったようである。しかし、この鈴木の報告電報を参謀本部からの回覧によって読んだ海軍では、これまでもこの工作は日本と汪兆銘との条約成立を阻止しようとする中国側の「謀略」だと観察してきたが、「益々その疑を深くせざるべからず」と見るに至った[153]。

八月四日、近衛問題、汪蔣合作問題、局地停戦手続問題について折衝が続けられた。第一次近衛声明を打ち消す再声明問題については決着がつかず、中国側はあらためて重慶に請訓するとした。汪蔣合作問題について、日本側は日汪間の条約がまだ成立していないことを指摘し、成立していないものを解消することはできないと説明すると、中国側もこれを受け容れて条約解消の要求は取り下げたが、合作問題を停戦協定では触れないとの日本側の確証のなかに、日汪条約は現存しないとの文言を入れてほしいと要望した。これも決着がつかず、先方は蔣介石に日本側の意向を説明するとともに訓令を仰ぐことになった。鈴木は、この問題は「末節」にすぎず、中国側の面子を立ててやってもよいのではないかと考えた。局地停戦問題についても双方とも前回の主張を繰り返すだけで決着がつかず、中国側が請訓し、八日に回答することになった。

鈴木の「印象」によれば、汪蔣問題はほとんど解決に近く、近衛問題、局地停戦手続問題も中国側が譲歩してくるのではないかと「予想」された。これは、鈴木が四日を期限と仄めかしてきたので、決裂を避けようとすることが先方の「底意」かもしれないが、次回の先方の回答によっては、その面子を考慮してやりたい、と鈴木は報告している。[154]

八日、中国側は、漢口への出迎えは日本側の要望に応じて張群に決定し、汪蔣合作問題についても日本側の言い分を認めて、日汪条約は現存せずとの文言を付加することは撤回する、と回答した。しかし、近衛声明問題、局地停戦手続問題について中国側は依然として頑なであった。鈴木は、中国側が紳士協定に固執するならば、板垣の安全を保証する蔣介石の親書が必要であることをあらためて強調した。なお、総軍あるいは東京の陸軍中央には桐工作が蔣介石に通じているかどうかについての疑念があったようであり、これに対して鈴木は以下のように論じている。たしかにまだ十分な確証はないので疑念があるのはもっともだが、過去八ヵ月に及ぶ接触から自分が受けた印象に加え、長沙会談に関する覚書提示や張群派遣の回答も併せて考えると、そうした疑念は「全く杞憂に過ぎざること茲《ここ》に確言し得る次第なり」[155]。

十一日、中国側は、①「対手とせず」を否定する近衛再声明の要求は撤回するが、その代わり近衛の親書を提示する、②近衛再声明に対する代償として重慶政権も声明を発表する、という二案を示した。鈴木は、②を拒否して①を可とし、ただし近衛親書に応じて蔣介石も親書を提示すべきことを主張した。これに対して中国側は蔣介石の親書は出せないと答えたので、鈴木は、それならばこの協議は決裂しかないと反駁した。また、局地停戦問題について中国側は紳士協定を主張することはやめるが、局地停戦協定に現地指揮官が調印するかどうかは、両現地軍の代表が協議するときに決めたい、との立場を表明した。汪蔣合作問題については、長沙会談ではこの問題に触れず、これを停戦条件とはしないことを示す板垣親書があればよいと中国側は主張した。鈴木は、まったく触れないことはできないが、板垣親書は可能だと答えた[156]。

十三日、中国側は近衛親書に対する返事として蔣介石の親書を手交するという案をもたらしたが、鈴木は、それでは日本側が和を乞うかたちになるとして受け容れなかった。局地停戦手続問題も決着がつかなかったようである[157]。結局、何とか妥協が成立したのは汪蔣合作問題だけで、近衛親書問題、局地停戦問題もまだ一致を見てはいなかったのである。

中国側の記録では、八月に入って戴笠が張治平から受け取った電報によれば、鈴木は東京から次のような訓令を受けたとされている。①近衛は「対手とせず」宣言を取り消す声明を発表することに決定した。②板垣は、和平実現後に汪政権には取り合わず完全に国民政府の処置に任せ、日本は決して再び中国の内政には干与しないとの保証書を準備する。さらに鈴木は、板垣が天皇の勅命を奉じて中国の「最高当局」に和を求め中国側に談判の場所を決めるよう要請するとともに、信用を得るためには、和平の誠意を保証する近衛の親書を「最高当局」に届ける、と告げたという。八月十二日、戴笠はこの情報を書面で蔣介石に報告し、指示を求めた[158]。ここでも張治平は日本側の譲歩的姿勢を強調していた。

## 近衛親書

八月十七日、事態が膠着したためか、鈴木は南京で総軍首脳部に工作の経緯を報告した。その報告で鈴木は、「宋子良は真なりと断定す」「蔣介石には通じあるものと判断す」との見解をあらためて表明した[159]。鈴木の報告を受けて総軍は、次のように工作指導の方針を決定した。①これまでの「決心」と変わらず、懸案を処理して工作を進める。ただし、先方に誠意がないことが判明するか、進捗の実績を挙げられないときは工作を一時中止する。②香港で近衛親書を交付し、その後に蔣介石親書を取得することを認める。ただし、できれば同時交換か、重慶に乗り込んで手交する案の成立に努める。③汪蔣合作に関しては、これを停戦条件として扱わない旨の板垣親書の提示を認める。④局地停戦協定は、両現地軍の参謀長が会見して正式に調印することにしたいが、やむをえない場合は紳士協定とすることもありうる。[160] 総軍は鈴木の意見具申をかなり取り入れていた。

十九日には総軍で、参謀本部から出張してきた土橋情報部長、臼井第八課長を交えて協議がなされた。鈴木も加わった協議で、板垣親書と近衛親書の趣旨について話し合いがなされ、以下のような板垣親書が作成された。「蔣、汪合作問題に関しては、日支就中支那内部の円満和平を援助するため、善意の意見を提言する場合は之あるべし／但（内政不干渉の原則に基き）停戦条件の一項としては之を取扱わず／茲に之を保証す／板垣征四郎[161]」。

二十一日、鈴木は土橋・臼井の帰国に同行し、連日、東條陸相を含む省部首脳、近衛首相、海軍側に経緯を説明した。そして二十八日、次のような近衛書簡を携行して鈴木は香港に戻る。「拝啓／過去半歳に亘り香港に於て閣下の派遣せられたる代表と板垣中将の代表との間に於て日支両国の問題に付意見交換の結果近く閣下と板垣中将との会見行わるる由聞及《よしききおよび》候／本会見は必ず両国国交調整の礎石を確立すべきを信じて疑わざるものに候／敬具／　八月二十二日／近衛文麿／蔣介石閣下」。この近衛書簡は、臼井が総軍幕僚と協議した趣旨に基づいて、陸軍省軍務課の石井秋穂《あきほ》（中佐）が起案したものだとされる。[162] 近衛は原田熊雄に対して親書を書いた経緯を語り、「或はだまされるのかもしれない。その手紙を以て、日本もこんなに弱っているという宣伝に使われるのかもしれないが、それも已むを得まい」と述べた。[163]

香港に帰還した鈴木は二十八日夜、章友三と会談した。章友三は重慶爆撃によって対日反感が高まるなかでも和平に対する熱意は失われていないと伝え、重慶からの回訓を待って近衛親書問題を先決としたいと述べた。鈴木は、近衛親書問題は遅くても九月中旬に長沙会談を実施できるという決意と準備がある場合にのみ議論できると論じ、あらためて会談期日に関する中国側の責任ある意志表示を求めた[164]。

三十一日には、宋子良も交えて協議が行われた。宋子良は、蔣介石が交渉の現状を把握し事態が緊迫していることを理解しており、速やかに長沙会談を開催したい意向であると伝えた。鈴木は、近衛親書と蔣介石親書の交換、板垣親書（汪蔣合作を停戦条件としない保証書）と蔣介石親書（張群を出迎えに派遣するという趣旨）の相互提示・確認、局地停戦会談、の三つを同時に、九月七、八日ころにマカオで実施することを提案した。時日の余裕のないことを強調した鈴木の提案に、中国側の二人は同意した。さらに鈴木は近衛書簡の写しを手交し、中国側は正式回答（蔣介石親書）の写しを九月五日ころにもたらすと応じた。鈴木は、先方の回答を待って計画が確定されるはずだが、「本日の会談印象よりすれば相当の望みあるが如く観察せらる」と報告した[165]。

一方、張治平が査問時に戴笠に提出した文書によれば、二十八日の会談で、鈴木は板垣の保証書と近衛の親書を提示した。張治平はこれを受け取るべきかどうかを戴笠に問い合わせ、指示に従ってまず親書等の内容を探り、受け取りは暫時控えていると報告したとされている。また、軍統の工作員、葉遇霖（章友三）は鈴木が次のように述べたと戴笠に報告している。汪政権は日本の政略の手段にすぎない。あってもなくてもどちらでもよい。日本は汪政権を支持しないことを決定しているが、もし万一和平の道がなくなったら、同政権を利用するしかない[166]。

## 工作打切り

九月四日、状況が一変する。この夜、張治平は、張群出迎え、板垣親書、局地停戦は問題ないが、「近衛親書の内容は何とかならぬか」という重慶の返答を鈴木に伝えた[167]。翌五日に伝えられた蔣介石の回答は、中国側が「対手とせず」を否定する近衛再声明の要求を撤回したにもかかわらず、それに代わるべき近衛親書は「内容甚しく空疎にして」傍観者的態度を示し、和平交渉を板垣個人のものとしか位置づけていない、と強い不満を表明するものであった。中国側はあらためて近衛の「率直なる意志表示」を要望するとともに、この問題が先決だと言ってきたのに、七日からマカオで局地停戦会談を開きたい、という矛盾した態度を示した。中国側にそれなりの理解を示してきた鈴木ですら、「期限の切迫しある今日寧ろ本工作も自主的に中止するの外処置なし」と、ついに工作中止を進言せざるをえなかった[168]。

七日、参謀本部の門松正一少佐は連絡のために軍令部を訪れて上記の電報を示し、桐工作は正式打切りとは断定できないが、ほとんど望み薄となったとし、長い間海軍を騒がせて申し訳ないと述べた[169]。

十二日、宋子良は、近衛親書には一言も触れず、満洲国問題と華北駐兵問題を蒸し返し日本側の譲歩を打診してきた。マカオでの局地停戦協議の可能性にも言及した。その後、宋子良は十七日、鈴木と会い、重慶政権首脳が長沙会談に消極的である状況を説明した。この工作で日本側が提示したのは八項目（第一次予備会談時の覚書）だが、別の板垣の代表（おそらく和知だろうと推測された）は満洲国承認と汪蔣合作の二項目しか提示していない、同じ人物の代表なのにこれはおかしい、と宋子良は論じた。また、蔣介石が信頼している汪政権内部の人物から、この工作の機密会談の内容や蔣介石親書を写真撮影した事実を聞いているとし、汪蔣合作の謀略の疑いがある、と宋子良は主張した。重慶では、中国にはまだ大きな抗戦力があり、いま屈伏的和平をする必要はないとの議論が続出している、とも宋子良は述べた[170]。

これに対して鈴木は、日本側では和平条件の緩和を考えていないことを指摘し、汪蔣合作は日本の要望であって、もし中国側が汪政権の要人をすべて排斥するならば、そもそも和平は成立しないと論じた。また、蔣介石親書を写真撮影した事実はないと否定した。そして、中国側に抗戦力があるならば、戦えるだけ戦ってみたらよかろう、と突き放した。鈴木からこの報告を受けた総軍は、十九日ついに工作打切りを決心した。二十一日、宋子良は鈴木に対し、汪政権要人すべてを排斥するつもりはないと述べ、またあらためて重慶に行って香港に戻ってきたとき、会談することを望んだ。二十六日、鈴木は南京で総軍首脳に工作の結末を報告している。鈴木によれば、中国側の和平に対する熱意はきわめて低く、縁は切らないよう努めるが、事態の推移に任せて先方が出てくるのを待つ以外に方策はないとされた[171]。

同じころ、総軍は今後の重慶工作方針を作成している。これによれば、「桐工作は今日迄に於ける重慶真意の把握と其謀略的価値とを以て収穫となし、爾後の発展を期待し、或は特に施策を強化することなく情報路線として残存する程度に止め、支那側に対しては一応残置の形をとる」とされた。今後の重慶工作は静観の態度をとり、汪政権を正式承認し、「大持久戦の方略に即し重慶圧縮の態勢を強化する」こととなった[172]。

十月一日、今井は上京して陸軍省部首脳に工作打切りの経緯を説明した。陸相は和平工作から手を引くよう厳命したとされている[173]。八日、大本営陸軍部は総軍に工作中止を指示し（大陸指第七五八号）、十四日、土橋情報部長は次のような参謀総長の指示を南京の総軍に伝達した。政府は重慶との直接交渉を進め、それが成功の公算がなくなっても引き続いてドイツを仲介とする和平を企図している。陸軍としてもこれに協力し、これと矛盾するような謀略は中止することに決したので、総軍もこの趣旨に鑑みて和平工作を中止されたい[174]。こうして桐工作は正式に中止されるに至った。工作失敗の責任を痛感した今井は、軍職を去ることも覚悟し進退伺を出したが、総司令官に慰留されたという[175]。鈴木は十二月二十九日、香港機関を閉鎖し、同地を離れることになった[176]。

ところで、楊天石によれば、八月下旬、板垣は桐工作を強化するため和知鷹二を香港に派遣した。和知は桐工作の信頼性に疑問を持ち、香港で張季鸞に真相を問い合わせた。張季鸞は和知からの情報により、長沙会談や張群の出迎え等についてすでに当事者間で妥協が成立していることを知り、また蒋介石の委任状等の提示に疑惑を深め、これには汪兆銘や周仏海が関係しているのではないかとさえ疑った。九月二日、張季鸞は重慶の蒋介石侍従室主任、陳布雷に事情を報告し調査を求めた。事情を知った蒋介石は、大いに怒り、張治平が汪兆銘のスパイではないかと疑い、戴笠に査問を命じた。七日、戴笠は、重慶に来ていた張治平を軟禁し、査問を始めたという[177]。

張治平を軟禁しても、重慶側は日本側との接触を中断しようとはしなかった。十八日（鈴木の報告では十七日）、曽政忠（宋子良）は鈴木と会い、上述した談判を行いつつ、張治平が汪兆銘と結託しているのではないかとの疑惑を口にすると、鈴木はこれを否定した。鈴木と曽政忠との会見を戴笠に報告した葉遇霖（章友三）は、曽政忠には機智が不足し鈴木や今井との応酬は難しいので、この工作を続ける必要があるのならば、別の幹部要員を派遣してほしいと要請した。さらに葉遇霖は、中国側の厳正な態度を表明するだけならば、一、二回会談した後、曽政忠に一切の活動停止を命じ、過ちを後に残さないようにすべきだとも具申した。二十二日（鈴木の報告では二十一日）にも曽政忠は鈴木と会見した。その内容を葉遇霖が戴笠に報告すると、戴笠は鈴木との談判継続に利用価値はないと見なし、曽政忠に鈴木との会見停止を命じるに至った[178]。

## 軍統の謀略

以上、長々と、そしてくどいほどに桐工作の経緯を辿ってきた。それは、この工作の特徴をとらえるためである。桐工作は約九ヵ月、延々と続けられ、ときには同じ問題について、行きつ戻りつ、何度も談判を繰り返した。この曲がりくねった紆余曲折に桐工作の特徴がある。

あえて工作の経緯を要約すれば、次のようになるだろう。一九四〇年三月の第一次予備会談で、満洲国承認、日本軍の駐屯、汪蔣合作の三問題が争点となった。その決着がつかないうちに同月末、汪政権が発足した。その後も接触は継続され、日本側が大所高所に立った大物会談による打開を提案すると、中国側はその提案をかわして、第二次予備会談開催を求めた。六月の第二次予備会談でも三問題の決着はつかなかったが、会談の最後に日本側は板垣・蔣介石・汪兆銘の三巨頭会談を提起し、好意的反応を得た。中国側は巨頭会談に対する回答を遅らせ、最終的には同意したが、その後は、会談地の長沙に乗り込む日本側（板垣）の安全に対する保証、局地停戦の区域と手続き等をめぐって、日本側が細部にこだわったこともあり、延々と交渉が重ねられた。中国側は板垣の安全保証として、張群のような要人を漢口まで出迎えに派遣することを申し出た。近衛内閣が再登場すると、中国側は「対手とせず」を否定する声明を求め、日本側の拒否的態度にあうと、近衛親書の提示で折り合ったが、今度はその内容について不満を表明した。九月に入ると、満洲国承認問題と日本軍駐屯問題を蒸し返してきた。なお、中国側は交渉の全体を通じて、合意の文書化をほぼ一貫して避けようとした。[179]

今井は円卓会議で中国側の代表三人のうち陳超霖が実力者であるように見えたと述べているが、工作全体を通してみると、中国側の発言はもっぱら宋子良と章友三に限られている。陳超霖はおそらく重要な役割を与えられていなかったのだろう。連絡員の張治平は、実際の談判につねに同席していたのかどうかさだかではない。ただ、彼が大事な場面に登場していることは、日本側の記録でも明らかである。張治平は戴笠との連絡役も務めていた。

桐工作が中国側の謀略であったとすれば（その可能性はきわめて高いと言わざるをえない）、桐工作があのような紆余曲折を辿ったこととかなり辻褄が合う。当初は汪政権の成立を妨害し、その後は汪政権承認の阻止ないし遅延を試みるために、中国側は交渉の焦点を巧みにずらし、のらりくらりと談判を続けたのであった。戴笠は桐工作に大きな関心を払い、その進展をたえず蔣介石に報告し、張治平に指示を送ったという。[180] ただし、蔣介石委任状の偽造に示されるように、香港の現地軍統機関がやや独断専行気味だったことも否定できない。日本側が見事に欺かれたとすれば、そうした中国側の複雑な動きにも、その理由の一部があったのかもしれない。

日本側でも当初から、重慶側による謀略ではないか、と警戒する声があった。海軍は、陸軍による工作推進を追認しつつ、警戒を示していた。陸軍でさえ、中国側の動きに疑問を持つ機会があった。たとえば三月の第一次予備会談ののち、張治平は蔣介石が前線に赴き有力将領と会談するとの情報を伝え、参謀本部では蔣が停戦・和平の了解を求めに行くのではないかと推測した。しかし軍務課の石井中佐によれば、そうした場合、中国は蔣の前線視察を予告する無電を発するのが通例であり、日本軍は中国側の暗号を解読していたので、その解読情報が陸軍中央に上がってくるはずなのに、このとき、そのような情報はなかった。また、六月下旬、宋子良は香港で日本側と接触していたが、同時期にハノイで援蔣物資の処理に従事している宋子良に宛てた電文の暗号が解読された。本物の宋子良はハノイにいたことになるが、このときも桐工作は重慶側の謀略であるという判断にはつながらなかった。[181] 総軍参謀部第一課で作戦を担当していた井本熊男（少佐）は五月ころ、この工作は成立の見込みが薄いと業務日誌に書いた。[182] だが、彼の判断は総軍の多数意見とはならなかった。上海総領事館で特別調査班を組織し諜報活動に関与していた副領事の岩井英一によれば、彼のもとに出入りしていた中国共産党の地下工作責任者・潘漢年《はんかんねん》から宋子良は偽者であるとの情報提供を受け、岩井は南京に赴いて特派大使として汪政権側との交渉にあたっていた阿部信行（前首相）にその情報を伝えたという。[183]

終戦直後、南京で敗戦処理にあたっていた今井のもとを曽政忠（今井によれば曽広）が訪れ、宋子良と偽ったことを詫びながら、桐工作に関して自分たちには虚偽や悪意はなかったことを釈明したという。[184]今井が帰国した後、一九四九年ころに張治平が彼の自宅を訪ね、重慶側の工作は蔣介石と戴笠の直接指導のもとに行われたと語った、とも今井は述べている。[185]彼らの言葉を額面どおりに受け取れば、曽政忠や張治平は日本との接触・談判が、少なくとも一時は、実際の和平に結びつく可能性も考慮していたということなのだろうか。

上述したように総軍は、桐工作を打切ったとき、「謀略」として一定の成果を挙げたと総括したが、それは負け惜しみに近かった。なぜ、これほどまでに桐工作にのめり込み期待をかけたのか。交渉当事者の鈴木卓爾や今井武夫が相手側の態度に「誠意」を認め、かなり後までそれを信じ続けたことも一因と言えるだろう。相手側の言動（騙し方）が巧妙だったことも一因かもしれない。

だが、大陸指まで発令し陸軍全体が桐工作に期待をかけたことには、それ以外にも理由があるはずである。それは、そもそも重慶直接工作を実行しようとした目的そのものに関わっている。汪政権に対する期待の低下や、ノモンハン事件で痛感させられた対ソ戦備充実の必要性や、ヨーロッパ大戦に伴う「世界的大変動」に対処するための国防の「弾撥力」保持等が、重慶直接和平工作としての桐工作に対する期待につながった。一九四〇年五月以降、ドイツ軍による西ヨーロッパ席捲が中国を取り巻く国際情勢を不利にし、中国を和平に向かわせるだろうという判断も作用した。

沢田参謀次長は五月以来、ドイツの勝利に協力するとともに、「支那事変は欧州戦争と其の運命を共にすべく［中略］為し得れば南方作戦を敢行することが、支那事変を有利に解決する途にあらずや」と主張していた。[186]やがて陸軍は、ドイツとの同盟と武力南進に慎重な米内内閣を、陸相の単独辞職という手段で総辞職に追い込み、それと並行して、武力南進と独伊との結束強化を内容とする新しい国策の策定を進めた。その国策策定に深く関与していたのが臼井茂樹である。そこでは桐工作による支那事変解決の展望が陸軍を武力南進策採用に傾斜させる要因として作用していたが、[187]武力南進に踏み切るためにも、事変解決を急がなければならなかった。桐工作に対する過剰な期待は、ここにも理由があったと考えるべきだろう。

なお、今井は桐工作打切りの理由について、日独伊三国同盟の成立を示唆しているが、[188]総軍の打切り決定（九月十九日）は三国同盟成立（九月二十七日）よりだいぶ前である。また、島田俊彦が指摘しているように、当時、同盟成立は重慶に対する政治的圧力となることが期待され、工作打切りの理由になったとは考えられない。[189]さらに、蔣介石は三国同盟成立直後、ドイツの仲介を利用して対日和平の可能性を探った。蔣介石が和平を完全に断念するのは日本による汪政権承認（十一月三十日）後ということになる。[190]日本が桐工作を打ち切ったのは、相手側の誠意を信じられなくなり、中国側の謀略だと判断したからであり、蔣介石が打ち切ったのは、この工作に利用価値がなくなったと見なしたからであった。

# 第七章　その後の和平工作

## 1　重慶ルートの模索

### スチュアート工作

重慶との直接和平を試みたのは桐工作だけではない。一説によれば、一九四〇年十一月、一七本ものルートが重慶に向けられていたという[1]。

その一つがいわゆるスチュアート工作である。北京の燕京大学校長のアメリカ人レイトン・スチュアートは、義和団賠償金を運用する中国教育文化基金の理事として毎年春、香港で開かれる年次総会に出席し、その機会を利用して当時の中国の戦時首都つまり一九三八年には漢口に、翌年からは重慶に赴き、蔣介石や政府高官と会見していた。北京に戻ってからスチュアートは、戦時首都ではあらゆる階層の中国人が蔣介石の指導のもと抗戦継続の決意を示していることを、北京の臨時政府首班で友人の王克敏に伝えた。すると王から、日本軍の高官にもその話をしてくれないかと頼まれた。スチュアートは王の依頼を容れて日本軍高官に話をしただけでなく、その後は香港に赴く際に、前もって日本軍側に通知するようになった。日本側では、和平条件を明らかにしてほしいと求めるメッセージを蔣介石に伝え、その回答を持ち帰るようスチュアートに依頼するようになったという。[2]

一九三九年九月、王克敏の使者が汪兆銘に伝えたところによれば、王はスチュアートから紹介された蔣介石の使者に会い、次のような蔣の意向を伝えられた。①中国各方面が一致して和平に努力すべきだという王の希望には同感だが、汪兆銘一派だけは除外しなければならない。②日本側が蔣を相手とする可能性があるならば、張群を派遣し、王や日本側との交渉にあたらせる。これを聞いた周仏海は、「日本の態度が多少グラグラしありとの印象」を王克敏や重慶側に与えたことがこうした動きを生んでいると暗に日本側を批判した。[3] また、王克敏自身は日本側に対し、汪兆銘の和平運動が期待どおりに進まない現状に失望を表明するとともに、米英が蔣介石をソ連の手中に追い込まないために蔣に反共和平を促しており、日本が第三国の仲介を嫌っているため、王に仲介を依頼しているのだ、というスチュアートの観察を紹介した。[4]

翌一九四〇年二月中旬、影佐禎昭が周仏海に語ったところによると、スチュアートは王克敏に重慶に行くことを打ち明け、王に汪兆銘と蔣介石との間の、そして重慶と東京との間の調停人になってほしいと述べたという。おそらくこのことを王から聞いた北支那方面軍司令官の多田駿は、スチュアートに次の二点の伝達を託したらどうかと提案した。①蔣介石に和平の誠意があり、容共抗日政策を根本から変更するとともに共産分子を粛清して汪兆銘と合作するならば、汪もそれを受け容れるかもしれない。②蔣に時局収拾の意見があるならば、汪と直接話すのが最もよく、王克敏が間に入って伝達役を務めてもよいが、まず重慶側が密使を派遣して交渉に入ることを望む。[5]

同月下旬、南京の周仏海は、重慶に行くというスチュアートと会い、汪政権が組織されるのは必至だが、東京と重慶との和平の障害にはならないこと、日本が困窮しているからといって軽視してはならないこと、個人の怨念で大計を決定しないこと、自分は和平のためならばすべてを犠牲にすること、を蔣介石に伝えるよう頼んだ。[6] 三月初旬、スチュアートは香港を経由して重慶に赴いた。

同じころ、スチュアートが王克敏に日中和平の橋渡しをしたらどうかと提案したことは、上京中の喜多誠一（陸軍中将）興亜院華北連絡部長官から畑俊六陸相に報告された。畑はその後、スチュアートが、対重慶工作は王克敏ではなく日本側が望んでおり、日本側は焦慮していると周仏海に語ったとの報告を影佐から受け、「怪《け》しからぬ次第なり」と日記に記している。[7] 総軍では、スチュアート工作が桐工作等の「幹線強化に資する補助線」と位置づけられた。[8]

汪政権が成立した後の四月下旬、重慶から戻ってきたスチュアートは上海で周仏海と会い、アメリカが調停に乗り出せば、蔣介石も応じるかもしれないと伝えた。周は、自分たちは決して和平の障害となることはせず、和平が成功するならば下野することもやぶさかではないが、蔣介石は汪兆銘をまだ許しておらず、感情で事を運ぼうとしている、と述べた。[9] 今井武夫によれば、日本側では、スチュアートを通じた重慶側の動きを汪政権妨害のための工作だと疑い、スチュアート工作の推進を躊躇するようになった[10]。

同年五月、アメリカのフィリピン高等弁務官フランシス・セイヤーが来日し、有田八郎外相にアメリカの和平仲介を示唆したが、これは、蔣介石にはアメリカに調停を依頼する意思があるというスチュアートの話に基づいていたようである。有田外相は、蔣が態度を改めるなら日本としても相手にしないわけではないが、それには蔣と汪兆銘との合作が望ましい、との方針で対応した。日本政府は有田外相も含め、アメリカの仲介には否定的であり、セイヤーがどの程度真剣に提案したのかも判然とせず、この話し合いは打ち切られた[11]。

一九四一年二月下旬、スチュアートはまた上海にやって来て周仏海に会った。このとき周はアメリカの調停による日中和平の可能性を指摘したが、スチュアートは日本がアメリカの調停に応じることに否定的であった[12]。五月上旬、重慶から戻ったスチュアートは上海で周仏海、陳公博と会見した。スチュアートによれば、彼は重慶で蔣介石と三回会い、孔祥熙、何応欽とも会った。蔣には和平の意向はなく、世界戦争の終結を待って日中問題を解決しようとしている、とスチュアートは伝えた[13]。陳公博が駐華大使の本多熊太郎に語ったところによれば、スチュアートは汪政権の言い分をほとんど無視して公正ではなく、蔣介石によってプロパガンダに利用されているにすぎないとされた。陳と大使との会談に同席していた上海総領事の堀内干城《たてき》が、スチュアートの和平工作なるものは南京と重慶の両方を巧みに操り汪政権の強化を妨害することに終始している、と指摘すると、陳は、スチュアートが「学者の看板を掲げたる政治家と云うべき人物」だと応じた[14]。

スチュアートは、一年に一回、定期的に北京から上海・香港を経て重慶に行き、また北京に戻ってきたが、それ以外、重慶側とつねに連絡を保持していたわけではないようである。したがって、日中それぞれに相手側の全般的な空気を伝えることはできても、和平に必要な交渉・談判を速やかに進めることには不向きであったと言うべきだろう。[15] その後、大東亜戦争開始とともにスチュアートは敵国人として軍の監視下で軟禁状態に置かれた。終戦直前にあらためて日本は重慶との和平工作に彼を起用しようとしたが、スチュアートは動かず、ポツダム宣言受諾を勧告するだけであった。

## 王子恵工作

こうした動きと並行して、小川平吉・萱野長知・松本蔵次の和平を模索する試みも断続的に続けられていた。彼らは和知鷹二とも協力関係にあり、杜石山から戴笠・蔣介石に通じるルートと、賈存徳・原順伯から孔祥熙に通じるルートに期待をかけていた。一九四〇年六月末、杜石山は東京の萱野に書簡を送り、蔣介石が香港に代表を派遣しようとしており、萱野との会談を望んでいると告げ、香港に来ることを要請した。[16] 宋子良こと曽政忠が重慶から蔣介石の和平の意向を伝えてきたと杜石山が述べているのは、この書簡である。

萱野は香港行きを準備し、七月末、小川から南京の板垣征四郎に萱野の赴香を通知したところ、陸軍省軍務局を介して板垣から数週間の延期を求められ、萱野は中国に行くことを断念することになった。[17] 板垣はおそらく桐工作への支障を懸念して延期を要請したのだろう。萱野や松本は桐工作に否定的であった。[18]

ほぼ同じころ、また別の和平の試みが萱野等の動きと交錯する。その中心人物は王子恵（元維新政府実業部長）であった。王は幼少期から早稲田大学を卒業するまで日本で育ち、中国語よりも日本語が堪能であった。萱野は維新政府樹立に関与していたころから王と協力し、王を高く評価していたとされている。[19]

王子恵は実業部長を辞めた後、上海から来日し、実業家の岩崎清七（元東京瓦斯会社社長）に会って蔣介石との直接和平の必要性を説いた。王は蔣介石や重慶政府要人と知り合いである、という萱野の紹介があったのだろう。岩崎は事業や趣味の漢詩を通じて萱野と交流があった。王の話を聞いた岩崎は、王を伊豆長岡に隠棲していた宇垣一成にも会わせるべきだと考え（岩崎は満鮮視察団の団長として朝鮮総督の宇垣と会って以来懇意だったようである）、熱海の友人の別荘で三人の話し合いの機会をつくった。その結果、重慶との準備交渉には王があたり、必要な費用は岩崎が負担し、交渉がうまく運んだら宇垣が日本政府との交渉を担当することになった。[20] なお、王が来日したのは一九三九年十一月初旬で、月末まで滞在したようである。[21]

岩崎の伝記によれば、その後、王子恵は上海で重慶側と接触し、岩崎に上海に来ることを求めた。上海に到着した岩崎に対し王は重慶側から伝えられた次のような和平条件を告げた。①講和条約締結とともに日本軍は即時撤兵すること。ただし、共産勢力の騒乱が片付くまで、居留民保護のため治安維持にあたること。②盧溝橋事件以前には遡らないこと。③華北の権益について最小限のものは認めるが、新しい権益は認めないこと。②の意味は不明確だが、盧溝橋事件以前の原状回復のことかもしれない。王と岩崎は、こうした条件で日本政府と「下交渉」をやってもいいかどうかを中国側に問い合わせるために、重慶に使者を派遣することにした。使者が重慶から戻ってくるまでには、かなりの日数がかかるというので、岩崎は上海から南京、青島を訪れ、青島では海軍の第三遣支艦隊司令長官の野村直邦（中将）に和平工作の経緯を話し、その理解と協力を得たという。[22] 一九四〇年七月末、支那方面艦隊司令長官の島田繁太郎（中将）は、野村から「王子恵の平和運動の話」を聞いたと日記に記している。[23] 野村は岩崎から聞いた話を島田に伝えたのだろう。なお、重慶に派遣した使者は結局、戻ってこなかったとされている。

松本蔵次によると、上海で王子恵が重慶側の密使と会見したのは七月七日である。その会見には和知も加わった。この密使は、和平をめぐる蔣介石と孔祥熙の決心や彼らの立場を説明した。[24] 岩崎は十三日に船で上海に到着したようである。青島から戻ってきたのだろう。しかし、八月初旬、松本は「王子恵、岩崎の件は其の機に至らず」と萱野に報告している。[25] この工作は進展が望めなかったということなのかもしれない。

その後の状況は判然としない。密使は、孔祥熙が出てくることを告げたようだが、九月に入り、孔が出てくることは、満洲に関する条件を決定しなければ重慶側が承知しないことが分かり、それを密使との会見で知った岩崎が、こんな基本的なことも詰めていない王子恵を責めたという。[26] そして九月中旬、賈存徳と会った松本は「王子恵の密使は賈存徳であった」と萱野に電報する。[27]

## 密使・賈存徳

密使、賈存徳の回想は以上の経緯とかなり違う。賈は一九三九年夏、旧知の王子恵と会った。王は、閑院宮載仁親王（元帥、参謀総長）、金子伯爵（金子堅太郎枢密顧問官か?）、畑俊六、及川古志郎《こしろう》（中将、支那方面艦隊司令長官）など日本の和平派と密接な関係があると見なされた。王は和平のために働きたいとの意思を表明したので、賈がこれを孔祥熙に伝えると、孔は王と密接な連繋を保つことを指示した。さらに孔は、王が維新政府実業部長を辞職し、東京に行って和平派を束ねて主戦派に抵抗させ、和平実現を早めることを望んだ。王は孔の意見を受け容れ、実業部長を辞して同年秋、東京に行った。一九四〇年四月、東京から上海に戻ってきた王は、閑院宮、金子、天皇の叔父柳某、頭山満などの和平派が、従来は別個に和平運動に従事していたが、現在は連繋・協力していること、板垣征四郎等の軍人が対中戦争を速やかに止めようと考えていること、汪政権支持に反対し重慶政権を相手として和平を考えていること、を伝えた。賈は王の話を孔に報告したが、孔からは何の反応もなかった[28]。すでに述べたように、賈の回想にはかなり記憶違いの可能性がある。また、王子恵の言う日本の和平派のメンバーやその連繋・協力は、事実から離れているが、これは賈の間違いというよりも、王が言ったことをそのまま述べているだけなのかもしれない。

同年五月、王子恵は板垣が述べた（賈によれば板垣が鉛筆で書いた）という次のような和平五項目案を賈存徳に送ってきた。①盧溝橋事件以前の原状回復の声明、②平等互恵の原則と経済合作、③共同防共、④撤兵、⑤傀儡組織の解消。もし孔がこの五項目に同意するならば、板垣はこれを正式文書にして署名したものを孔に送り、その後に直接会談の日時と場所を約束したい、と王に述べたとされている。賈は六月二十六日、板垣自筆の五項目案を持って、香港を経由し重慶に到着した。五項目案を見た孔祥熙はこれを受け容れたようであったが、激しい重慶爆撃を繰り返す日本に和平の意志が本当にあるのかと対日不信も表明した。七月末、王の使者、蔡森《さいしん》が重慶にやってきて工作の進展を告げ、日本側は賈と蔡を重慶から迎えるため広東に専用機を派遣すると連絡してきたという[29]。

賈存徳によれば、その後、孔祥熙は賈と蔡森に、工作の状況に関する報告書を作成するよう命じ、その報告書を蔣介石に提出した。八月十日ころ蔣が孔のもとを訪ね、二人は密談を交わした。その内容は知る由もなかったが、その後の孔の行動から見て、蔣は板垣の五項目案を受け容れたのではないかと賈は判断した。孔は蔡に対し、上海に戻って、板垣の署名入りの正式文書を受け取り孔・板垣会談の保証とするよう王に伝えよと命じた。また、孔は活動経費として多額の資金を蔡に与え、賈に対しては、王と蔡の行動をひそかに監視するよう命じた[30]。

楊天石は、以上の賈存徳の回想とは異なる事実を紹介している。八月下旬、孔祥熙は蔣介石に書簡を送り、賈と蔡森の工作を利用して日本の和平派と主戦派を争わせ、日本の南進を促して中国への圧力を弱めることを主張した。だが、同じころ、上海に戻った賈と蔡の行動を怪しいと観察した軍統は重慶の戴笠に報告、戴はこれを蔣介石に伝えた。また九月、香港の張季鸞も蔣の侍従処主任、陳布雷に書簡を送り、王子恵が賈と蔡を買収し、賈と蔡は偽の孔祥熙書簡を持って上海に帰ってきたこと、上海と広東との往復には日本の専用機が使われたことなどを告げた。調査と説明を求められた孔は蔣に書簡で弁明したが、納得を得られなかった[31]。要するに、重慶では王子恵の工作に応じる動きが止まっていたのである。なお、日本の専用機が使われたかどうかは分からない。買収があったとすれば、岩崎から提供された資金が使われたのかもしれない。

賈存徳の回想では、彼と蔡森が上海に戻った後、王子恵は孔祥熙の代表として、日本側で板垣を代表する岩崎との談判に臨んだ。賈と蔡が陪席した。この席で、岩崎は蔣介石の指導力を持ち上げながら、共同防共のために中国が日本に華北駐兵を要請することにしたらどうか、と提案した。これに対して蔡は追従的意見を述べたが、王は謹聴して沈黙を守った。談判が終わって作成された議事録を見ると、華北の日本軍駐兵地域が具体的に明記されていた。賈は議事録への署名を拒絶し、会談は結論を得ないまま散会した。

九月（賈は一九四四年としているが、一九四〇年の間違いだろう）、賈存徳は松本蔵次同席のもとで和知と会見した。和知は、重慶は日本と汪兆銘が取り決めた和平要求を受け容れることができるのか、と単刀直入に訊ねてきた。賈は知らないと答え、ただ王子恵が持ってきた板垣自筆の五項目案について重慶側は同意し、板垣による正式文書への署名と、孔祥熙との会談の日時と場所を確定することを求めたはずだ、と述べた。和知は、板垣がそんなことをするはずがないと主張した。その後、賈は孔に結果を報告し、もはや日本側との交渉の任に堪えず隠居したいと告げた。以後、孔は賈に対し再び協力を求めることはなかった[32]。

なお、王子恵については、上海総領事館特別調査班の岩井英一が、萱野による高い評価とはまったく異なる人物像を伝えている。王はかつて王晦知と名乗り、一九三二年、上海の公園で開催された天長節（天皇誕生日）の祝賀式典で朝鮮人が爆弾を投げつけたテロ事件の黒幕を捜査した際、でたらめな情報で現地海軍側を翻弄した人物であったとされる。支那事変では維新政府樹立に関わり、現地の陸軍当局は王を政府トップの行政院長に据えようとしたが、岩井の注意を受けた外務省や海軍側の反対により実業部長のポストを得たにとどまった[33]。

その後、維新政府の後ろ盾であった中支那派遣軍は、王に対して自発的に実業部長を辞任させようとした[34]。また一九四〇年二月、汪工作を推進していた梅機関は、王子恵が重慶工作を「表面的理由として」反汪工作を行っていると批判しており、その同調者には岩崎や萱野の名前が挙げられている[35]。日本の敗戦後、王子恵は王文成と名を変え、蔣介石の私設顧問という触れ込みで来日し、再建事業や新会社設立という名目で資金集めを行ったという。岩井によれば、王は「山師的怪物」であった[36]。

## 和知の動き

萱野・松本の工作や王子恵工作に登場し、無視できない役割を演じているように見えるのは和知である。もともと和知は土肥原機関で西南派工作に従事していたが、一九三八年秋に蕭振瀛工作を推進したことは上述したとおりである。土肥原機関が一九三九年四月に閉鎖された後も、和知は西南派工作を担当していた。

大本営陸軍部第八課に勤務していた岡田芳政（少佐）によれば、当時、陸軍が推進していた主要な工作に符牒を付けることになり、麻雀の牌から四つの名称を考案し、汪兆銘工作には「梅」、呉佩孚工作には「竹」、西南派工作には「蘭」、福建工作には「菊」というコード・ネームが付けられた[37]。そして梅工作を担当する組織は梅機関、蘭工作を担当するのは蘭機関と呼ばれ、当初は大本営直轄だったが、支那派遣軍の編成に伴い、総軍の隷下に入った。和知はその蘭機関の長であった。なお、「桐」工作という名称も、同じ文脈（植物の名）から使われたのだろう。

和知は李宗仁や白崇禧など西南派将領に対して反蔣介石と局部的和平を働きかけるはずだったが、西南派が単独和平に踏み切る可能性はないと考え[38]、汪工作にも否定的で、しばしば重慶直接和平に踏み込んだ。一九三九年九月、和知は香港にやって来て、その助手とも言うべき何以之（夏文運）に重慶との連絡を取らせた。何は重慶にいる蕭振瀛に和平を訴え、香港に来るよう要請した。その報告を受けた孔祥熙は十月、何から蕭に宛てた電報を蔣介石に示し、蕭を香港に派遣し私人の資格で和知と談判を試みることを許可するよう求めた。しかし、その要望は蔣の怒りを買い、受け容れられなかった。その後も何は重慶との接触を試みたようである[39]。

和知は桐工作にも懐疑的であり、しばしばそれを妨害するような行動に出た[40]。一九四〇年三月、上述したように、和知は桐工作の経緯を上海の中国人に漏らし、日本側工作関係者は中国側から抗議を受けた。八月下旬、桐工作の内容を張季鸞に伝えたのも和知である。張季鸞の報告が契機となって、重慶は香港の軍統が独断専行気味であることを知り、工作にブレーキを掛けるようになった。九月、宋子良は鈴木卓爾に対し、板垣が別の代表を通じて別の和平条件を提示していると批判したが、この別の代表が和知と見られたことも、すでに触れたとおりである。

これと前後して、和知はギリシャ商人を介して蔣介石に和平を訴える書簡を送った。それは降伏を乞うような内容だったという[41]。香港の張季鸞は和知と会うことは避けつつ、何以之と連絡を保ち、和知を利用して日本側の内部対立を促そうとした。張はまだ和平の可能性に期待をかけていたが、蔣介石の意を受けた陳布雷はそうではなかった。陳は九月二十二日、張に香港工作を打ち切って重慶に戻るよう指示し、二十五日に何と最後の会見をした張は十月四日重慶に帰った[42]。和知の工作は何ら成果を挙げることがなかった。

## 2　松岡・銭永銘工作

### 西義顕と張競立

一九四〇年七月、米内光政内閣に代わって登場した第二次近衛文麿内閣は国策の大転換を図った。「南方問題」の解決すなわち南進と、「独伊との政治的結束」の強化と、「対蘇国交の飛躍的調整」である。支那事変がおおむね終了すれば、南進のために「好機を捕捉」して武力を行使することもあるとされた[43]。南進はまず九月二十三日の北部仏印進駐に、独伊との結束強化は同月二十七日の日独伊三国同盟締結に結びついた。対ソ関係の飛躍的調整は翌年四月の日ソ中立条約に結びつくことになる。

こうしたなかで試みられるのが松岡工作（松岡・銭永銘工作）と呼ばれるものである。上述したように、桐工作を打ち切ったとき参謀本部は、政府が重慶との直接交渉を試みているので、それと矛盾するような謀略は中止することにした、と支那派遣軍に伝えたが、この政府による和平工作が松岡工作であった。大東亜戦争開戦前、日本が試みた最後の本格的な和平工作である。

工作の糸口をつくったのは、高宗武工作の推進者であった西義顕である。高宗武工作が汪兆銘工作に発展し、汪が第三勢力としての和平運動ではなく、日本軍占領地に中央政権を樹立する方向に舵を切ったとき、西はこの工作から離れていった。その後、西はあらためて重慶との直接和平工作を試みるため、満鉄南京事務所長時代に知り合った張競立（国民政府鉄道部財務司長）を介して、鉄道部長の張公権や中国経済人と接触を図ることを考え、上海に赴いて張競立と連絡をとろうとした。西が仲介役として期待していたのは、張の従兄弟の盛沛東《せいはいとう》である。盛は東大出身の弁護士で日本語が堪能であり、張公権が中国銀行総経理から鉄道部長となったとき、その秘書室に勤めていた。一九三九年十二月初めに西が上海に着くと、盛から連絡があり、張競立が重慶から香港に出てきており、さらに上海にやって来て西を探したが見つけられず、西の所在が判明したら至急連絡するよう言い残して香港に戻った、と告げた[44]。

一九四〇年一月、西が香港に赴くと、盛沛東に伴われた張競立が現れた。張は、汪工作の誤りを批判し、蔣介石との直接和平の必要性を説いた。張は東京高等商業学校を卒業し、妻は日本人であった。

西は、張競立を介して張公権につながるルートの開拓に期待をかけたが、張競立は秘密結社「道社」のメンバーで、そのルートを使おうとしていた。「道社」の幹部には、浙江財閥重鎮の銭永銘（神戸高等商業卒、交通銀行総経理）、王正廷（元外交部長）、張発奎（第四戦区司令長官）、杜月笙、許世英（前駐日大使）などがいるとされ、西は張の紹介で、マニラから香港に出てきた王正廷に会い、中国外交界の長老たる王に意見を述べる機会を与えられた。さらに西によれば、張は紅幇《ほんぱん》の上位に属する漢幇のメンバーでもあり、この点でも中国政官界に隠然たる力を有するように見受けられた[45]。

周仏海の日記によれば、二月中旬、西は伊藤芳男と盛沛東とを連れて周を訪問し、香港での工作の状況を話したとされている[46]。四月上旬に再度、香港に赴いた西は、張発奎将軍との連絡に期待していたが、その動きは見られず、一ヵ月ばかり滞在したのち、東京に戻り、香港からの連絡を待った[47]。そして七月、盛沛東が来日し、重慶から重要人物が香港に来たので、至急香港に来てほしいという張競立の要請を伝えた。西は、前中外商業新報政治部長で親友の児玉季雄《すえお》に同行を求めた。西が香港に着くと、重慶から来た重要人物とは銭永銘であった。西は銭に対し、蔣介石に和平を訴えてほしいと懇請するとともに、第二次近衛内閣の外相に就任した松岡洋右の和平にかける年来の熱意を説いた。銭永銘が重慶と日本との和平を仲介する決意を告げたのは八月二十四日、西との四回目の会見であったという。銭は次のような三つの仲介条件を提示した。①重慶と南京の両政府は合併合一し真の統一政府をつくること。②日本は、中国から全兵力を全面的に撤退させること。その具体的な実施条件は停戦協定で定める。③防守同盟を締結すること[48]。

## 香港から日本へ

八月末、西、児玉、張競立、盛沛東は香港を出発、児玉以外の三人は上海で船を降り、西は南京に行って汪兆銘に会見し銭永銘工作への同意を求めた。汪は単に同意しただけでなく、同工作を取り上げるよう松岡に依頼する伝言を西に託した[49]。周仏海の日記によれば、九月六日夕刻、周は汪から、西が香港で銭と折衝した経緯を聞いた。翌七日、西が周のもとを訪れ、西、周、影佐の三人は汪のところに行って銭との連絡について協議した。九日には西と張競立が、十日には西と張と盛沛東が周を訪れている。西らは九日夜、影佐や周作民（金城銀行総経理）とも協議した模様である。周仏海は十日、李北濤《りほくとう》（交通銀行総行秘書）に対し、香港に行って銭に会い、和平のために奔走することを依頼し、日本の政治情勢や南京政府（汪政権）の態度を伝えるよう頼んだ。十一日夜には、周作民、張、盛が周仏海と和平問題を協議し、張と盛を日本に視察に行かせることを決定した。周仏海は、日本と重慶との隔たりがあまりに大きく、まだ表面的なことしか話していないので、短期間で和平を成立させることは難しいと悲観的であった。十二日に周仏海は西に対し、銭は蔣介石に直言できるが、その意見を蔣に採用させるほどの力はないと指摘し、日本側が汪政権と調印する予定の条約（日華基本条約）よりも中国にとって有利な条件を示さない限り、全面和平は期し難いと述べた。十六日夜、周仏海は西に対し、松岡外相宛に張を紹介する手紙を託した。手紙は、南京と重慶が合作して統一されるべきであることを強調し、日本当局が誠意をもって張と会見してくれるよう望む内容であった。翌十七日、西が近衛宛の書簡も書いてほしいと求めたので、周仏海は同じ内容の手紙を書いた[50]。西の回想によれば、西、張競立、盛沛東の三人は上海から福岡までは空路で、福岡から東京までは鉄道を使った。東京に着いたのは九月十七日夕刻で、その夜遅く、西は松岡の私邸を訪れ、張の「道社」の系列や銭永銘との協議の経緯、銭の仲介条件を報告し、周仏海の書簡と汪兆銘の言葉を伝えて、全面和平を訴えた。翌十八日には、三人で松岡邸を訪問、張を外相に紹介したが、松岡は例によって一方的に喋りまくり、中国人二人を煙にまいた[51]。以上の西の回想の日付は周仏海の日記の日付と微妙な差がある。おそらく少なくとも一日ないし二日、西の回想の日付は遅らせるべきだろう。

### 日華基本条約

西と銭永銘との接触が始まったのは、桐工作の末期である。同じころ、汪政権との国交を規定する条約（日華基本条約）の交渉も最終段階に入っていた。基本条約は、前年末に汪政権と梅機関との間に成立した「内約」に基づき、一九四〇年七月初旬に正式交渉が始まり、八月末には交渉がまとまった。十一月三十日に正式調印されることになる条約は、「日本国中華民国基本関係に関する条約」、「附属議定書」、「附属議定書に関する日華両国全権委員間了解事項」、「附属秘密協約」、「附属秘密協定」、「附属二通の「秘密交換公文」から成り、同時に中国が満洲国を承認したことを意味する「日満華共同宣言」が発せられることになっていた。

基本条約は「内約」（一三九頁参照）と実質的には変わらない。むしろ、部分的には内約よりも中国に対して厳しくなった。条約の主な内容は以下のとおりである。①善隣友好、主権・領土の尊重、互助敦睦。②文化の融合、創造、発展での協力。③防共での協力。そのため協定に基づいて蒙疆・華北の一定地域に所要期間、所要の日本軍を駐屯させる。④協定に基づいて日本軍が撤退するまで治安維持について協力する。治安維持のための日本軍の駐屯地域等に関しては協定による。平和克服後の日本軍の撤退は、協定に基づいて駐屯するものを除き、治安確立とともに二年以内に完了する。⑤共通の利益確保のため協定に基づき所要期間、揚子江沿岸特定地点、華南沿岸特定島嶼とその関連地点に日本の艦船部隊を駐留させる。日本艦船は中国の港湾水域に自由に出入りし、碇泊することができる。華南沿岸特定島嶼とその関連地点では、協定に基づき緊密な軍事協力を行う。⑥有無相通・平等互恵の原則に基づき経済提携を行う。華北・蒙疆の特定資源、とりわけ国防上必要な埋蔵資源については、両国が緊密に協力して開発する。その他の地域での国防上必要な資源の開発については、日本に必要な便宜を提供する。厦門や海南島、その付近の特定資源、とりわけ国防上必要な資源については緊密に協力して開発・生産を行う。その資源の利用に関しては日本に対して積極的に十分な便宜を供与し、日本の国防上の要求を充足する。揚子江下流地域の通商交易の増進や、日本と華北・蒙疆との物資需給の合理化について緊密に協力する。日本は中国の産業、金融、交通、通信等の復興・発達に関し必要な援助ないし協力を行う。⑦日本軍の駐屯地域およびその関連地域の鉄道、航空、通信、主要港湾・水路については、協定に基づき、日本の軍事上の要求に応じる。⑧蒙疆は国防上および経済上、両国の強度結合地帯として、広範な自治権を認め、高度の防共自治区域とする。⑨華北は国防上および経済上、両国の緊密な合作地帯であり、華北政務委員会を設置し、防共および治安協力に関する事項や華北における経済提携、国防上必要な埋蔵資源の開発・利用に関する事項等を地方的に処理する。⑩揚子江下流地域では、上海特別市を設け、緊密な経済合作を具現する。⑪華南沿岸特定島嶼とその関連地点では、海南島を省域とする一省や厦門特別市を設け、経済上および軍事上の提携を具現する。⑫協定に基づいて両国の協力事項に関し日本人技術顧問、軍事顧問を招聘し、日本人職員を採用する。⑬両国関係の発展に応じ、日本は中国における治外法権を撤廃して租界を還付し、中国は自国領土を日本人の居住営業のために開放する。⑭中国は事変によって日本人が蒙った損害を補償し、日本は事変によって生じた中国人難民の救済に協力する。[52]

　八月末に基本条約交渉が実質的に終了すると、外務省では、その条約調印までに何とか重慶政権との和平を実現しよう、との意見が浮上してくる。九月上旬、東亜局第一課は、総軍の「謀略工作」（桐工作）を妨害するつもりはないが、謀略だけに頼らず、それとは別個に、政府で方針を決定し「全面的和平工作」を進める必要があると主張し、次のように論じた。工作の実行方法としては、まず汪政権の了解を取り付け、政府の要人あるいは頭山満のような民間人に政府代表の資格を与えて重慶に特派するか、または上海・香港にあって蒋介石に接近し得る人物（たとえば周作民、銭永銘、張季鸞）か陳誠・戴笠の代表者の連絡ルートを利用する方法もある。交渉のチャネルが複数あると、重慶側がそれを利用して日本側に必要以上に妥協を強いる場合もあるので、チャネルは一本化しなければならない。第三国、たとえばドイツを利用して重慶側に和平を働きかける方法も考えられるが、この方法だけではドイツに主導権を握られ和平条件を左右される危険性があるので、必ずその前に、少なくともそれと並行して重慶に直接働きかけなければならない。交渉は、重慶との停戦、汪蔣合作、合流政権との和平条約締結という順序で進めるべきである。和平条件は基本条約を基礎とすべきだが、撤兵、満洲国承認、華北・内蒙の特殊性の範囲にとどめ、その他の事項は和平実現時に協議しても差し支えない[53]。

この東亜局第一課の試案は、まだ桐工作が中止される前であり、西と張競立・盛沛東が銭永銘の仲介条件を松岡外相に伝える前でもあった。このとき東亜局第一課長は田尻愛義であり、試案は田尻の構想であったと考えることができる。この試案が松岡の重慶直接工作に直結したわけではないが、その下地をつくったとは言えよう。

松岡は九月中旬に西・張・盛と会見し熱弁をふるった後、重慶工作にはタッチしていない。その理由の一つは、日独伊三国同盟の交渉に専念したことにあった。ドイツ特使のハインリヒ・シュターマーが来日したのは九月七日、松岡とシュターマーの交渉は九日に始まり二十五日に完了した。三国同盟条約は二十七日に調印される。

### 日本側の和平条件

十月一日、松岡外相、東條英機陸相、及川古志郎海相の間で重慶工作の方針が決定される。三国同盟が成立し桐工作の失敗が濃厚になったことが、この三相決定の背景にあった。三相決定は、基本条約に準拠して、汪蔣合作を意図し、重慶政権と直接、和平交渉を行い、十月中に実効を収めること、十月中に目鼻がつかなければ独ソへの働きかけに重点を転換すること、汪政権の承認は本件にかかわらず予定どおり進めること、和平交渉を容易にするため必要な場合にはドイツに仲介を依頼し対ソ国交調整も利用すること、を方針とした。和平条件の試案としては、次の五項目が掲げられた。①満洲国の承認（ただし状況によっては別途談合しても差し支えない）。②抗日政策の放棄、善隣友好、東亜共同防衛。③東亜共同防衛のため所要期間、日本軍の駐屯を認める（防共のために蒙疆と華北三省に駐屯、海上交通安全確保のために海南島・華南沿岸特定地点に艦船部隊駐留）。④前項地域において日本が国防上必要とする資源の開発と利用。⑤揚子江下流三角地帯での一定期間、日本軍の保障駐兵（ただし状況によって本項は機宜取捨する）。その他、汪蔣合作については日本の立場を尊重しつつ中国の国内問題として処理すること、経済合作については平等主義に基づき形式的には中国の面子を尊重すること、経済の現状調整については両国に混乱を生じないよう十分な考慮を払うこと、といった点も付け加えられた[54]。なお、外務省では、従来の対重慶謀略工作は一切禁絶し今後の和平交渉は政府の責任において一元的に行うとし、十一月中旬ころまでに停戦協定成立をめざすことを方針として掲げた[55]。

参謀本部の土橋情報部長が総軍に対し桐工作中止の参謀総長指示を伝達したとき、政府が重慶との直接交渉を企図しているので、それと矛盾するような工作は中止せよと説明したのは、この三相決定に基づいていたのだろう。問題は、この三相決定が銭永銘の仲介条件を踏まえていたかどうかである。外務省東亜局第一課は、三相決定の翌日、銭の仲介条件を西と銭の合意として次のようにまとめている。①日本軍隊は、事変以前から駐屯していたものを除き、すべて撤退すること。②互恵平等の原則により経済提携を行うこと。③中国は南京と重慶を合流させた「新国民政府」によって統一され、中国人の財産は和平成立後、返還されるべきこと。④停戦は日中双方の軍事代表機関によって実施すること。⑤停戦実施後、速やかに日中代表が会商し両国の新関係を協議し「東亜連帯」の実を挙げること。

　このうち①については、防守同盟を締結し、その規定に基づく駐兵は撤兵の対象とはしなくても差し支えなく、また華南方面については日本が中国海軍に協力する建前で、実質的に日本の艦船部隊等を駐留させることを認めても差し支えない、という意向が中国側にあるとされた。②の経済合作については、中国側が合弁ではなく借款に改めることを強く望んでいるとされている。③の「新国民政府」による中国の統一については、必ずしも蒙疆の自治を否定する意向ではないようだが、この件についてはまだ協議の対象となっておらず、華北に関しては地方機関を行政院の出張所としたい意向である、とされた。なお、満洲国承認問題は和平成立と同時に正式手続きに入ることは困難だが、和平交渉の際、秘密文書で承認を約束することに中国側は異議がないようだとされている[56]。

　西と銭永銘との合意（仲介条件）の基本的な部分については、西の回想と外務省の記録との間にそれほど大きな差異はない。問題は、中国側の「意向」とされている部分である。銭が仲介条件を提示したときにすでに、中国側の「意向」は示されていたのか。それとも、九月に日本に来てから、その「意向」が示されたのか。「意向」を示したのは西なのか、それとも張競立・盛沛東か。

三相決定の和平条件試案は基本条約に準拠しつつ、かなり柔軟性を帯びていた。しかし、それと西・銭合意との間にはまだ大きな差があった。おそらく三相決定の和平条件は西・銭合意と関係なく作成されたものだろう。これを起案したのは興亜院政務部長の鈴木貞一《ていいち》（陸軍中将）で、外陸海三省の次官が合意したとされる。[57]一方、中国側の「意向」は、西・銭合意と三相決定との差を一部縮めようとしたものであったように思われる。

九月中旬に張・盛とともに松岡と会見した後、三週間あまり西は帝国ホテルで待機し、中国人二人は児玉季雄の案内で箱根や熱海等に宿泊していた。[58]その間、西はときどき松岡から呼び出しを受け、重慶工作について鋭い質問を浴びせられたという。外務省外交史料館には、帝国ホテルのライティング・ペーパーに書かれた「日華全面平和案」と題する文書が所蔵されている。[59]これは西が松岡の質問に答えるために作成したものだったかもしれない。

## 松岡の指示

松岡が西・張・盛と二度目の会見をしたのは十月十二日の夜である。[60]三国同盟締結後、そして三相決定後も十日以上なぜ松岡は重慶工作を取り上げなかったのか、その理由はよく分からない。三相決定が十月中に実効を収めることを規定していたにもかかわらず、松岡は重慶工作に動かなかった。

外務次官の大橋忠一によれば、そもそも松岡が外相就任にあたって熱意を注いだのは、三国同盟よりもむしろ重慶工作だったという。[61]外務省顧問の斎藤良衛は、三国同盟が事変解決に役立つと松岡は考えていなかったとされる。[62] 大橋も、松岡はドイツに事変解決の斡旋を頼むと、その代償がこわいとして乗り気ではなかったと述べている。ただし、独伊との同盟締結、対ソ国交調整、南進は第二次近衛内閣成立時点からの三大基本方針であったから、ドイツから特使が派遣されてくれば、松岡がまず同盟締結に取り組んだのは外相として当然であった。しかし、松岡が西・張・盛と二度目に会ったとき、三国同盟の締結はすでに二週間以上も前に終わっていたのである。なぜ松岡は二週間以上も空費したのか。何らかの外交上の駆け引きがあったのか。

西は松岡に対し、銭永銘の仲介交渉から政府間の正式交渉に移る場合、外相を代表するのは正規の外交官であるべきだとして、九月十四日に東亜局第一課長から駐華大使館参事官への発令を受けたばかりの田尻愛義にその役割を担ってもらいたいと要請し、外相の同意を得た。西によれば田尻は彼の親友であり、汪工作にも関わったことがあった。[63] 十月に入り、松岡は田尻を私邸に呼び、香港で対重慶工作に従事し、十一月末までに成果を得るよう命じた。その場には影佐少将も同席していたという。松岡は、影佐を同席させることによって、汪政権側の了解を取り付けようとしたのかもしれない。[64] このとき影佐は基本条約関係の報告のため上京中であったが、南京を発つ前日、周仏海から、目下の情勢では蔣介石は和平を望んでおらず、したがって日本は当面、汪政権を強化する以外に方法はないことを日本当局に伝えてほしいと依頼されていた。[65] 影佐は、「慎重篤実なる銭永銘氏が乗り出すからには多少の望みがないではない」と考えていたという。松岡は汪兆銘に了解を求める手紙を書いて和平工作を進めたとされている。[66]

十月十二日夜、松岡は西・張・盛の三人を私邸に招き、銭永銘の仲介交渉を応諾する決意を明確に告げ、銭の仲介条件に承認のサインをして張競立に手渡した。そして、自分は銭を無条件に信頼すると力強く付け加えた。さらに、外相は西に対し、交渉を二週間でまとめてくるよう命じた[67]。なお、松岡の執務日誌によれば、この直前に松岡は私邸で影佐と会っており[68]、そのときに田尻に重慶工作参加を指示したのかもしれない。

田尻愛義（一八九六―一九七五）は、東京高等商業学校商業教員養成所を卒業し、一時商業学校の教員を務めたのち外交官となった。ほぼ一貫して中国畑を歩み、香港総領事、中国大使館一等書記官、東亜局第一課長を経て中国大使館参事官に任じられた。その後、調査部長、中国駐在公使、大東亜省次官、外務省政務局長を歴任。戦後は公職追放となったが、セントラル石油社長等を務めた。

田尻愛義

## 上海で

松岡の重慶工作には、田尻のほかに、元上海総領事・元在華紡同業会理事で九月末に上海特別市政府顧問となったばかりの船津辰一郎も加わることになった。船津は銭と旧知の間柄であり、事変初期の挫折した和平工作にも登場していた。松岡は船津に協力を要請する依頼状を書いた[69]。西のグループにはもう一人、重要人物が加わる。当時、同盟通信の編輯局長となっていた松本重治である。重慶との直接交渉について策はないかと近衛から問われた松本は、銭永銘・杜月笙から蔣介石につながるルートが唯一、有力なものだと答えた。西のアイデアとは偶然の一致だったという[70]。松本が西のグループに加わった経緯は判然としないが、近衛または松岡の要請、あるいは西の要請によるものであったかもしれない。十月中旬、松本を加えた西の一行は、陸軍の輸送機で上海に飛んだ。田尻が南京に着任したのは十月十四日である。

上海では浙江財閥の重鎮の一人、周作民がグループに加わった。周をグループに加えることは、銭永銘から張競立に依頼されていた。蔣介石を和平に動かすにはその腹心である張群を説得しなければならず、その説得役として周が適任だと見なされた。消極的であった周を説得したのは張と松本の熱意だったという[71]。周仏海の日記によれば、十月一六日、西、松本、張競立が南京の周仏海を訪ねている。

周仏海は、彼らの工作に協力は惜しまないけれども、重慶には和平の意向はないだろうと述べたが、三人は工作への協力を周作民に説得するよう頼んだ。十八日、周仏海と陳公博は上海の周作民を訪ね、重慶工作に協力するよう求めた。周作民は、香港に行くことは了承したが、和平工作の成功は難しいだろうと述べたとされている[72]。

船津の日記によれば、上海の彼のもとを西が訪ねてきたのは十月十七日朝である。西は重慶工作への協力を依頼する松岡の書簡を手渡した。続いて張競立と盛沛東が来訪した。彼らが帰ると松本が現れ、近衛と松岡からの協力要請の言葉を伝えた。船津は松本に対して次のように論じている。三国同盟以来、日本の国際的な立場は悪化し、これに反して重慶の立場は好転しつつある。したがって日本が思い切って大きな譲歩をしない限り、重慶が日本の和平提議に容易に応じることはあるまい。日本としては、ドイツを介してソ連から重慶に対して日本の提議に応じるよう勧告させることが絶対に必要である。また、重慶工作を試みるにあたっては、南京と重慶との合作を第一条件としなければ汪政権に対して義理が立たない。

この船津の主張に対して松本は以下のように答えた。南京・重慶合作はもちろん第一条件である。この点に関しては汪兆銘、周仏海等、南京政権首脳の了解を得ている。周仏海から松岡に宛てた工作勧告の手紙があり、周作民から松本に宛てた和平を熱望する旨の書簡もある。今回の工作については総理、陸相、海相が外相に全部一任し、松岡のもとに一元化されている。汪政権との基本条約調印の国内的手続きが十一月中旬までかかるので、その間を利用して全面和平の実現を図りたい。

船津は次のように述べた。一方で汪政権擁護の工作を続けながら、他方でこそこそと重慶工作をやるような「二重政策」には賛成できない。二兎を追うものは一兎も得られないことになる。蔣介石のほうから和を求めてきたのならともかく、いまさら日本から「媚態」を示すようなことは到底賛成できない、というのが自分の持論である。ただし、国際情勢が重慶工作を進めることに都合がよくなってきたというなら犬馬の労を惜しむものではない。香港に出発する前に、周作民の意見を聞いてみたい。

こうして船津は同日午後、周作民と会った。張競立、盛沛東も同席した。周は国際情勢に関して船津と同様の判断を述べ、重慶工作の成功は期待できないが、和平は自分の熱望するところであるので、日本と南京政府要人の希望に応え香港に出かけることに決心した、と語った。翌十八日、船津は南京に行き、特派大使の阿部信行と会い、同日夜、汪兆銘とも懇談した。汪は、重慶工作の成功を祈るとしながら、工作が汪政権の承認遷延策に利用されないことを希望した[73]。

十九日、船津は今井武夫の求めに応じ、彼を総軍司令部に訪ねたところ、今井大佐は、「過去に於ける自分の経験に徴し、重慶との平和工作は到底望みなし」と述べた[74]。今井によれば、総軍は桐工作を打ち切ったばかりで松岡の重慶工作に冷淡だったが、自分は日本が和平条件を大きく譲歩すれば可能性皆無ではないと思ったとされている。銭永銘も周作民も中国金融界の元老で、篤実な人柄でもあり、仲介者としては最適任だが、三国同盟の成立により英米の対中支援が強化され、日本の重慶工作にとっては時期が悪すぎると今井は考えたという[75]。

東京では十月二十二日、松岡が天皇に拝謁した後、内大臣木戸幸一に重慶工作の現状を説明している。田尻等を香港に派遣して銭永銘と接触させつつあり、周作民も香港に赴くということなので、相当期待できるのではないか、と松岡は述べた[76]。

## 3　香港での「交渉」

### 交渉期限

十月二十日、西と田尻は香港に到着、船津と児玉、張と盛は二十四日に到着した。周作民は二十六日に着いた。西によれば、彼らの香港到着が遅れてしまったせいか、銭永銘の熱意は冷めてしまったようだった。日独伊三国同盟の締結は銭を失望させた。周仏海が銭との連絡役に使っていた李北濤が銭の神経を刺激する報告をしていたことも、彼の熱意冷却の原因のように思われた[77]。李は香港で銭と田尻との連絡にもあたっていた[78]。

周作民が船津に語ったところによると、やや異なる面が見えてくる。周は、銭が日本側との交渉について重慶とは何も準備的協議をしていないだろうと予想していたが、二十七日に銭と会ったところ、はたしてそのとおりであった。翌日、このことを西に話すと、西はそれでは銭が騙したことになると憤慨した。だが、実際は、西と銭との間に意思の疎通が十分にできていなかったことに原因がある、と周は船津に語った[79]。要するに、重慶工作について西は銭との間に確約ができたと思い込んでいたが、銭としては西がどれほど日本当局を代表しているのか確信が持てなかったのだろう。

十月三十日、盛沛東が船津の宿泊先（ペニンシュラ・ホテル）を訪ね、銭永銘と周作民が「今回の日本側提案」を中心として詳細な報告と意見書を作成中であることを伝えた。翌三十一日、船津が西や田尻が宿泊している千歳ホテルを訪ねると、張競立と盛が来訪、重慶宛ての文書は前日に出来上がり、本日午前二時の飛行機で特使（金城銀行重慶支店長）が携行して重慶に出発したと報告した。十一月五日ころには重慶から何らかの返事がくるだろう、ということであった[80]。西によれば、重慶に送られたのは、これまでの経緯を説明した銭の書簡と、松岡がサインした銭の仲介条件、周作民から張群に宛てた蒋介石に和平を勧告してほしいという書簡、周の旧同僚の呉鼎昌（貴州省主席）宛ての協力依頼書であったとされている[81]。

注目されるのは、西が銭の仲介条件としか述べていないのに対して、船津が「今回の日本側提案」を中心として報告が作成されたと記していることである。田尻も、銭の仲介条件案を松岡が独自の判断で多少改めた「無条件和平案」と言うべきものを香港に持参していった、と述べている。田尻によれば、その内容は、無期全面停戦、全面撤兵、友好親善（防守同盟締結）、華北の特殊事態の解消、重慶・南京の合作による統一政権樹立（ただし中国の内政問題とする）、満洲国の現状維持等であった[82]。一見すると、きわめて大胆な条件案であった。

十一月五日ころには重慶から返事が来るという予想あるいは期待にもかかわらず、重慶からの反応はなかった。六日に張、盛、西、田尻、児玉、船津が集まって晩餐をともにしたとき、張競立は一杯機嫌で、汪政権承認を十二月十日ころまで延期するよう松岡外相に要請してくれないか、と船津に「強要」した。船津は、重慶から何らかの意味がある反応が来てから延期を要請しても遅くはないだろう、と張の要求をかわした。その後も重慶からの返事はなかった[83]。

一方、日本国内では、十月下旬以来病床にあった天皇が通常の執務体制に戻り、十一月八日、木戸内大臣に、重慶工作はどうなっているかと尋ねた。木戸が電話で松岡に問い合わせると、香港から重慶への申し入れは、十一月五日、張群から蒋介石に通じたとの情報が伝えられているとのことであった。木戸は、これを天皇に報告した[84]。

十一月十三日、御前会議が開催される。政府側から提案された日華基本条約と、大本営側から提案された「支那事変処理要綱」が決定された。同要綱では、重慶政権との「息戦和平」を図る工作は政府が行い、関係各機関はこれに協力し、これまで軍や民間で行われてきた和平工作は一切中止することとされた。また、和平工作は汪政権承認までに実効を収めることをめざし、基本条約締結すなわち汪政権承認は十一月末までに完了するものと定められた。和平条件は、十月一日の三相決定とほとんど変わらなかった[85]。

実は、汪政権承認の期限つまり対重慶和平工作の期限は、大本営の案では一九四〇年末とされていた。ところが、御前会議で松岡外相は、もう少し待てば和平工作が成功しそうだという場合には、汪政権承認を若干遅らせる場合もあるだろうとしながら、期限を年末ではなくて十一月末とするよう修正を求め、会議参加者の同意を得たのである。松岡によれば、「この月末迄に［基本条約を］調印しないと、南京政権が崩れる公算がかなりある」、「重慶との工作に釣られて手心して調印を遅らすのは、重慶《ママ》に与える影響もあり、よろしくない」とされた。一応、十一月末を期限としておいて、あと一週間あれば和平工作が成功するという場合は、また別である、と松岡は論じた。延期の可能性があるならば、期限修正の必要はないのではないか、と東條陸相は述べたが、松岡は修正意見を変えなかった[86]。汪政権側からの早期条約調印の圧力に応えつつ、松岡は和平交渉の柔軟性を担保しようとしたのかもしれない。

## 重慶からの特使

香港では、船津の日記によれば、十一月十一日、張群から和平の可能性が有望であるとの電報が届いたことを、盛沛東が西に伝えた[87]。十八日夜、銭永銘は西に対し、蔣介石の特使として陳布雷が近く香港に派遣され、日本側の和平案を基礎として交渉をする意思があることを正式に通告するはずであると伝えた。これを本国に報告した田尻は、汪政権承認との兼ね合いからすると重慶側の動きのスピードは遅いけれども、困難な内部事情を抱える重慶がこれほどの短時日で重大問題を決定したことには、十分な誠意が認められると述べた[88]。

蔣介石の特使が重慶から到着したのは十一月十九日である。銭永銘は重慶からの返事を田尻に伝え、田尻はこれを東京に報告して工作促進を訴えた[89]。田尻からの報告を首相の近衛がメモしたものによれば、二十日夜に田尻と西は銭と会見し、次のような蔣の回答を告げられた。日本が汪政権を承認すれば和平は絶望である。日本軍は建前として全面撤兵し、防守条約で再駐兵を認める。この二点を日本側が認めるならば、誠意をもって交渉に入る[90]。

十一月二十一日、船津は銭の求めに応じて彼のもとを訪れ、銭から次のような蔣介石の返答を聞いた。日本の責任者から直接、和平の話を聞くのはトラウトマン工作のとき以来、二度目であるが、日本側の誠意に関して疑念を捨てることができない。期限内に確答がなければ汪政権を承認するという威嚇ははなはだ不満とするところである。中国としては、第一に汪政権承認の無期延期、第二に無条件の全面的撤兵、この二条件を日本が承諾するならば、交渉を進行させてもよい[91]。田尻によれば、特使は交渉開始前に日本側に確認したいことが二つあるとし、停戦成立後の全面撤兵に間違いはないか、汪政権の承認をしばらく延期できるか、の回答を求めた。田尻は、その回答について東京に訓令を仰いだ[92]。

田尻の回想や近衛のメモと船津の日記にはズレがあるが、おそらく田尻の言うところが実際に近かったと思われる。あるいは、重慶からの特使や銭永銘は、汪政権承認無期延期、無条件全面撤兵を述べたのかもしれないが、日本側はそれを当面の承認延期、建前としての全面撤兵と受け取った、とも考えられる。参謀本部では興亜院からの情報として、汪政権承認の暫時延期、全面撤兵（駐兵は条約による形式をとる）という条件ならば交渉開始に同意する旨の蔣介石からの回答があったとされている[93]。

十一月二十一日、日華基本条約に関する枢密院の審査委員会で、基本条約と重慶工作との関係についての質問に対し松岡は次のように答えている。本月末になって重慶との和平成立の見込みが立ったときは基本条約の調印を延期し、場合によっては調印を中止することもありうる。このように松岡が答弁したとき東條陸相は休憩を求め、一〇分間ほど政府側は協議を行った。休憩後、松岡は、基本条約に関する件は重慶工作の成否如何にかかわらず枢密院の審議を求めているものであり、今後政府は必要に応じて必要な手続きをとる、と曖昧な答弁をせざるをえなかった[94]。

松岡が最初の答弁で基本条約調印の時期について柔軟な姿勢を示したのは、重慶からの特使によって交渉条件に関する中国側の意向が伝えられ、工作の進展が期待されるようになったからだろう。ただ、松岡の答弁は基本条約調印中止にまで言及してしまったので、休憩後の変更を余儀なくされたわけである。

十一月二十二日午前、天皇から外交の諸問題について下問を受けた木戸は、電話で松岡に問い合わせた。松岡は重慶工作について次のように説明した。十九日に重慶から香港に来た特使が携行してきた蔣介石の書面によれば、日本が汪政権を承認すれば和平はまったく実現不可能になるので、基本条約調印を延期してほしい、交渉が成立したら撤兵することを明らかにしてほしい、とのことであった。午後に四相会議を開いて方針を決定することになるが、基本条約調印は十二月五日くらいまで延期しても宜しいと考えている[95]。この松岡の説明を、木戸は天皇に言上した。

このころ松岡はドイツを通じて中国側の意向を確かめようとした、とも言われる。日本側の要請により、ドイツ外相のヨアヒム・リッベントロップやシュターマーがベルリン駐在中国大使の陳介に和平交渉の条件を問うと、陳介は日本軍の全面的撤退であると答えた。さらに撤兵の具体的内容を問われると、陳介はそれほど窮屈なものではないと答えたとされている[96]。陳介は、撤兵は即時でなくてもいいと思われるが、本国に問い合わせて確認すると答えたともいう[97]。

以上のことを勘案すると、松岡は、汪政権承認の無期延期は無理としても、その時期をある程度まで柔軟に延長しようとしていたと考えられる。全面撤兵は、原則的に受け入れ、正式交渉で協定による駐兵を持ち出すつもりだったのだろう[98]。

## 田尻への回訓

十一月二十二日、重慶工作について木戸が松岡に問い合わせた日の午後、首相・外相・陸相・海相の四相会議が開かれた。四相会議は、汪政権承認の暫時延期、全面撤兵（駐兵は条約による形式をとる）という重慶側の条件を応諾することを決定した。ただし、陸相は外相に対し、撤兵・駐兵には触れないこと、十二月五日までにしかるべき人物を重慶から派遣すること、を申し入れたという[99]。その日午前に松岡が木戸に語っていたように、四相会議でも、十二月五日までは重慶工作を続けること、すなわち汪政権承認をその日まで延期することが了解されたのであろう。

田尻によれば、十一月二十四日、東京から次のような回電が届いた。停戦が成立したら全面撤兵する。汪政権承認を無期限に延期はできないが、交渉が進捗する確実な見通しがあるならば、多少の日数なら延期する。この回答を田尻は銭に伝え、中国側が速やかに正式代表を任命して交渉を開始することを申し入れた[100]。

船津の日記では、東京から汪政権承認の無期延期、無条件全面撤兵の二条件を認める旨の回電が到着し、田尻は銭永銘に会って二条件承認を伝え、重慶からの特使に面会して今後の交渉を打合せたいと告げると、銭は、特使は前日、重慶に帰ったと答えたとされている。盛沛東によれば、特使は蒋介石の側近として蒋の身近にいなければならないことと、二十一日の銭との会話の際に船津が、無条件全面撤兵のような重大問題は軍部の了解を得るのに時間がかかるだろうという印象を与えたことが、特使の重慶帰還の理由とされた。[101]

西によれば、銭が松岡外相の回答を信用していいのかと船津に尋ねると、船津は、いかに松岡でも御前会議の決定を変更するのは困難だと答えたという。この二人の「老人」(銭は一八八五年生まれ、船津は一八七三年生まれ)の慎重さが、松岡の「一大奮闘を半ば崩してしまっていた」と西(一九〇一年生まれ)は慨嘆している。「ああ、未来は青年のみが創造するのである。世界は青年のみが創り出すのである。老人は過去を眺め、未来をも過去の延長として平板に眺めるだけである」という物言いは、いかにも西らしいと言うべきか。[102]

銭永銘は一介の私人であったから、政府の精密な暗号電報を使うことができず、重慶との重要な通信・連絡は航空便を利用する特使あるいは連絡員によらざるをえなかった。[103]このことは、桐工作ですでに見たところでもある。その点で、特使が帰ってしまったことは、重慶との連絡に相当の時間を要することを意味した。あるいは、特使がそのまま正式代表になることも考えられたかもしれないが、その可能性もなくなった。銭は東京からの回答を電報で重慶に知らせると同時に、委細を手紙に書き、杜月笙にそれを携行して重慶に飛ぶことを依頼した。だが、十一月二十五日は、イギリス官憲の検査が厳しくて動けず、翌日は定期便がなく、杜が香港から重慶に飛んだのは二十七日であった。[104]

## 工作の終焉

銭永銘は重慶から来た特使を明らかにせず、日本側は陳布雷と推測していたが、実際には張季鸞であった。日本側では、西も田尻も船津も特使とは会っていない。

蔣介石は、銭永銘と周作民が作成し十月末に連絡員に携行させて重慶に送った報告を検討したが、その和平条件を受け容れようとはしなかった。条件の表現は若干和らげられているけれども、実質は変わらない、と蔣は結論づけた。十一月十八日に蔣は張季鸞を香港に派遣し、銭と周への回答を与えたが、当時、蔣は英米ソ等に抗日連盟を結成することを求めており、日本との談判のねらいは汪政権承認を妨害することでしかなかった[105]。張季鸞が日本側と接触しなかったのも、そのためであったろう。

十一月二十八日午前、張競立・盛沛東の同志という楼望讃は船津に対し、予備交渉の正式代表として許世英が重慶から香港に派遣されることになったとの情報を伝えた[106]。一方、東京では同日、第一回の大本営・政府連絡懇談会（以下、連絡懇談会と略す）が開かれ、十一月三十日に汪政権を承認することが決定された。基本条約調印による汪政権承認後は、「対蔣和平」は中止しないが、銭永銘を介した対重慶工作はしばらく中止することになったのである。連絡懇談会で松岡は、田尻からの連絡やドイツ駐在大使来栖三郎からの電報から判断して、銭永銘を通じる重慶工作は謀略の範囲を出ていないと考えられると述べた。三十日までに先方から停戦の申し込みがあっても、三十日の調印は変更しないことになった[107]。

この決定がなされるまで、承認延期を危惧した汪政権側の猛烈な巻き返しがなされていた。十一月十八日、周仏海と影佐は上海から東京に飛び、日本政府要人に同月末の承認を強く訴えた[108]。周が帰国前日の二十四日、病床の松岡を見舞うと、松岡は御前会議で三十日の基本条約調印を極力主張したと述べつつ、もしその前に重慶側がはっきりと和平すると表明したら、直ちに汪と調印延期を協議すると語った。周は、もし本当にそうなら自分も賛同するが、おそらく重慶側の引き延ばしの術策に陥るだけだろう、と述べた[109]。日本に帰国中であった阿部特派大使は、松岡外相が病気療養中であったので、大橋忠一次官のところへ基本条約調印のため帰任の挨拶に来たが、大橋から重慶工作の進み具合によっては帰任の出発を遅らせてもらうかもしれないと言われると、激怒して大使を辞任すると叫んだ。大橋は阿部をなだめ、松岡のもとに駆け付けると、そこでは影佐が直談判の最中であった。影佐は、銭永銘工作が汪政権承認を妨害する重慶の謀略だと強調したという[110]。

二十八日の連絡懇談会に説明役として出席していた外務省東亜局第一課長の太田一郎によれば、彼がこれまでの経緯を説明し、しばらく沈黙が続いた後、興亜院政務部長の鈴木貞一が「海のものとも山のものとも分らぬ交渉を続けている内に、もし、汪精衛に、いや気でもさし、逃げ出してしまったら、誰が責任を取るのか」と主張した。これに対して発言する者がなく、近衛首相は、誰も意見がないので「和平の話し合いは打ち切り」基本条約に調印することにすると述べ、会議は終了した。その間、松岡は一言も発しなかったという[111]。

二十八日夜、連絡懇談会の決定を伝える電報が香港の田尻のもとに届く。翌二十九日、田尻は南京の影佐への転電を依頼した次のような電報を東京に打つ。四相会議が十二月五日までの停戦を条件として汪政権承認の延期を決めたことに対して、蔣介石は代表派遣を通告してきたが、日本政府はその代表の香港到着を待たず、したがって代表との交渉の結果を待たずして、三十日の汪政権承認を決め、その旨重慶側に通告するよう自分に訓令した。これは、承認延期が汪政権に対する信義に関わる以上に、世界に対する日本の信義が問われる問題である。根本問題は、重慶との直接交渉と汪政権承認のいずれが全面和平を達成するかだが、虚心坦懐、公平に見る限り、前者であることについては、貴官（影佐）も阿部大使も同意するだろう。重慶が代表を派遣して和平を求めているのは策謀ではなく、その誠意は十分に認められる。汪兆銘も、これまでの経緯を知り私心を去って判断すれば、二、三週間の承認延期を問題とせず、香港での交渉の結果を見究めるという「雅量」を持っているに違いない。中国人たる汪に、中国の将来や東アジア和平を無視するような私心があるはずがない。ついては貴官は、蔣介石との交渉の見通しがつくまで汪兆銘が自ら承認を辞退する用意があるという真意を突き止め、汪政権側をまとめてほしい。東アジアの将来、日本の前途がどうなるかの重大なときである。あえて廟議（政府の決定）に捉われず、天皇の臣下としての微衷を尽くしたい。貴官の協力を得て、是非とも承認を延期させたい。自分は汪の真意を信じている。汪の発意によって承認を延期させるべきである。[112]

　このころ松本重治は太田一郎のところに行って田尻の電報を見せてもらっていた。二十九日、太田のところに行くと、太田は田尻の電報を見て泣いていた。松本もそれを見せてもらって、もらい泣きしたという。[113]熱誠を込めた田尻の電報にもかかわらず、汪政権承認は延期されなかった。この時点で松岡は動かなかった。影佐は承認延期反対を松岡に訴えた張本人であった。田尻は、東京の翻意を促すために、和平原則に同意し正式代表を任命した、という回答を重慶から至急発信するよう手配することを銭永銘に要請した[114]。その要請を告げた銭の電報を見た蔣介石は憤り、絶対に日本を相手にしないことを銭に通告した[115]。

十二月十二日、東京では第二回連絡懇談会が開かれ、あらためて松岡の重慶工作を打ち切ることが決定された[116]。翌年一月、南京の周仏海のもとを訪れた西は、使命の失敗に落胆し、帰国したら出家して僧になると語ったという[117]。周は、「張競立は利益のため、西義顕は名誉のため、双方が空手形を出し合い、重慶は日本側に誠意がないものと疑い、日本は重慶が和平に焦っているとの錯覚を持ち、互いに誤解し合い、事態をますます複雑にしている」と観察していた[118]。

ところで、基本条約調印を決めた十一月二十八日の連絡懇談会の決定事項のなかには、「調印後は和知少将の松岡工作援助を取止む」という奇妙な項目がある[119]。和知は、松岡の重慶工作にどのように絡んでいたのか。和知は松岡工作を批判していた。十一月上旬、和知は陸軍中央に対し、二月以来接触している重慶の「秘密全権代表」から得た情報として、次のように報告している。「目下日本外務省方面にてなしつつある対重慶工作」は、これに関係する人物の選択が適当でなく、無力で価値のない人物が関わっている。工作要領が拙劣で、重慶側は問題にしていない。また、日本は独ソを利用して和平を企図しているようだが、これは東アジアの前途に白人の介入を招いて混乱を巻き起こし、日中両民族の「自殺」を招来する以外の何物でもないと蔣介石以下、憤慨している[120]。

このような批判だけでなく、実際に田尻から松岡に和知の妨害を訴えてきたので、松岡は東條に善処を要請した。その結果、十一月二十四日、参謀本部から和知に対し「貴官は在香港田尻の従事中なる松岡工作に協力すべし」との訓令が送られたという。[121] そして、そのわずか数日後に松岡工作は中止となり、和知の松岡工作への協力も必要なくなったわけである。

松岡・銭永銘工作は、トラウトマン工作の広田、宇垣・孔祥熙工作の宇垣と並んで、外交の最高責任者たる外務大臣が関与した和平工作である。ただ、相手の中国側では、トラウトマン工作時には蔣介石が直接関与したのに対して、宇垣工作や松岡工作では蔣の関与は間接的なものにとどまった。そして宇垣工作の場合も松岡工作の場合も、正式交渉に入る前の予備的協議段階で挫折してしまった。予備的協議段階では、萱野や西の場合のように、相手側の対応の積極性をやや過大に受け取る傾向が見受けられた。

正式交渉に入る前に挫折してしまったので、宇垣や松岡が交渉に入った場合、どれほど大胆に、あるいは柔軟に和平条件を切り下げることができたかは推測するしかない。宇垣の場合は、「対手とせず」の拘束があった。松岡の場合は、汪政権の存在と日華基本条約の内容、という二重の制約が課せられたことを考慮する必要がある。それにしても、交渉期限設定でのブレや連絡懇談会での沈黙など、松岡の言動には理解困難な部分が残ると言えよう。なお、松岡工作では、中国側の銭永銘、張競立、盛沛東いずれも日本留学経験者であった。日本側でも船津、西、田尻いずれも中国語が理解できた。したがって彼らの協議では、日本語か中国語のどちらか、あるいはどちらも使われただろう。

## その後

十二月に入って、田尻は張季鸞と二人だけでゆっくり話し合ったという。そうすると、特使の張は重慶に戻らなかったのか、それとも重慶に戻ってからあらためて香港に出てきたのか。よく分からない。その後、田尻は東京に帰り、松岡に辞表を提出した。これに対して松岡は、外務省顧問の川越茂（前駐華大使）の指図を受けて重慶工作を続けるよう指示した。田尻は川越と相談のうえ、エコノミストの山崎靖純《やすずみ》（元読売新聞経済部長、山崎経済研究所長）に香港に行ってもらった。山崎は張季鸞とも懇意であったという。[122]

一九四一年四月、ある重慶側の要人が岩井英一に対して、山崎は汪兆銘の下野・外遊を条件の一つとし銭永銘・張群のルートを介して和平を働きかけているとの情報を提供し、これは日本の弱腰を見透かされるだけで蒋介石の態度をむしろ硬化させ何の好結果ももたらさない、と述べたという。[123] 駐華大使の本多熊太郎は、日ソ中立条約を締結してソ連から帰国したばかりの松岡に対して、大臣は近く蒋介石との直接和平商議のため重慶に赴く考えだという情報があるが、まさかとは思うけれども、自分は断じて賛成できないと電報を送っている。[124] 大使としてはやや勇み足的な外相批判であったが、おそらくそのような、まことしやかな噂があったのだろう。大使はまた、山崎が重慶側に伝えた和平条件のなかに汪の下野・外遊が含まれていることを報じ、「此の種素人筋浪人連に依る無統制の行動の各方面に及ぼすべき悪影響」について考慮するよう、外務本省に注意を喚起した。[125] この電報を見たのかどうか、東京にいた田尻は、山崎はすでに三月末に帰国しており、各方面で様々な憶測が飛び交っているようだが、彼の行動に何ら懸念すべきところはない、と本多に書き送った[126]。

同じころ、周仏海は影佐に対して、山崎が香港で重慶直接工作を行い、汪政権を無視するような条件を提出していると指摘し、日本側の真意を質した[127]。その後、周はあらためて本多大使を訪問し、日本が汪政権の同意を得ないで重慶工作を試みていることについて、ほぼ同じ趣旨の抗議を行った。それによれば、山崎は香港で張季鸞と会見して、自分は松岡外相の命を受けて行動しているとし、全面和平のためならば汪政権はいつでも取り消す、と語ったという。汪政権としては「松岡外相の方針果して那辺《なへん》に在るや模索に苦しみ居る実情なり」と周は述べた[128]。本多が帰朝中の五月中旬、松岡は臨時大使の日高信六郎に対し、「本大臣に於ては昨年十一月以来何人に対しても重慶工作を命じたることなく、今後と雖も汪主席の諒解なくして所謂重慶工作の意向なきは改めて申し上ぐるの要なしと存ず」と汪兆銘に申し入れるよう訓令した[129]。結局、山崎の工作から成果が生まれることはなかった。

周仏海が影佐や本多に抗議した重慶工作のなかには、周が李北濤から得た情報として、松岡が渡欧するにあたり、西義顕に対して自分の留守中も重慶工作を継続するよう指示し、西は上海に来て盛沛東に連絡し香港の銭永銘に接触するよう依頼した、という件もあった。この件も、汪政権側の松岡不信を強め、抗議の対象となったが、ここから具体的な和平の動きが生まれたわけではなかった。

もう一件、周仏海が抗議の対象とした重慶工作がある。それは、興亜院華中連絡部次長の及川源七（陸軍中将）と蔣伯誠（蔣介石の駐上海軍事代表）との接触であったが、詳細はよく分からない。本多が大使として赴任する際、参謀総長の杉山元は、当分の間、中央も出先も対重慶和平工作は行わない、出先軍に対してはこの種の謀略工作を禁止している、と述べていたが、[130] 同じ陸軍軍人であっても、興亜院の職員であれば、別だったのだろうか。四月に及川工作のことを聞いた畑俊六（一九四一年三月、支那派遣軍総司令官に就任）は、「聊《いささ》か眉唾ものなるも出来上れば勿怪《もっけ》の幸ならん」と日記に書いている。[131] その後、この工作は及川が四月に興亜院政務部長に就任し上海を離れると一頓挫を来たしたとされているが、畑は、陸相や首相・外相にも報告され天皇にも知らされたとしている。[132] 木戸内大臣は、侍従武官長から及川工作のことを聞いたようだが、[133] それを天皇に伝えた形跡はない。畑の日記を見る限りでは、五月下旬以降、及川工作の記述が途絶えてしまっている。

六月下旬、独ソ戦勃発。七月に日本は南部仏印に進駐した。四月から始まっていたいわゆる日米交渉では、中国からの日本軍撤退がネックの一つとなった。事態は日米開戦に向かってゆく。重慶工作を試みる余裕はなくなっていった。

# むすび

冒頭で述べたように、本書では、和平工作に関与した日本人のすべてを扱ったわけではない。重要と思われる工作に限定し、それに関与した人物だけを対象とした。登場順にあらためて列挙すれば、宮崎龍介、西園寺公一、船津辰一郎、西義顕、松本重治、影佐禎昭、伊藤芳男、今井武夫、萱野長知、松本蔵次、小川平吉、中村豊一、神尾茂、犬養健、和知鷹二、吉田東祐、小野寺信、鈴木卓爾、田尻愛義、となる。このうち宮崎は実際に中国に赴いたわけではないが、事変の初期段階では近衛文麿首相と蔣介石との直談判という構想が興味深いので、その事前交渉に従事する可能性があった人物として取り上げてみた。小川平吉は、現地中国に赴いたのは一回だけだったが、中国側と交渉する者と日本政府首脳との連絡者として活動したことを重視した。

複数の和平工作に関わった人物も少なくない。船津は船津工作と松岡工作に関与し、西と松本重治と田尻は汪工作と松岡工作に関わり、今井は、汪工作、姜豪工作、桐工作に従事した。小川、萱野、松本蔵次は一九三八年からほぼ同じ相手と継続的に和平接触を試み、和知は様々な相手に断続的に和平を持ちかけた。

職業的に彼らを分類すると、中村、田尻は外交官、船津は外交官OBである。松本重治、神尾はジャーナリスト、影佐、今井、和知、小野寺、鈴木は現役の軍人である。日本と中国との距離は時間的にも経済的にも近いとはいえ、現地で中国側と接触するためには、往復の渡航費や宿泊を含む滞在費等、それなりの経費がかかった。外交官や軍人、ジャーナリストの場合は、その任務あるいは職務の一環として関わったので、経費はそれほど大きな問題ではなかったが、それ以外の人々の場合には経済的負担は軽視できなかっただろう。小川や萱野は、政府首脳等から餞別という寄付を受けた。西のケースでは、満鉄総裁だった松岡洋右による活動費保証が大きかっただろう。王子恵工作では、岩崎清七が活動資金を負担した。

和平工作に従事した外交官や軍人は、所属する組織を動かすことによって和平の実現を図ろうとした。民間の和平工作者たちは、政府や軍の要請によって工作に関わったり、あるいは自らの意志で工作に従事したりした。自らの意志で工作を試みた場合、大きな意味を持ったのは政府や軍の要人とのつながりである。萱野や松本蔵次にとって小川が政府との連絡役を務めたこと、西にとっての松岡の存在、松本重治や犬養が近衛の側近グループのメンバーであったこと、などがその端的な例と言えよう。

和平工作にとって重要であったのは、中立地帯の存在である。上海の租界と香港が、日中双方のコントロール下にはない中立地帯に相当した。和平工作者たちは、そこで比較的自由に接触することができたのである。そして、そうした中立地帯と日本との距離は、時間的にも近かったと言うべきだろう。長崎・上海間は定期航路で二日（神戸・上海間は三日）である。[1] 上海、香港に寄港する欧州航路を利用することも可能であった。上海と日本との間は軍用機を使うこともできただろう。

和平工作者の多くは、事変以前から中国との交流経験が豊富であった。なかでも萱野、松本蔵次、小川は中国同盟会以来、中国革命を支援し、中国政府内外の要人たちと長年にわたるつながりがあった。宮崎や犬養の場合は、中国革命家と父との親交が、重要な役割を果たした。神尾や松本重治のようなジャーナリストは中国勤務の経験から、中国各界に幅広い人脈を持っていた。外交官や軍人の大半も（中村と小野寺を除けば）中国スペシャリストで、いわゆる支那通に属していた。西、伊藤、吉田も職務等の関係で、中国で生活していた。唯一の例外は西園寺である。彼は密使として上海に行ったのが、初めての中国経験であった。

中国経験が豊富であったということは、とりわけ言葉と人脈の点で重要である。萱野、松本蔵次、神尾、吉田、そして支那通の外交官や軍人は、中国語が堪能であったと思われる。彼らの中国語の能力は、和平工作に従事するうえで大きな意味を持った。

それ以上に重要なのは、日本の和平工作者たちが接触した中国人の言語能力、端的に言えば彼らの日本語能力である。この点では彼らの多くが日本留学経験者であったことに注目しなければならない。董道寧、高宗武、張季鸞、胡霖、馬伯援、盛沛東、張競立、銭永銘がそうである。日本側のエージェントとして中国側との仲介役を務めた夏文運（何以之）、王子恵も日本語が堪能であった。

言葉は、和平工作がコミュニケーション（対話による意思疎通）、折衝・交渉・談判から成るものである以上、きわめて大きな比重を占めた。董道寧や高宗武との協議では、おそらく日本語が使われただろう。あるいは日本語と中国語とのチャンポンであったかもしれない。萱野や松本蔵次は中国語を駆使しただろう。中村は喬輔三と英語で話したと思われる。吉田は中国生活で身につけた中国語を使った。和知は夏文運を通訳として使い、自ら中国語で交渉することもあったかもしれない。桐工作では、二回の予備会談には通訳が使われたが、今井や鈴木が単独で相手側と協議する際は、中国語で会話しただろう。王子恵工作では、中国側の「密使」と日本側が接触したとき、王子恵自身が通訳を務めたに違いない。銭永銘工作では、日本語で、あるいは中国語も交えて協議がなされただろう。

日本側が中国語を理解し、中国側が日本語を理解している場合、対話はスムーズに行われることが多かっただろう。ただし、和平工作は停戦ないし和平条件という機微な問題を話し合う場であったから、相手側の言葉の言外の意味まで理解しているという「思い込み」が災いし、かえって誤解を生んでしまう、というケースもあったかもしれない。とくに適切な通訳を付けない場合は、その可能性があったように思われる。多くの場合、日中双方とも、自国側の条件を相手側が受け容れそうだという可能性を、本国あるいは上層部への報告で強調しがちであった。それは「素人外交」が陥りやすい傾向だったが、そこには上述した言語の問題も介在していたかもしれない。

事変が長期化・泥沼化するにつれ、中国側の接触相手として軍統や中統といった諜報機関が関わるケースが増えてくる。ただし、諜報機関が関わっているからといって、最初から和平工作の意味はまったくなかったとは言い切れないだろう。また、日本側でも影佐、今井、小野寺、鈴木、和知などは情報畑の軍人であったから、諜報関係者と言えなくもない。

諜報関係者が関わる工作が多くの場合、謀略という側面を持っていたことは間違いない。では、謀略とは何を意味していたのか。辞書を引けば謀略とは「人をおとしいれるはかりごと」（『広辞苑』第三版）、「相手を陥れるためのはかりごと」（『新明解国語辞典』第六版）と説明されている。謀略はしばしば、相手を騙すというニュアンスを帯びている。

だが、日本軍が謀略と言う場合、少なくとも本書で扱った範囲では、一般的な意味とはやや異なるものとして、この言葉を使っていたと思われる。それは、敵を屈伏あるいは弱体化させるために非軍事的な手段・方法を用いるという意味である。つまり、敵を屈伏・弱体化させるために軍事的な手段・方法を用いるのが作戦・戦略であり、非軍事的手段・方法を用いるのが謀略である。陸軍の謀略計画を見ると、このことがよく分かる。当時は「政謀略」という用語も使われた。「政略」と「謀略」という意味だろう。また、「和平」は政治が扱う問題であり、政治に関与しないことを原則とする軍人は、「和平」に関わる工作に従事する場合、あえてそれを「謀略」と言ったとも考えられる。

敵を弱体化させるためには様々な手段が用いられた。敵国の金融を（偽札を使って）混乱させることや、敵国陣営の内部分裂を策することも、その手段・方法に含まれていた。その際には、当然、自分の側の真意（相手側の弱体化という目的）を隠しただろう。嘘をついて欺くこともあっただろう。しかし、なかには短期的には謀略を実行しながら、長期的には相手側との合意による事変解決をめざすという試みもあった。その典型が渡辺工作（汪工作）である。今井や影佐は謀略に従事しながら、究極的には和平をめざしたと考えられる。中国側でも、直接的には情報収集（敵の弱体化のための謀略）に従事しながら、究極的な和平への可能性に期待をかけていたケースがあったかもしれない。

日本側の和平工作者には、中国との妥協・合意による和平に熱意と努力を傾けた者が少なくなかった。だが、彼らがいかに熱意を傾けたとしても、中国側との妥協・合意に結びつく和平条件を自国内でつくり上げなければ、和平の実現は無理であった。そして、「日支新関係調整方針」に盛り込まれた諸項目が和平条件とされている限り、中国との妥協・合意は不可能であっただろう。

支那事変は大東亜戦争開戦まで約四年半にわたり、日本の戦死者は約一九万人に及んだ。それまで日本が戦った戦争のなかで最大かつ最長の戦争であった。[2] 戦争の長期化と人的・物的コストの増加により、その見返りを要求する声が大きくなるのは避けられなかった。しかも日本軍は戦力の限界に近づいていたとはいえ、戦場で敗北していたわけではない。戦争の勝利の展望は曖昧になってきていたが、戦場では一部の局地戦を除けば、ほぼ「連戦連勝」であった。日本の和平条件は、そうした「勝利」意識と、犠牲への見返りを求める声の高まりを背景に、国内の諸要求が積み重ねられてつくられた。そのような要求を斥けて、和平条件を中国が受け容れるレベルまで緩和することに対しては相当大きな抵抗が生じただろう。その抵抗を乗り切って中国との和平に踏み切るには、強力な政治的リーダーシップが必要であった。当時の日本には、そのリーダーシップが一貫して欠けていたのである。

和平工作そのものについても、蔣介石が自ら指示を出したり中止を命じたり直接関与することが多かったのに比べると、日本側の指導者、たとえば近衛の関与は、あくまで間接的なものにとどまり、「軍の謀略」を口実にしてしばしば無責任な対応に傾きがちであった。ここでも、政治指導者のリーダーシップの差が出たと言うべきだろう。

# 注

## 【はじめに】

1 松本重治『上海時代 下』中公文庫、改版・二〇一五年（初出は中公新書、一九七五年）三四九頁。

2 戸部良一『ピース・フィーラー――支那事変和平工作の群像』論創社、一九九一年。

## 【第一章】

1 北河賢三・望月雅士・鬼嶋淳編『風見章日記・関係資料』みすず書房、二〇〇八年、四～二七頁、六〇～六二頁。風見章『近衛内閣』中公文庫、一九八二年（初出は日本出版共同、一九五一年）六六～六七頁。

2 近衛文麿「平和への努力」『最後の御前会議／戦後欧米見聞録 近衛文麿手記集成』中公文庫、二〇一五年（初出は『平和への努力』日本電報通信社、一九四六年）一〇六～一〇八頁。後醍院良正編『失はれし政治 近衛文麿公の手記』朝日新聞社、一九四六年、一一～一三頁。

3 桜田倶楽部編『秋山定輔 第三巻』桜田倶楽部、一九八二年、七六～八〇頁、五四一～五四六頁。
4 「昭和十八年九月一日 宮崎龍介氏談話」『島田俊彦文書49』（東京大学蔵）。
5 甲野洋『私の日中戦争和平工作史 絶え間なき和平への試みを追って』幻冬舎、二〇一九年、五九～六一頁。
6 「右一件ニ関スル風見章氏談」『島田俊彦文書49』。
7 松崎昭一「日中和平工作と軍部」三宅正樹ほか編『昭和史の軍部と政治 2』第一法規出版、一九八三年、二〇八頁。
8 原田熊雄述『西園寺公と政局 第六巻』岩波書店、一九五一年、五一～五二頁。
9 『西園寺公と政局 第七巻』岩波書店、一九五二年、一五七頁。
10 西園寺公一『貴族の退場』文藝春秋新社、一九五一年、六～二六頁。同『西園寺公一回顧録「過ぎ去りし、昭和」』アイペックプレス、一九九一年、一三五～一四九頁。
11 Knatchbull-Hugessen to FO, July 30, FO371/20951, The National Archives, United Kingdom（イギリス国立公文書館）. 岩谷將『盧溝橋事件から日中戦争へ』東京大学出版会、二〇二三年、一三七～一三八頁。
12 宮内庁『昭和天皇実録 第七』東京書籍、二〇一六年、三八四～三八五頁。
13 石射猪太郎『外交官の一生』中公文庫、改版・二〇〇七年（初出は読売新聞社、一九五〇年）三〇四～三〇七頁。伊藤隆・劉傑編『石射猪太郎日記』中央公論社、一九九三年、一七四～一七七頁。
14 島田俊彦「「船津工作」など」『国際政治』第四七号（一九七二年十二月）。
15 広田外相発川越中国大使宛電報（八月八日）外務省編『日本外交文書 日中戦争（以下、『日本外交文書』と略す）第一冊』二〇一一年、42文書。
16 在華日本紡績同業会編『船津辰一郎』東邦研究会、一九五八年、一九二頁。
17 広田外相発川越中国大使宛電報（八月七日）『日本外交文書 第一冊』41文書。

18　外務省百年史編纂委員会編『外務省の百年　下巻』原書房、一九六九年、二七六頁、二八〇頁。
19　松岡洋右伝記刊行会編『松岡洋右――その人と生涯』講談社、一九七四年、六八五～六八六頁。
20　広田弘毅伝記刊行会編『広田弘毅』中央公論事業出版、一九六六年、二六四頁。
21　船津「平和工作失敗日記抜粋」『日本外交文書　第一冊』61文書。
22　石射『外交官の一生』三一〇頁。
23　『西園寺公と政局　第六巻』六九頁。「岡本季正宣誓口供書」『極東国際軍事裁判速記録　第七巻』雄松堂、一九六八年、一～二頁。
24　軍事史学会編『海軍大将嶋田繁太郎備忘録・日記　I』錦正社、二〇一七年、一一二頁。『昭和天皇実録　第七』三八七頁。
25　軍令部第一部甲部員『支那事変処理』（防衛研究所蔵）。『昭和天皇実録　第七』三八八頁。
26　「中支出兵の決定（大東亜戦争海軍戦史本紀巻一）」小林龍夫・稲葉正夫・島田俊彦・臼井勝美編『現代史資料　日中戦争4』みすず書房、一九六五年、三八三～三八七頁。
27　Howe to Eden, Oct. 4, *Documents on British Foreign Policy 1919–1939*, 2nd Series, Vol.21, HMSO, 1979.
28　松崎「日中和平工作と軍部」二一四～二一六頁。防衛庁防衛研修所戦史室『戦史叢書　支那事変陸軍作戦〈1〉』朝雲新聞社、一九七五年、四五五頁。
29　陸軍省軍務課「独逸武官オット少将ノ在上海日独官憲ト連絡ノ件」『陸支密大日記』（防衛研究所蔵）S13–19–128、アジア歴史資料センター（以下 JACAR と略す）C04120487100。
30　松崎「日中和平工作と軍部」二一六頁。
31　Fox, John. P., *Germany and the Far Eastern Crisis 1931–1938: A Study in Diplomacy and Ideology*, Oxford University Press, 1982, pp.262–263.

32 「支那事変対処要綱」（十月一日）、「事変対処要綱付属具体的方策」（同日）、「国交調整ト同時ニ交渉スヘキ諸事項」（同日）『日本外交文書 第一冊』169、170、171文書。
33 「日支事変ニ対スル第三国ノ斡旋乃至干渉ニ対シ帝国政府ノ採ルヘキ方針決定ノ件」（十月二十二日）同右、173文書。
34 Dirksen to AA, Nov.3, *Documents on German Foreign Policy 1918–1945*, Series D, Vol.I, US Government Printing Office, 1949（以下 *DGFP*）.「日支事変媾和斡旋ニ関シ駐日独逸大使ヨリ広田外務大臣ニ手交セシ通牒」（十二月七日）『日本外交文書 第一冊』182文書。
35 Trautmann to AA, Nov. 5, *DGFP*.
36 Trautmann to AA, Dec. 2, *DGFP*.「日支事変媾和斡旋ニ関シ駐日独逸大使ヨリ広田外務大臣ニ手交セシ通牒」。
37 Dirksen to AA, Dec. 7, *DGFP*.
38 尚友倶楽部・伊藤隆編『有馬頼寧日記 3』山川出版社、二〇〇〇年、四四〇～四四一頁。
39 外務省東亜局第一課「日支事変処理経過」（一九三八年六月）『支那事変関係一件』（外交史料館蔵）第一巻、JACAR:B02030666700。
40 風見『近衛内閣』九一～九二頁。
41 石射『外交官の一生』三二六頁。
42 木戸日記研究会編『木戸幸一関係文書』東京大学出版会、一九六六年、一一三～一一四頁。
43 『有馬頼寧日記 3』四四三～四四四頁。
44 「大本営参謀部第二課 機密作戦日誌」近代外交史研究会編『変動期の日本外交と軍事』原書房、一九八七年、二四二～二四三頁。
45 「在京独逸大使ニ対スル回答案」（十二月二十一日閣議決定）『日本外交文書 第一冊』188文書。
46 「事変対処要綱（甲）」同右、190文書。

47 Dirksen to AA, Dec. 23, *DGFP*.
48 Trautmann to AA, Dec.27, *DGFP*.
49 鹿錫俊『蔣介石の「国際的解決」戦略：1937–1941』東方書店、二〇一六年、三二頁。馮青「蔣介石の日中戦争期和平交渉への認識と対応――『蔣介石日記』に基づく一考察」『軍事史学』第四五巻第四号（二〇一〇年三月）六九頁。
50 陸軍省軍務課「広田外相ト独逸大使会談要旨」（十二月二十九日）『日本外交文書 第一冊』189文書付記。
51 Dirksen to AA, Dec. 26, *DGFP*.
52 Fox, *Germany and the Far Eastern Crisis 1931–1938*, p.282.
53 楊天石『找尋真実的蔣介石 蔣介石日記解読』三聯書店、二〇〇八年、三〇〇頁。
54 外務省東亜局第一課「支那事変処理根本方針（御前会議議題）ニ関スル件」（一月十一日）『日本外交文書 第一冊』192文書。
55 「支那事変処理根本方針」（一月十一日御前会議決定）同右、191文書。
56 『西園寺公と政局 第六巻』二〇四頁。
57 Dirksen to AA, Jan. 14, *DGFP*.「独逸ノ和平交渉斡旋」『日本外交文書 第一冊』195文書付記。
58 木戸幸一『木戸幸一日記 下巻』東京大学出版会、一九六六年、六一九頁。
59 「大本営陸軍参謀部第二課 機密作戦日誌」二五〇～二五一頁。堀場一雄『支那事変戦争指導史』原書房、一九七三年（初出は時事通信社、一九六二年）一三〇頁。
60 「帝国政府声明」（一月十六日）『日本外交文書 第一冊』196文書。
61 岩谷將「日中戦争初期における中国の対日方針――トラウトマン工作をめぐる孔祥熙の活動を中心として」劉傑・川島真編『対立と共存の歴史認識――日中関係150年』東京大学出版会、二〇一三年、二九七～三〇〇頁。岩谷『盧溝

橋事件から日中戦争へ』二〇四～二〇八頁、二二一～二二二頁、二二七～二二九頁。

【第二章】

1 西浦進『昭和陸軍秘録』日本経済新聞出版社、二〇一四年（初出は木戸日記研究会・近代日本史料研究会編『西浦進氏談話速記録』非売品、一九六八年）一八六～一八七頁。
2 西義顕『悲劇の証人――日華和平工作秘史』文献社・非売品、一九六二年、九〇～九二頁。
3 同右、七六～八〇頁。
4 『石射猪太郎日記』一七七頁。
5 西『悲劇の証人』九五～九八頁。
6 松本『上海時代 下』三八一～三八二頁。
7 同右、三一二頁。
8 Howe to FO, Dec. 15, FO371/20961; Howe to FO, Dec. 29, FO371/22053, The National Archives, United Kingdom.
9 松本『上海時代 下』三八二頁。
10 松本重治『上海時代 上』中公文庫、改版・二〇一五年、三一七～三一九頁。
11 西『悲劇の証人』一〇一～一〇四頁。
12 邵銘煌輯註「直蹈虎穴秘档――解読董道寧戦時潜訪日本刺探報告」（以下、「董道寧報告書」と略す）『近代中国』第一三七期（二〇〇〇年六月）一八六頁、一九二頁。
13 西『悲劇の証人』一〇〇頁。
14 華津珍彦「地下運動に終始した故伊藤芳男君の横顔」『新勢力』第一七巻第三号（一九七二年四月）三四～三五頁。

15　西『悲劇の証人』一一四頁。
16　「董道寧報告書」一八六頁。
17　同右、一八七頁、一九〇頁。
18　影佐禎昭「曽走路我記」人間影佐禎昭出版世話人会編『人間影佐禎昭』人間影佐禎昭出版世話人会・非売品、一九八〇年、二七頁。もともと「曽走路我記」は大東亜戦争中にラバウルで口述筆記され、臼井勝美編『現代史資料 日中戦争5』（みすず書房、一九六六年）にも収録されているが、『人間影佐禎昭』収録版には、本人が戦後に書き加えた部分も収められている。
19　「董道寧報告書」一八九頁。
20　同右、一九〇頁。
21　今井武夫『日中和平工作 回想と証言 1937–1947』みすず書房、二〇〇九年（初出は『支那事変の回想』一九六四年）六〇頁。
22　「董道寧報告書」一八九頁。
23　影佐「曽走路我記」二七～二八頁。
24　西『悲劇の証人』一一六～一一七頁。
25　岩畔豪雄『昭和陸軍 謀略秘史』日本経済新聞出版社、二〇一五年（初出は木戸日記研究会・近代日本史料研究会編『岩畔豪雄氏談話速記録』非売品、一九七七年）一六七～一六八頁。劉傑『漢奸裁判――対日協力者を襲った運命』中公新書、二〇〇〇年、一三～一七頁。
26　劉傑『日中戦争下の外交』吉川弘文館、一九九五年、三一八頁。
27　松本『上海時代 下』三八四～三九〇頁。
28　同右、三九二頁。

29 Bunker, Gerald E., *The Peace Conspiracy: Wang Ching-wei and the China War, 1937–1941* (Harvard University Press, 1972), p. 76.
30 西『悲劇の証人』一三三頁。
31 邵銘煌「高宗武対日謀和活動」中央研究院近代史研究所編『近代中国歴史人物論文集』一九九三年六月、四〇四頁。
32 松本『上海時代 下』四一一頁。
33 蔡徳金編（村田忠禧・楊晶・廖隆幹・劉傑訳）『周仏海日記』みすず書房、一九九二年、五三頁。
34 西『悲劇の証人』一三五頁。
35 Bunker, *The Peace Conspiracy*, p.77.
36 西『悲劇の証人』一三四～一三六頁。
37 同右、一七四～一七六頁。
38 影佐「曽走路我記」二八頁。
39 劉『日中戦争下の外交』三二六頁。
40 松本『上海時代 下』四〇四～四〇五頁。
41 「支那現中央政府屈伏ノ場合ノ対策」（七月八日五相会議決定）『日本外交文書 第一冊』224文書。
42 「支那事変処理根本方針」同右、191文書。
43 「支那現中央政府屈伏ノ場合ノ対策」。
44 「支那新中央政府樹立指導方策」（七月十五日五相会議決定）『日本外交文書 第一冊』229文書。
45 戸部『ピース・フィーラー』一七七～一七八頁。
46 西『悲劇の証人』一八〇頁。
47 松本『上海時代 下』四〇三頁。

48　『周仏海日記』六九〜七一頁。
49　Bunker, *The Peace Conspiracy*, p.80.
50　西『悲劇の証人』一八六頁。
51　同右、一八六〜一八七頁。
52　同右、一九〇頁。
53　松本『上海時代 下』四一四〜四一五頁。
54　同右、四一七〜四一九頁。
55　西『悲劇の証人』一九〇頁、一九八頁。松本『上海時代 下』四一九〜四二一頁。
56　影佐「曽走路我記」二九頁。
57　邵銘煌校注「高宗武戦時私訪日本探知秘档――東渡日記、会議記録、個人観感」（以下、「高宗武報告書」と略す）『近代中国』第一二九期（一九九九年二月）一一五〜一一六頁。
58　今井『日中和平工作』六二頁。
59　「高宗武報告書」一一五頁。
60　風見『近衛内閣』一六七頁。
61　「高宗武報告書」一二一〜一二六頁。
62　西『悲劇の証人』一九五頁。
63　松本『上海時代 下』四二一頁。
64　影佐「曽走路我記」二九頁。
65　今井『日中和平工作』六二頁。
66　「高宗武報告書」一三〇頁。董聡利「一九三八年における松本重治の対華和平工作参与――リベラルの模索と限界」

67 『（早稲田大学）アジア太平洋研究科論集』第四〇号（二〇二〇年九月）一三頁。
68 『西園寺公と政局 第七巻』四三頁。
69 神尾茂『香港日記』自家蔵版、一九五七年、七〇頁。
70 西『悲劇の証人』二〇一〜二〇二頁。
71 「高宗武報告書」一三〇頁。
72 Bunker, *The Peace Conspiracy*, p.83.
73 『石射猪太郎日記』二七四頁。
74 石射『外交官の一生』三四六頁。
75 『西園寺公と政局 第七巻』二八頁
76 犬養健『揚子江は今も流れている』中公文庫、一九八四年（初出は文藝春秋、一九六〇年）四六頁。
77 松本重治『昭和史への一証言』毎日新聞社、一九八六年、九五頁。
78 影佐「曽走路我記」三一頁。

## 【第三章】

1 萱野長知「犬養密使・萱野長知の日誌」『中央公論』一九四六年八月号。
2 三田村武夫『大東亜戦争とスターリンの謀略――戦争と共産主義』自由社、一九八七年（初出は『戦争と共産主義――昭和政治秘史』民主制度普及会、一九五〇年）一五〇〜一五三頁。
3 賈存徳（原作）「孔祥熙與日本「和談」的片談（選載）」『伝記文学』第五四巻第三期（一九八九年三月）五八〜六〇頁。
4 邵銘煌「孔祥熙與抗戦初期的謀和試探」慶祝抗戦勝利五十週年両岸学術研討会籌備委員会編『慶祝抗戦勝利五十週

年両岸学術研討会論文集』上冊、中国近代史学会・聯合報系文化基金、一九九六年、一一九頁。
5　岡義武ほか編『小川平吉関係文書 Ⅰ』（以下、日記の部分を「小川平吉日記」と略す）みすず書房、一九七三年、三八四頁。
6　角田順校訂『宇垣一成日記 2』みすず書房、一九七〇年、一二四〇〜一二四三頁。
7　『石射猪太郎日記』二六七頁。
8　『宇垣一成日記 2』一二四五〜一二四六頁。角田順校訂『宇垣一成日記 3』みすず書房、一九七一年、一八〇四〜一八〇五頁。
9　邵「孔祥熙與抗戦初期的謀和試探」一二二頁。
10　「六月十七日の外国人記者会見での宇垣外相談話に関する各国論調」『日本外交文書 第一冊』213文書付記。
11　『周仏海日記』七四〜七五頁。
12　「坂西中将ト袁良トノ会見談（要領）」『日本外交文書 第一冊』240文書。
13　以下、中村と喬輔三との協議の模様は、とくにことわらない限り、「香港ニ於ケル中村総領事ト孔祥熙代表蕎輔三間ノ日支和平交渉ニ関スル会談」『日本外交文書 第一冊』232文書による。
14　邵「孔祥熙與抗戦初期的謀和試探」一二三頁。
15　石射『外交官の一生』三四五頁。
16　『昭和天皇実録 第七』五九一〜五九二頁。
17　影佐「曽走路我記」二五〜二六頁。
18　在香港総領事中村豊一「時局解決ニ関スル一考察」（七月二十五日）『日本外交文書 第一冊』233文書。
19　賈「孔祥熙與日本「和談」的片談」六〇頁。
20　「小川平吉日記」三八七頁。岡義武ほか編『小川平吉関係文書 Ⅱ』みすず書房、一九七三年、398書翰、399書翰。

21　邵「孔祥熙與抗戦初期的謀和試探」一二七〜一二九頁。楊『找尋真実的蔣介石』三〇五〜三〇七頁。
22　『小川平吉関係文書 II』402書翰。
23　「小川平吉日記」三九一頁。
24　同右、三九二頁。
25　神尾『香港日記』一二頁。
26　「在香港大朝顧問神尾茂ヨリ東亜局長宛親展」（七月二十一日）『日本外交文書　第一冊』231文書。
27　「今後ノ事変対策ニ付テノ考案」同右、220文書。
28　同右。
29　石射『外交官の一生』三四三頁。
30　伊藤隆・照沼康孝編『続・現代史資料4　陸軍　畑俊六日誌』（以下、『畑俊六日誌』と略す）みすず書房、一九九三年、一四六頁。
31　『宇垣一成日記　2』一二五一頁、一二四五頁。
32　堀場『支那事変戦争指導史』一五四頁。
33　「小川平吉日記」三九三頁。
34　同右、三九二頁。
35　神尾『香港日記』二九頁。
36　伊藤隆・鳥海靖編「日中和平工作に関する一史料――松本蔵次関係文書から（一）」『東京大学教養学部人文科学科紀要・歴史学研究報告』第一六集（一九七八年三月）34文書。
37　「日支和平交渉ニ関スル件」『日本外交文書　第一冊』236文書。
38　中村豊一「知られざる宇垣・孔秘密会談」『別冊知性』第五号「秘められた昭和史」（一九五六年十二月）二六二〜

二六三頁。

39 「日支和平交渉ニ関スル件」。

40 矢田七太郎「香港の夢——平和論者・宇垣外相」『読売評論』一九五〇年九月号、一一六〜一一九頁。

41 「香港神尾ヨリ朝日緒方宛書面　朝日神尾—張熾章会談」『日本外交文書　第一冊』237文書。

42 同右。神尾『香港日記』四五頁。

43 「香港神尾ヨリ朝日緒方宛書面　朝日神尾—張熾章会談」。

44 神尾『香港日記』七一頁。

45 同右、五三〜五四頁。

46 同右、六五〜六六頁。

47 同右、七七頁、八六頁。

48 『周仏海日記』八二頁。

49 今井『日中和平工作』六二〜六三頁。Bunker, *Peace Conspiracy*, p.86.

50 松本『上海時代　下』四二二〜四二三頁。

51 影佐「曽走路我記」三一頁。

52 神尾『香港日記』六八〜七三頁。

53 松本『上海時代　下』四二四頁。

54 同右、四二五〜四二七頁。

55 同右、四二七〜四二九頁。

56 神尾『香港日記』八〇〜八二頁。

57 同右、八三頁。

58 同右、八四頁。
59 松本『上海時代 下』四三一～四三二頁。
60 「九月四日宇垣大臣ノ石射ヘノ内話（私邸ニ於テ）」『日本外交文書 第一冊』239文書。
61 同右。
62 同右。
63 「小川平吉日記」四〇一頁。
64 『宇垣一成日記 2』一二四八～一二四九頁。
65 「小川平吉日記」四〇四頁、四〇六頁。『小川平吉関係文書 Ⅱ』408書翰註、410書翰。
66 『小川平吉関係文書 Ⅱ』409書翰、同註、411書翰、413書翰。
67 楊『找尋真実的蔣介石』三〇八頁。
68 賈「孔祥熙與日本「和談」的片談」六〇頁。
69 「小川平吉日記」四一〇～四一二頁。
70 『宇垣一成日記 2』一二六一頁。『昭和天皇実録 第七』六三四～六三五頁。
71 邵「孔祥熙與抗戦初期的謀和試探」一二九頁。
72 『宇垣一成日記 2』一二六四頁。
73 戸部『ピース・フィーラー』二四五～二四六頁。
74 伊藤智巳「宇垣時代の外務省と「宇垣外交」——外交陣容強化を巡る政治過程」堀真琴編『宇垣一成とその時代——大正・昭和前期の軍部・政党・官僚』新評論、一九九九年、二六八～二七二頁。
75 『宇垣一成日記 2』一二六四頁。
76 楊『找尋真実的蔣介石』三〇八頁。

77　岩谷将「日中戦争における和平工作——中国側から見た」筒井清忠編『昭和史講義 2』ちくま新書、二〇一六年、一六七頁。
78　邵「孔祥熙與抗戦初期的謀和試探」一三二頁。
79　楊『找尋真実的蔣介石』三〇八〜三一〇頁。

【第四章】

1　「支那現中央政府ニシテ屈伏セサル場合ノ対策」（七月八日五相会議決定）『日本外交文書 第一冊』225文書。
2　「時局ニ伴フ対支謀略」（七月十二日五相会議決定）同右、226文書。
3　「対支特別委員会」（七月二十六日五相会議決定）同右、234文書。
4　「対支特別委員会ニ関スル解釈ノ件」（七月二十九日五相会議決定）同右、235文書。
5　「六月十七日大本営陸軍部策定の第二期謀略計画」防衛庁防衛研修所戦史部『戦史叢書 支那事変陸軍作戦〈2〉』朝雲新聞社、一九七六年、九四〜九五頁。
6　「時局ニ伴フ第二期謀略計画実施ニ関スル指示」（七月二十二日、参謀総長）同右、九五〜九六頁。
7　「土肥原中将ニ与フル指示」（十月七日五相会議決定）『日本外交文書 第一冊』249文書。
8　「和知鷹二宣誓口供書」『極東国際軍事裁判速記録 第五巻』雄松堂、一九六八年、一三三一〜一三三三頁。
9　邵銘煌「蕭振瀛工作：抗戦初期日本以何応欽為対象的謀和触角」『抗日戦争研究』一九九八年第三期（一九九八年八月）二二一〜二二五頁、一五〜一七頁。
10　夏文運『黄塵万丈』現代書房、一九六七年、三七〜三八頁、六六〜六七頁、一三〇〜一三二頁、一三六頁、一四〇頁、一四三〜一四四頁。
11　楊『找尋真実的蔣介石』二五四頁。岩谷「日中戦争における和平工作」一六九〜一七〇頁。

12 邵「蕭振瀛工作」二六～二八頁。楊『找尋真実的蔣介石』二五五～二五七頁。
13 邵「蕭振瀛工作」二九頁。楊『找尋真実的蔣介石』二五七頁。
14 楊『找尋真実的蔣介石』二五五～二五七頁。
15 『昭和天皇実録 第七』六三四頁。
16 「小川平吉日記」四二二頁。
17 堀場『支那事変戦争指導史』二〇〇頁。
18 同右、二〇一頁。
19 戸部『ピース・フィーラー』二九八～二九九頁。
20 堀場『支那事変戦争指導史』二〇一頁。
21 邵「蕭振瀛工作」三〇頁。
22 楊『找尋真実的蔣介石』二五九～二六〇頁。
23 邵「蕭振瀛工作」三一頁。
24 同右、三二頁。楊『找尋真実的蔣介石』二六一頁。
25 楊『找尋真実的蔣介石』二六二頁。
26 邵「蕭振瀛工作」三三～三四頁。岩谷「日中戦争における和平工作」一七一～一七二頁。
27 邵「蕭振瀛工作」三四頁。
28 楊『找尋真実的蔣介石』二六四～二六五頁。
29 邵「蕭振瀛工作」三五～三六頁。楊『找尋真実的蔣介石』二六六頁。
30 「事変解決ニ関スル指導方針」（十一月九日）『支那事変関係一件』第一八巻、JACAR:B02030549000。
31 「小川平吉日記」四二四頁。

32　堀場『支那事変戦争指導史』二〇四頁。
33　鹿『蔣介石の「国際的解決」戦略』四二頁。
34　堀場『支那事変戦争指導史』二〇五頁。
35　今井『日中和平工作』六八頁。
36　「小川平吉日記」四一三頁。
37　「帝国政府声明」（十一月三日）『日本外交文書 第一冊』256文書。
38　戸部『ピース・フィーラー』三〇六～三〇九頁。
39　「小川平吉日記」四二五頁。
40　邵「高宗武対日謀和活動」四〇八頁。
41　『周仏海日記』一一六頁。
42　「近衛総理大臣「ラヂオ」放送」（十一月三日）『日本外交文書 第一冊』257文書。
43　今井中佐「渡辺工作ノ現状」（十一月十五日）今井『日中和平工作』の「資料」所収。以下、『日中和平工作』の「資料」に収められている文書は「今井武夫資料」と略す。
44　今井『日中和平工作』七〇頁。
45　同右、七一頁。
46　影佐「曽走路我記」三六頁。
47　「十三年秋季以降戦争指導方針」（十一月十八日大本営陸軍部及省部決定）臼井勝美・稲葉正夫編『現代史資料 日中戦争 2』みすず書房、一九六四年。
48　「日華協議記録」「日華協議記録諒解事項」「日華秘密協議記録」（十一月二十日）『日本外交文書第一冊』261文書。今井中佐「渡辺工作ノ現況（第二）」（十一月二十一日）261文書付記。

49 今井『日中和平工作』七一頁。
50 影佐「曽走路我記」三七頁。
51 「小川平吉日記」四二七頁。
52 影佐「曽走路我記」三七頁。
53 堀場『支那事変戦争指導史』一九〇〜一九一頁。
54 影佐「曽走路我記」三二〜三四頁。
55 西『悲劇の証人』一九八頁。
56 今井『日中和平工作』六六頁。
57 堀場『支那事変戦争指導史』一九六頁。
58 同右、一九〇頁。
59 「日支新関係調整方針」（十一月三十日御前会議決定）『日本外交文書 第一冊』265文書。
60 臼井勝美「日中戦争の政治的展開」日本国際政治学会太平洋戦争原因研究部編『太平洋戦争への道 第四巻』朝日新聞社、新装版・一九八七年（初出は一九六三年）二〇四頁。
61 古屋哲夫『日中戦争』岩波新書、一九八五年、一七六〜一七八頁。
62 『周仏海日記』一二五〜一二七頁。
63 今井『日中和平工作』七五頁。
64 今井中佐「渡辺工作ノ現況（第三号）」（十二月六日）「今井武夫資料」。
65 「汪兆銘ニ関スル電報」『現代史資料 日中戦争 2』。
66 「近衛内閣総理大臣談」（十二月二十二日）『日本外交文書』第一冊、271文書。
67 横井大佐「近衛首相演説草稿に対し所見」（十二月九日）『現代史資料 日中戦争5』。

68　「次官ヨリ北支那方面軍及中支那派遣軍参謀長宛電報案、日支新関係調整方針ノ発表ニ関スル件」（十二月八日）『戦史叢書　支那事変陸軍作戦〈2〉』二五九～二六〇頁。
69　横井大佐「近衛首相演説草稿に対し所見」。
70　堀場『支那事変戦争指導史』二二八～二二九頁。
71　影佐「曽走路我記」三九頁。
72　「汪精衛第一次声明」（十二月二十九日）『日本外交文書　第二冊』413文書。

## 【第五章】

1　「小川平吉日記」四三三頁。
2　『西園寺公と政局　第七巻』二五四～二五五頁。『木戸幸一日記　下巻』六八八頁、六九〇～六九一頁。
3　犬養『揚子江は今も流れている』一〇六～一〇八頁。
4　影佐「曽走路我記」四二頁。
5　「小川平吉日記」四三八頁。
6　今井『日中和平工作』八三頁。
7　今井中佐「渡辺工作の状況（第四）」（一月十五日）「今井武夫資料」。
8　三浦上海総領事発有田外相宛電報（一月十二日）『日本外交文書　第一冊』273文書付記。
9　「孔工作ニ関スル件」（一月十九日五相会議決定）同右、276文書。
10　「小川平吉日記」四三九頁。
11　今井中佐「渡辺工作の状況（第四）」。
12　田尻愛義『田尻愛義回想録——半生を賭けた中国外交の記録』原書房、一九七七年、六七～六八頁。西『悲劇の証人』二一九頁。
13 『田尻愛義回想録』六七頁。
14 『田尻愛義氏オーラルヒストリー（読売新聞社「昭和史の天皇」取材テープより、日時不明）』（政策研究大学院大学COE・オーラルヒストリー・プロジェクト）九頁。
15 『田尻愛義回想録』六八頁。
16 外務省東亜第一課奥村事務官「汪精衛一件　田尻総領事トノ打合要領」（一月二十七日）『日本外交文書　第二冊』431文書。
17 外務省東亜第一課奥村「汪精衛工作一件」（一月二十八日）同右、431文書付記一。
18 田尻香港総領事発有田外相宛電報（十二月三十一日）同右、415文書。今井中佐「渡辺工作の状況（第四）」。
19 田尻香港総領事発有田外相宛電報（一月十四日）『日本外交文書　第二冊』425文書。
20 Bunker, *Peace Conspiracy*, p.119, p.128.
21 『田尻愛義回想録』六九頁。
22 邵「高宗武対日謀和活動」四一六頁。
23 「汪精衛問題（田尻記）」『日本外交文書　第二冊』434文書。
24 今井中佐「渡辺工作（第二期計画）」（二月）同右、434文書付記。
25 「汪精衛問題（田尻記）」。
26 「汪精衛一件（田尻総領事記）」『日本外交文書　第二冊』437文書。
27 「影佐渡辺会談報告」（二月二十八日）同右、437文書付記。
28 「渡辺工作　時局収拾ノ具体弁法」（三月三日）『支那事変関係一件』第二七巻、JACAR:B02030569400、B02030569500。「時局収拾ノ具体弁法（渡辺携行）」『支那事変ニ際シ新支那中央政府成立一件　梅機関ト汪精衛側ト

ノ折衝中ノ各段階ニ於ケル条文関係』（外交史料館蔵）、JACAR: B02031755500。

29 「時局収拾具体弁法ニ対スル所見」『支那事変関係一件』第二七巻、JACAR:B02030569500。「時局収拾具体弁法ニ対スル所見」『支那事変ニ際シ支那新政府樹立関係一件　支那中央政権樹立問題（臨時、維新政府合流問題連合委員会関係、呉佩孚運動及反共、反蔣救国民衆運動）』（外交史料館蔵）第二巻（以下、『中央政権樹立問題』と略す）、JACAR:B02031726800。

30 「渡辺工作指導要領」（陸軍案トシテ五相会議ニ提出セントスルモノ）」『支那事変関係一件』第二七巻、JACAR:B02030569500。

31 「小川平吉日記」四五四頁。

32 同右、四五七頁。

33 外務省東亜第一課奥村事務官「汪精衛一件　田尻総領事トノ打合要領」。

34 「汪精衛問題（田尻記）」。今井中佐「渡辺工作（第二期計画）」。

35 田尻香港総領事発有田外相宛電報（四月一日）『中央政権樹立問題』、JACAR:B02031726900。

36 矢野領事「渡辺工作現地報告（汪）（河内救出ノ巻）」（五月一五日）『日本外交文書 第二冊』452文書。

37 犬養『揚子江は今も流れている』一四一頁。

38 矢野「渡辺工作現地報告（汪）（河内救出ノ巻）」。今井武夫・伊藤芳男・西義顕・矢野征記・清水董三「座談会汪兆銘脱出行」『日本評論』一九五〇年十一月号、一四八頁。

39 有田外相発鈴木ハノイ総領事宛電報「汪精衛保護ノ件」（一月七日）『日本外交文書 第二冊』421文書。

40 有田外相発鈴木ハノイ総領事宛電報「汪精衛一件」（二月十日）同右、433文書。

41 影佐「曽走路我記」四一頁。大屋久壽雄「汪精衛工作備忘録」『支那事変ニ際シ支那新政府樹立関係一件　汪精衛関係』（外交史料館蔵）第三巻、JACAR: B02031744800。

42 影佐「曽走路我記」四二頁。
43 今井『日中和平工作』八三頁。
44 犬養『揚子江は今も流れている』一三七頁。
45 矢野征記「汪兆銘工作の密使となりて」『人物往来』一九五五年十二月号、八三頁。
46 「座談会 汪兆銘脱出行」一四六頁。
47 矢野「渡辺工作現地報告（汪）（河内救出ノ巻）」。
48 有田外相発田尻香港総領事宛電報（四月一日）『日本外交文書 第二冊』444文書。
49 犬養『揚子江は今も流れている』一三六頁。
50 同右、一三五～一三六頁。大屋久壽雄『戦争巡歴 同盟通信記者が見た日中戦争、欧州戦争、太平洋戦争』柘植書房新社、二〇一六年、二〇八～三六三頁。
51 矢野「渡辺工作現地報告（汪）（河内救出ノ巻）」。
52 矢野領事「竹内工作一件 上海ニ於ケル工作」（五月一六日）『日本外交文書 第二冊』453文書。
53 影佐「曽走路我記」四五～四六頁。
54 三浦上海総領事発有田外相宛電報（四月六日）『日本外交文書 第二冊』446文書。
55 「挙一個例」三宅正樹『日独伊三国同盟の研究』南窓社、一九七五年、一〇一～一〇六頁。
56 Bunker, *Peace Conspiracy*, p.133; Boyle, John Hunter, *China and Japan at War 1937–1945: The Politics of Collaboration*, Stanford University Press, 1972, pp.230–232.
57 影佐「曽走路我記」四八～五一頁。
58 今井『日中和平工作』八四～八六頁。
59 『田尻愛義回想録』七〇～七一頁。

60 「小川平吉日記」四六八頁。
61 「汪工作ニ関スル件」田尻香港総領事発有田外相宛電報（五月三十一日）『現代史資料 日中戦争2』五六四頁。
62 西『悲劇の証人』二四三～二六〇頁。
63 「新中央政府樹立方針ニ就テ軍務局長説明要旨」（六月三日）『日本外交文書 第一冊』287文書付記一。
64 陸軍省「支那新中央政府樹立工作要領」『戦史叢書 支那事変陸軍作戦〈2〉』二八六～二八八頁。
65 劉『日中戦争下の外交』二三〇頁。
66 「新中央政府樹立方針」（六月六日五相会議決定）『日本外交文書 第一冊』287文書。
67 「対支謀略ニ関スル第二部長口演要旨」（六月二日）「今井武夫資料」。
68 「現地交渉ニ依リ日本側ノ獲得セル重要成果」『日本外交文書 第二冊』530文書付記。
69 影佐「曽走路我記」七八頁。
70 同右、七九頁、七五頁。
71 「新中央政府樹立方針ニ就テ軍務局長説明要旨」。
72 影佐「曽走路我記」一一四頁。

**【第六章】**

1 「昭和十三年秋以降対支処理方針」（十一月六日、陸軍省部決定）『戦史叢書 支那陸軍作戦〈2〉』二八九頁。
2 楊『找尋真実的蔣介石』二六九頁。
3 「小川平吉日記」四一八頁。
4 同右、四三六頁。
5 楊『找尋真実的蔣介石』二七〇頁。

6 「小川平吉日記」四三七頁。
7 同右、四四四頁。『小川平吉関係文書 Ⅱ』432書翰。
8 「小川平吉日記」四五五頁。『小川平吉関係文書 Ⅱ』449書翰。
9 「小川平吉日記」四五五頁。
10 楊『找尋真実的蔣介石』二七一頁。
11 同右、二七二頁。「小川平吉日記」四六五頁。
12 楊『找尋真実的蔣介石』二七二頁。
13 「小川平吉日記」四八三頁
14 同右、四七三頁。
15 同右、四七六頁。
16 同右、四八八〜四八九頁。
17 「赴香始末」『小川平吉関係文書 Ⅰ』六五八〜六五九頁。「重慶方面関係経過概要」同上、六六二頁。
18 『小川平吉関係文書 Ⅱ』455書翰。
19 「小川平吉日記」四八三頁。
20 楊『找尋真実的蔣介石』二七〇頁。
21 吉田東祐訳述『周仏海日記』建民社、一九五三年。
22 吉田東祐『二つの国にかける橋』元就出版社、二〇〇一年（初出は東京ライフ社、一九五八年）二六〜二七頁。
23 塚本誠『ある情報将校の記録』中公文庫、一九九八年（初出は私家版、一九七一年）一六一頁、一八五〜一八七頁。
24 吉田『二つの国にかける橋』一〇〇〜一〇四頁。
25 同右、九七〜九八頁。小野寺百合子『バルト海のほとりにて　武官の妻の大東亜戦争』朝日文庫、一九九二年（初出は共同通信社、一九八五年）八七頁。

26 吉田東祐「直接交渉ノ主張ト其ノ経過」広中一成「吉田・姜豪工作の再検討——日中和平工作か否か」参考資料（平成二六年度軍事史学会年次大会、二〇一四年六月二十八日）より。吉田『二つの国にかける橋』一〇七頁。

27 楊天石「抗戦期間日華秘密談判中的〝姜豪工作〟」『近代史研究』二〇〇七年第一期、一三四頁。

28 中支那派遣軍「中支派遣軍対共思想工作実施報告」（一九三九年七月十日）『陸支密大日記』S14-74-163、JACAR: C04121215800。

29 吉田『二つの国にかける橋』一一〇〜一一三頁。

30 中支那派遣軍「中支派遣軍対共思想工作実施報告」。

31 吉田「直接交渉ノ主張ト其ノ経過」。吉田『二つの国にかける橋』一一八頁。

32 吉田『二つの国にかける橋』一二〇頁。

33 吉田「直接交渉ノ主張ト其ノ経過」。

34 中支那派遣軍「中支派遣軍対共思想工作実施報告」。

35 吉田『二つの国にかける橋』一二二〜一二六頁。

36 楊「抗戦期間日華秘密談判中的〝姜豪工作〟」一三四頁。

37 同右、一三四〜一三五頁。

38 同右、一三五〜一三七頁。

39 今井『日中和平工作』一三六〜一三七頁。

40 吉田『二つの国にかける橋』一四一〜一五三頁。

41 吉田「直接交渉ノ主張ト其ノ経過」。

42 今井『日中和平工作』一三七頁。

43 『木戸幸一日記 下巻』七二四頁。
44 「小川平吉日記」四九七頁。
45 吉田『二つの国にかける橋』一一五〜一一六頁。
46 防衛庁防衛研修所戦史部『戦史叢書 支那事変陸軍作戦〈3〉』朝雲新聞社、一九七五年、一四六〜一五〇頁。
47 沢田茂『参謀次長沢田茂回想録』芙蓉書房、一九八二年、四六頁。
48 西浦進『昭和戦争史の証言 日本陸軍終焉の真実』日経ビジネス人文庫、二〇一三年（初出は原書房、一九八〇年）一七二〜一七三頁。
49 「新中央政府樹立を中心とする事変処理指導方策」堀場『支那事変戦争指導史』三〇三頁。
50 「新中央政府樹立を中心とする事変処理最高指導方針」『現代史資料 日中戦争2』五七八頁。
51 「事変解決処理第一期最高指導要領」堀場『支那事変戦争指導史』三一二〜三一三頁。
52 今井武夫「日中和平「桐工作」の全貌」『歴史と人物』第八巻第八号（一九七八年八月）一三五頁。
53 「事変解決ニ関スル極秘指導」（総軍参謀部、一九四〇年一月一日）『現代史資料 日中戦争2』五八三〜五八五頁。
54 防衛庁防衛研修所戦史室『戦史叢書 大本営陸軍部 大東亜戦争開戦経緯〈1〉』朝雲新聞社、一九七三年、一六八頁。
55 今井『日中和平工作』一〇四〜一〇五頁。
56 熊野三平『「阪田機関」出動ス』展転社、一九八九年、六四頁、七七頁。
57 上海駐在武官発海軍次官・軍令部次長宛、滬情報機密第七二号「陸軍側謀略ニ関スル情報ノ件送付」（一九四〇年七月十五日）『桐工作関係資料綴』（防衛研究所蔵）、JACAR: C11110432700。
58 楊天石『找尋真実的蒋介石 蒋介石日記解読 Ⅱ』華文出版社、二〇一〇年、九二頁。
59 香港電第八一号・八二号（十二月二十九日）「今井武夫資料」。

60　香港電第八三号（十二月二十九日）同右。
61　香港電第八一号・八二号。
62　総参二電第二一二号（十二月二十九日）「今井武夫資料」。
63　香港電第一二六号（一月二十三日）、同第一二七号（同日）同右。
64　支那派遣軍総司令部「桐工作経過ノ概要」（二月十七日）同右。「桐工作関係日誌」『支那事変戦争指導関係資料綴
　支那派遣軍の部』（防衛研究所蔵）、JACAR: C12120065000。
65　総参二電第六七号（二月五日）「今井武夫資料」。
66　支那派遣軍総司令部「桐工作経過ノ概要」。
67　同右。
68　「桐工作関係日誌」。
69　支那派遣軍総司令部「桐工作経過ノ概要」。
70　『畑俊六日誌』二四六頁。西浦『昭和戦争史の証言』一七八～一七九頁。
71　『戦史叢書　大本営陸軍部　大東亜戦争開戦経緯〈1〉』一七一～一七二頁。
72　今井『日中和平工作』一〇六頁。『畑俊六日誌』二四六頁。
73　「大陸指第六六一号」（二月二十一日）「今井武夫資料」。
74　『戦史叢書　大本営陸軍部　大東亜戦争開戦経緯〈1〉』一七三頁。
75　『昭和天皇実録　第八』東京書籍、二〇一六年、三〇～三一頁。
76　今井『日中和平工作』一〇七頁。
77　同右、一〇六～一〇七頁。
78　同右、一一九～一二〇頁。

79 『周仏海日記』二二三頁。
80 熊野「阪田機関」出動ス』七六頁。
81 今井『日中和平工作』一二〇頁。
82 「桐工作関係日誌」。
83 今井『日中和平工作』一三二頁。
84 阪田誠盛「香港謀略団」『話』一九五二年十月号、八七頁。
85 楊『找尋真実的蔣介石 Ⅱ』一二二～一二三頁。
86 『小川平吉関係文書 Ⅱ』533書翰。
87 以下、円卓会議の模様については、とくにことわらない限り、支那派遣軍総司令部「桐工作円卓会議ノ経過概要」（一九四〇年三月）「今井武夫資料」、今井『日中和平工作』一〇七～一一五頁による。
88 「覚書作製経緯」（軍令部、三月二十六日）『桐工作関係資料綴』、JACAR: C11110431200。
89 『戦史叢書 大本営陸軍部 大東亜戦争開戦経緯〈1〉』一八二頁。
90 楊『找尋真実的蔣介石 Ⅱ』九四頁、九二～九三頁。
91 今井『日中和平工作』一一五～一一六頁。
92 「大陸指第六七六号」（三月十七日）「今井武夫資料」。
93 『戦史叢書 大本営陸軍部 大東亜戦争開戦経緯〈1〉』一八九頁。
94 『昭和天皇実録 第八』四五頁、四七頁。
95 『畑俊六日誌』二四八頁。『昭和天皇実録 第八』四五～四六頁。
96 「軍令部第一部長所見」（三月十六日）『桐工作関係資料綴』、JACAR: C11110431400。
97 「参本次長同二部長、軍令部次長同一部長ニ来談要旨」（三月十七日）同右、JACAR: C11110431500。

98 「停（休）戦協定海軍案説明ノ為軍令部一、三部長参本往訪会談要旨」（三月十八日）同右、JACAR: C11110431600。

99 「臼井大佐ト会談要旨」（三月二十日）同右、JACAR: C11110432000。

100 阪田「香港謀略団」七七頁。

101 特香港電第二〇六号（香港機関発参謀次長宛、三月二十一日）『桐工作関係資料綴』、JACAR: C11110432100。

102 特香港電第二一〇号（三月二十四日）同右、JACAR: C11110432400。

103 「参本第二部長、軍令部第三部長来訪要旨」（三月十六日）同右、JACAR: C11110431100。影佐「曽走路我記」八六頁。

104 『周仏海日記』一七四〜一七五頁。

105 特香港電第二一一号（三月二十四日）『桐工作関係資料綴』、JACAR: C11110432400。

106 特香港電第二一五号（三月二十六日）同右、JACAR: C11110432600。

107 「桐工作ニ関スル説明覚（対CS/2参謀副長）」（四月九日）同右、JACAR: C11110432800。

108 総参二特電第二〇一号（支那派遣軍総参謀長発参謀次長宛、三月二十四日）同右、JACAR: C11110432500。

109 特香港電第二三〇号（三月二十九日）同右、JACAR: C11110432600。

110 特香港電第二三二号（四月十二日）同右。

111 『畑俊六日誌』二五三頁。

112 総軍参謀部「新中央政府指導方針」（五月五日）『現代史資料　日中戦争2』五九一〜五九二頁。

113 陸軍省部決定「昭和十五、六年を目標とする対支処理方策」（五月十八日）同右、五九四頁。

114 今井『日中和平工作』一一六〜一一七頁。

115 「桐工作関係日誌」。

116 今井『日中和平工作』一一七〜一二〇頁。熊野「「阪田機関」出動ス」一四四―一五四頁。
117 楊『找尋真実的蔣介石 Ⅱ』九五〜九六頁。
118 以下、マカオ予備会談の模様については、とくにことわらない限り、「今井武夫資料」の「桐工作澳門会談筆記」と、今井『日中和平工作』一二一〜一二五頁による。
119 楊『找尋真実的蔣介石 Ⅱ』九七〜九八頁。
120 馮青「蔣介石の日中戦争期和平交渉への認識と対応」七八頁。
121 特香港電第二九三号（六月六日）『桐工作関係資料綴』、JACAR: C11110432600。
122 『参謀次長沢田茂回想録』五六頁、一七七〜一七八頁。
123 『畑俊六日誌』二五七頁。
124 『木戸幸一日記 下巻』七九六頁、八一〇頁。『昭和天皇実録 第八』一一〇〜一一一頁、一三九頁。
125 今井『日中和平工作』一二六頁。
126 特香港電第三〇五号（六月十七日）『桐工作関係資料綴』、JACAR: C11110432600。
127 特香港電第三一〇号（六月二十一日）同右。
128 総参二特電第四一七号（六月二十二日）、特香港電第三一四号（六月二十三日）同右。
129 『周仏海日記』二一一頁。
130 総参二特電第四二一号（六月二十三日）『桐工作関係資料綴』、JACAR: C11110432600。
131 今井『日中和平工作』一二六〜一二七頁。
132 『参謀次長沢田茂回想録』五七頁。
133 『畑俊六日誌』二五九頁。
134 堀場「次長トノ桐工作関係懇談事項」（六月二十三日？）『中央・戦争指導重要国策文書』633（防衛研究所蔵）

JACAR:C12120073100。

135 『戦史叢書 大本営陸軍部 大東亜戦争開戦経緯〈1〉』二四一頁。

136 特香港電第三二八号（七月一日）『桐工作関係資料綴』、JACAR: C11110432600。

137 楊『找尋真実的蔣介石 Ⅱ』九九～一〇〇頁。

138 特香港電第三四二号（七月十日）『桐工作関係資料綴』、JACAR: C11110432700。

139 総参二特電第四六八号（七月十一日）同右。

140 特香港電第三五五号（七月十七日）同右。

141 総参二特電第四八〇号（七月十八日）同右。

142 総参二特電第四七九号（七月十八日）同右。

143 特香港電第三六一号（七月二十二日）同右。

144 特香港電第三六二号（七月二十三日）同右。

145 特香港電第三六五号（七月二十四日）同右。

146 特香港電第三六九号（七月二十七日）同右。

147 総参二特電第五〇四号（七月二十七日）同右。

148 特香港電第三七四号（七月二十九日）同右。

149 特香港電第三七六号（七月三十日）同右。

150 楊『找尋真実的蔣介石 Ⅱ』一〇〇頁。

151 支那派遣軍総司令部「桐工作巨頭会談ニ関スル計画」（七月十二日）「今井武夫資料」。

152 「桐工作関係日誌」。

153 特香港電第三七七号（八月一日）『桐工作関係資料綴』、JACAR: C11110432700。

154 特香港電第三八三号（八月五日）同右、JACAR: C11110432800。
155 特香港電第三八八号（八月九日）同右。
156 大野「桐工作に関し鈴木中佐（在香港武官）報告」（八月二十三日）同右。「桐工作関係日誌」。
157 同右。
158 楊『找尋真実的蔣介石 Ⅱ』一〇二頁。
159 「桐工作関係日誌」。
160 総参二特電第五四三号（八月十九日）『桐工作関係資料綴』、JACAR: C11110432800。
161 防衛庁防衛研修所戦史室『戦史叢書 大本営陸軍部 大東亜戦争開戦経緯〈3〉』朝雲新聞社、一九七三年、二一一頁。
162 同右。
163 『西園寺公と政局 第八巻』岩波書店、一九五二年、三二三頁。
164 特香港電第三五一号（八月二十九日）『桐工作関係資料綴』、JACAR: C11110432800。
165 特香港電第三五六号（九月一日）稲葉正夫・小林龍夫・島田俊彦・角田順編『太平洋戦争への道 別巻』朝日新聞社、新装版・一九八八年（初出は一九六三年）三〇〇〜三〇一頁。
166 楊『找尋真実的蔣介石 Ⅱ』一〇二〜一〇三頁。
167 「桐工作関係日誌」。
168 特香港電第三六〇号（九月五日）『太平洋戦争への道 別巻』三〇一頁。「桐工作近衛親書に対する中国側意見」「今井武夫資料」。
169 大野「参本門松部員来談要旨」（九月七日）『太平洋戦争への道 別巻』三〇二頁。
170 「桐工作関係日誌」。
171 同右。

172　総軍参謀部「今後における対重慶工作処理要領」（九月二十八日）『現代史資料　日中戦争2』五九六頁。
173　今井『日中和平工作』一三一頁。
174　「大陸指第七五八号」『太平洋戦争への道　別巻』三〇二頁。「桐工作中止の参謀総長指示」「今井武夫資料」。
175　今井『日中和平工作』一三一頁。
176　香港電第五四〇号（十二月二十八日）『陸支密大日記』S16-5-28、JACAR: C04122662500。
177　楊『找尋真実的蔣介石 Ⅱ』一〇三〜一〇五頁。
178　同右、一〇九〜一一〇頁。
179　島田俊彦「日華事変における和平工作（下）」『武蔵大学人文学会雑誌』第三巻第二号（一九七一年）二二頁。
180　楊『找尋真実的蔣介石 Ⅱ』一〇三頁。
181　『戦史叢書　大本営陸軍部　大東亜戦争開戦経緯〈1〉』一八六頁、二五〇頁、二四二〜二四三頁。
182　井本熊男『支那事変作戦日誌』芙蓉書房出版、一九九八年、四二〇頁。
183　岩井英一『回想の上海』私家版、一九八三年、一六一—一六二頁。
184　今井武夫『昭和の謀略』朝日ソノラマ、一九八五年（初出は原書房、一九六七年）一六九頁。
185　今井「日中和平「桐工作」の全貌」一四〇〜一四一頁。
186　『参謀次長沢田茂回想録』一七二頁。
187　波多野澄雄「『南進』への旋回：一九四〇年」『アジア経済』第二六巻第五号（一九八五年五月）三三頁。
188　今井『日中和平工作』一三一頁。
189　島田「日華事変における和平工作（上）」『武蔵大学人文学会雑誌』第三巻第一号（一九七一年）七三〜七四頁。
190　鹿『蔣介石の「国際的解決」戦略』一九四〜二〇〇頁。

【第七章】

1 種村佐孝『大本営機密日誌』芙蓉書房出版、一九九五年（初出はダイヤモンド社、一九五二年）四六頁。
2 Stuart, John Leighton, *Fifty Years in China: The Memoirs of John Leighton Stuart, Missionary and Ambassador*, Random House, New York, 1954, pp.130–133.
3 「張群問題ニ関スル汪、一田第二次会談要旨」（九月十一日）『日本外交文書 第一冊』294文書付記一。
4 「王克敏委員長ノ汪精衛運動観及ヒ蔣介石密使ノ新シキ申出」（九月十三日）、「汪精衛工作及ヒ蔣側提案ニツイテ王克敏ノ意向」（九月十五日）同右、294文書付記二。
5 『周仏海日記』一五九頁。
6 同右、一六四頁。
7 『畑俊六日誌』二四七頁。
8 堀場『支那事変戦争指導史』四〇〇頁。
9 『周仏海日記』一九一～一九二頁。
10 今井『日中和平工作』一三九頁。
11 『畑俊六日誌』二五三～二五四頁。
12 『周仏海日記』三〇五頁。
13 同右、三三三～三三四頁。
14 「本多大使陳公博会談要録」（五月八日）高橋勝浩編『本多熊太郎関係文書』国書刊行会、二〇一八年、三七三～三七九頁。
15 今井『日中和平工作』一三九頁。
16 『小川平吉関係文書 Ⅱ』533書翰。

17　同右、551〜555書翰。『木戸幸一関係文書』48書翰。
18　『小川平吉関係文書　Ⅱ』546書翰。
19　関智英『対日協力者の政治構想　日中戦争とその前後』名古屋大学出版会、二〇一九年、二〇九頁。
20　小川桑兵衛『日本の興亡と岩崎清七翁』紅龍書房、一九四九年、一〇一〜一〇六頁。宇垣一成述「身血を注いだ余が対中国親善工作の回顧」『キング』一九五〇年十二月号、七〇〜七二頁。
21　「日中和平工作に関する一史料——松本蔵次関係文書から（一）」177文書、186文書。
22　小川『日本の興亡と岩崎清七翁』一〇八〜一一一頁。
23　軍事史学会編『海軍大将嶋田繁太郎備忘録・日記　Ⅲ』錦正社、二〇二〇年、七二頁。
24　『小川平吉関係文書　Ⅱ』543書翰、546書翰。
25　同右、546書翰、557書翰。
26　「日中和平工作に関する一史料——松本蔵次関係文書から（二）」『東京大学教養学部人文科学科紀要・歴史学研究報告』第一七集（一九八〇年三月）、261文書。『小川平吉関係文書　Ⅱ』565書翰。
27　『小川平吉関係文書　Ⅱ』564書翰。
28　賈「孔祥熙与日本「和談」的片断」六一頁。
29　同右、六一〜六二頁。楊『找尋真実蔣介石』三一五頁。
30　賈「孔祥熙与日本「和談」的片断」六二頁。
31　楊『找尋真実蔣介石』三一五〜三一九頁。
32　賈「孔祥熙与日本「和談」的片断」六二頁。関智英「日中戦争前後における日中間交渉の一形態——王子恵と彼を巡る人々」『現代中国研究』第35・36合併号（二〇一五年）四〇〜四一頁。
33　岩井『回想の上海』四〇〇〜四〇二頁。

34　伊集団参謀長発次官・次長宛、伊集参四電第三二三号（一九三九年八月十四日）「維新政府顧問ニ関スル件」『陸支密大日記』S14–78–167、JACAR:C04121271800。

35　梅機関発次官・次長宛、梅電第七四三号（二月二十一日）「日華経済協議会ニ関スル件」『陸支密大日記』S15–21–116、JACAR:C04121815500。

36　岩井『回想の上海』四〇三〜四〇四頁。

37　座談会「軍事顧問部を語る――汪兆銘およびその政権と共に③」『偕行』四一四号（一九八五年六月）四頁。

38　井本『支那事変作戦日誌』四二六頁。

39　楊『找尋真実蔣介石』三一三〜三一四頁。

40　『戦史叢書　大本営陸軍部　大東亜戦争開戦経緯〈3〉』三三頁。

41　楊『找尋真実蔣介石』二七六頁。

42　同右、二七九〜二八一頁。

43　「世界情勢ノ推移ニ伴フ時局処理要綱」（七月二十七日大本営政府連絡会議決定）『日本外交文書　第一冊』326文書。

44　西『悲劇の証人』二七三〜二七七頁。

45　同右、二七八〜二八八頁、二九五〜三〇二頁。

46　『周仏海日記』一五八頁。

47　西『悲劇の証人』三〇三〜三〇四頁。

48　同右、三〇五頁、三三五〜三三九頁。

49　同右、三四四〜三四六頁。

50　『周仏海日記』二三八〜二四三頁。

51　西『悲劇の証人』三四七〜三五一頁。

52 「日華基本条約」（十一月三十日）『日本外交文書　第二冊』583文書。
53 外務省東亜局第一課「日支全面的和平処理方策ニ関スル試案」（九月五日）『日本外交文書　第一冊』329文書。
54 「対重慶和平交渉ノ件」（十月一日外陸海三相協議決定）同右、331文書。
55 外務省「対重慶和平予備交渉準備要項」（十月二日）同右、331文書付記一。
56 外務省東亜局第一課「南京重慶合体及和平問題」（十月二日）同右、332文書。
57 『戦史叢書　大本営陸軍部　大東亜戦争開戦経緯〈3〉』六九頁。
58 西『悲劇の証人』三五五頁。
59 「日華全面平和案（副本）○の代表者ノ試案」『支那事変関係一件』第二巻、JACAR:B02030515600。
60 『松岡洋右　その人と生涯』八二三頁。
61 大橋忠一『太平洋戦争由来記　松岡外交の真相』要書房、一九五二年、四五頁。
62 斎藤良衛『欺かれた歴史　松岡洋右と三国同盟の裏面』中公文庫、二〇一二年（初出は読売新聞社、一九五五年）二四九～二五〇頁。
63 西『悲劇の証人』三六一頁。
64 島田「日華事変における和平工作（下）」二頁。
65 『周仏海日記』二四九頁。
66 影佐「曽走路我記」九二頁。
67 西『悲劇の証人』三六二頁。
68 『松岡洋右　その人と生涯』一二三二頁。
69 『船津辰一郎』二一五～二一六頁。
70 松本重治『近衛時代　下』中公新書、一九八七年、三八～三九頁。

71 西『悲劇の証人』三六三頁、三六五～三六六頁。
72 『周仏海日記』二五五～二五六頁。
73 船津「南華交渉失敗日記」『船津辰一郎』所収、二一七～二二一頁。
74 同右、二二一頁。
75 今井『日中和平工作』一四〇～一四一頁。
76 『木戸幸一日記 下巻』八三一頁。
77 西『悲劇の証人』三六八頁。
78 『田尻愛義回想録』八三頁。
79 船津「南華交渉失敗日記」二二二～二二三頁。
80 同右、二二三頁。
81 西『悲劇の証人』三七一頁。
82 『田尻愛義回想録』八四～八五頁。
83 船津「南華交渉失敗日記」二二四頁。
84 『木戸幸一日記 下巻』八三四～八三五頁。
85 「支那事変処理要綱」（十一月十三日御前会議決定）『日本外交文書 第一冊』335文書。
86 『戦史叢書 大本営陸軍部 大東亜戦争開戦経緯〈3〉』九九～一〇一頁。
87 船津「南華交渉失敗日記」二二四頁。
88 矢野香港総領事発松岡外相宛電報写『日本外交文書 第一冊』336文書付記一。
89 船津「南華交渉失敗日記」二二五頁。
90 『日本外交文書 第一冊』336文書付記二。

91　船津「南華交渉失敗日記」二二五～二二六頁。
92　『田尻愛義回想録』八五～八六頁。
93　軍事史学会編『大本営陸軍部戦争指導班　機密戦争日誌　上』錦正社、一九九八年、四一頁。
94　「日本国中華民国間基本関係ニ関スル条約締結及関係公文交換ノ件外一件第二回審査委員会」『中央―戦争指導国策文書』633、JACAR:C12120076100。
95　『木戸幸一日記　下巻』八三七頁。
96　『戦史叢書　大本営陸軍部　大東亜戦争開戦経緯〈3〉』一一一～一一二頁。
97　大橋『太平洋戦争由来記』四六～四七頁。
98　『戦史叢書　大本営陸軍部　大東亜戦争開戦経緯〈3〉』一〇九頁。
99　『大本営陸軍部戦争指導班　機密戦争日誌　上』四一頁。
100　『田尻愛義回想録』八六頁。
101　船津「南華交渉失敗日記」二二七～二二八頁。
102　西『悲劇の証人』三八二～三八三頁。
103　同右、三八一頁。
104　同右、三八九～三九〇頁。
105　楊『找尋真実蔣介石』二八二～二八三頁。
106　船津「南華交渉失敗日記」二二八頁。
107　参謀本部編『杉山メモ――大本営・政府連絡会議等筆記　上』原書房、一九六七年、一五五頁。『大本営陸軍部戦争指導班　機密戦争日誌　上』四三頁。
108　『周仏海日記』二六六～二七〇頁。

109　同右、二六九頁。
110　大橋『太平洋戦争由来記』四七〜四八頁。
111　上村伸一『日華事変（下）日本外交史 第二〇巻』鹿島研究所出版会、一九七一年、三二一〜三二三頁。
112　矢野香港総領事発松岡外相宛電報（十一月二十九日）『日本外交文書 第一冊』336文書。
113　松本『近衛時代 下』四二〜四三頁。
114　『田尻愛義回想録』八六頁。
115　楊『找尋真実蔣介石』二八四頁。
116　『杉山メモ 上』一五六頁。
117　『周仏海日記』二九二頁。
118　同右、二八七頁。
119　『杉山メモ 上』一五五頁。
120　広東蘭機関発次官・次長宛、広東蘭電第六二号（十一月四日）『陸支密大日記』S15-114-209、JACAR:C04122490700。
121　『戦史叢書 大本営陸軍部 大東亜戦争開戦経緯〈3〉』一一〇頁。『畑俊六日誌』二八〇〜二八一頁。
122　『田尻愛義回想録』八八〜九二頁。『畑俊六日誌』二八六頁、二九〇頁。
123　堀内上海総領事発近衛臨時外相事務管理宛電報（四月十四日）『日本外交文書 第一冊』345文書。
124　本多中国大使発松岡外相宛電報（四月二十三日）『本多熊太郎関係文書』三五四頁。
125　本多中国大使発松岡外相宛電報（四月二十七日）『日本外交文書 第一冊』351文書。
126　本多熊太郎宛田尻愛義書簡（四月二十八日）『本多熊太郎関係文書』一八八〜一八九頁。
127　本多中国大使発松岡外相宛電報（四月二十七日）『日本外交文書 第一冊』352文書。

128 「対重慶工作ニ関スル本多大使周仏海会談要録」（五月一日）『本多熊太郎関係文書』三六一〜三六五頁。
129 松岡外相発日高公使宛電報「重慶工作ニ関スル件」（五月十七日）同右、三八五頁。
130 「本多大使ニ対スル参謀総長ノ懇談要旨」（十二月十九日）同右、二八九〜二九〇頁。
131 『畑俊六日記』二九〇頁。
132 同右、二九三頁、二九五頁。
133 『木戸幸一日記　下巻』八六八頁。

## 【むすび】

1 岡林隆敏『上海航路の時代　大正・昭和初期の長崎と上海』長崎文献社、二〇〇六年、二八〜三〇頁。松浦章「日本郵船会社の「支那パンフレット」と「上海航路案内」」『関西大学東西学術研究所紀要』第五四輯（二〇二一年四月）一三七頁。
2 等松春夫「日中戦争の多角的再検討」軍事史学会編『日中戦争再論』錦正社、二〇〇八年、七〜八頁。

# あとがき

「はじめに」に書いたように、筆者は日中和平工作について三〇年あまり前に『ピース・フィーラー　支那事変和平工作の群像』（論創社、一九九一年）を上梓した。湾岸戦争のニュースをTVで見ながら、PCに向かって原稿を作成していた記憶がある。その後、同じテーマについて、いくつか散発的に論文を書いたが、それをいつかまとめて本にしようと思いつつ、なかなか踏ん切りがつかず、一部の論文を自分の論文集（『戦争のなかの日本』千倉書房、二〇二〇年）に収めただけで済ましてしまっていた。

帝京大学に勤めていたとき、吉川弘文館の石津輝真氏が同社の「歴史文化ライブラリー」に、和平工作のことを書いてみませんか、と声をかけてくれたのが背中を押す結果となり、執筆にとりかかったのだが、『ピース・フィーラー』を書いた四十歳前後のころとは違い、集中力が乏しくなったせいか、大学を定年退職したあと自由に使える時間が大幅に増えたにもかかわらず、執筆は捗らず、そのくせ原稿は冗長となり、何とか書き上げたとき、「歴史文化ライブラリー」の標準字数の二倍近くになってしまった。それなのに、吉川弘文館は本書の出版を引き受けてくれた。その寛容さに心から感謝するばかりである。

本書のベースになっているのは、第一章から第四章までが前書『ピース・フィーラー』、第五章が「汪兆銘のハノイ脱出をめぐって――関係者の回想と外務省記録から」『外交史料館報』第一九号（二〇〇五年九月）と「梅機関の人々――影佐禎昭を中心として」『現代中国研究』第四八号（二〇二一年三月）、第六章が「桐工作をめぐって」『政治経済史学』第五〇〇号（二〇〇八年四月）である。同じ文章表現を使っているところもあるが、解釈が変わったところもある。

原稿を読み返してみて、あらためて気が付いたのは、「かもしれない」とか「よく分からない」といった不確かで曖昧な言い方が少なくないことである。事実の確定をめざしたのだが、まだまだ確定できないことが多い。本書に登場する人物は大半が歴史の表舞台には出てこない人びとである。それでも彼らは何らかの記録を残してくれた。自伝や回想録を含む彼らの記録は、大部分が挫折と悔恨の物語だが、そこに込められた彼らの行動の軌跡を少しでも明らかにし、その思いと努力の跡を読者と共有できれば、筆者としては以て瞑すべし、である。

本書は、臼井勝美、秦郁彦、島田俊彦、土屋光芳、劉傑、広中一成、関智英、岩谷將、浜口裕子、楊天石、邵銘煌、陳鵬仁、John Hunter Boyle、Gerald E. Bunker など各氏の先行研究に多くを負っている。台湾の中央研究院近代史研究所の黄自進氏からは、中国語の文献について多大な援助をいただいた。編集に関しては、若山嘉秀氏の緻密な仕事に助けられた。若山氏はまた、本書に登場する一般にはあまりよく知られていない人物の写真を探し出してくれた。

最後に、本書を、数年前に亡くなった松崎昭一氏に捧げることにしたい。読売新聞社会部記者であった松崎氏とは、何度か一緒に中国を訪れ、飛行機や汽車の中で、『昭和史の天皇』の取材経験や文章の書き方などさまざまなことを教わった。少し年の離れた友人であり、師でもあった。

二〇二三年十一月七日

戸部良一

# 人名索引

か 行



さ 行

## た　行

## な　行



## は　行



## ま　行

## 著者略歴

一九四八年、宮城県に生まれる。

一九七六年、京都大学大学院法学研究科博士課程単位取得退学。博士（法学）。

防衛大学校教授、国際日本文化研究センター教授などを歴任。現在、防衛大学校名誉教授、国際日本文化研究センター名誉教授。

〔主要著書〕
『ピース・フィーラー―支那事変和平工作の群像―』論創社、一九九一年
『日本陸軍と中国―「支那通」にみる夢と蹉跌―』講談社、一九九九年
『外務省革新派』中央公論新社、二〇一〇年
『自壊の病理―日本陸軍の組織分析―』日本経済新聞出版社、二〇一七年

日中和平工作　一九三七―一九四一

二〇二四年（令和六）二月十日　第一刷発行

著　者　戸《と》部《べ》良《りよう》一《いち》
発行者　吉川道郎
発行所　株式会社 吉川弘文館
郵便番号一一三―〇〇三三
東京都文京区本郷七丁目二番八号
電話〇三―三八一三―九一五一〈代表〉
振替口座〇〇一〇〇―五―二四四番
https://www.yoshikawa-k.co.jp/
印刷＝株式会社 理想社
製本＝誠製本株式会社
装幀＝右澤康之


ISBN978-4-642-08443-7